华东政法大学2020年高峰学科创新团队项目
“司法鉴定法治化与网络信息法研究”

医疗损害责任纠纷研究

赖红梅　著

WUHAN UNIVERSITY PRESS
武汉大学出版社

图书在版编目(CIP)数据

医疗损害责任纠纷研究/赖红梅著.—武汉：武汉大学出版社,2021.5
ISBN 978-7-307-22192-5

Ⅰ.医…　Ⅱ.赖…　Ⅲ.医疗事故—民事责任—民事纠纷—研究—中国　Ⅳ.D922.164

中国版本图书馆 CIP 数据核字(2021)第 047288 号

责任编辑:陈　帆　　　责任校对:汪欣怡　　　整体设计:马　佳

出版发行：**武汉大学出版社**　(430072　武昌　珞珈山)
(电子邮箱：cbs22@ whu.edu.cn　网址：www.wdp.whu.edu.cn)
印刷：武汉市宏达盛印务有限公司
开本:720×1000　1/16　印张：23.5　字数:337 千字　插页:2
版次:2021 年 5 月第 1 版　　2021 年 5 月第 1 次印刷
ISBN 978-7-307-22192-5　　定价:89.00 元

赖红梅

副教授、硕士生导师，华东师范大学生物化学博士研究生，华东政法大学司法鉴定博士后，澳大利亚摩尔本大学访问学者。兼任上海市医学会医疗纠纷专家库成员、上海市疫苗异常反应鉴定专家库成员、上海市法医物证专家委员会委员、上海市法医学会学术委员、上海医疗纠纷调解委员会专家顾问等。主要从事法医物证、生命法学的教学与研究。主持和参与完成国家级及省（部）级项目6项，主编和参编著作5种，在《法学论坛》《河北法学》《中国医院管理》《中国司法鉴定》《中国法医学杂志》等核心刊物发表论文20余篇。

序

在《中华人民共和国侵权责任法》（以下简称《侵权责任法》）实施十多年之后，笔者根据《侵权责任法》具体规定及最新的审判理念，对《医疗损害法律问题研究》（法律出版社 2014 年版）的内容进行了适当的修正。《医疗损害法律问题研究》一书之所以进行修订，原因在于我国《侵权责任法》第七章对医疗损害责任予以明确规定，统一了医疗损害责任的法律适用问题，从根本上解决了此前医疗损害责任纠纷案件中存在的法律适用“二元化”问题。《医疗损害法律问题研究》虽然已经介绍了《侵权责任法》关于医疗损害责任的具体规定，但由于该书出版于《侵权责任法》实施之初，尚未积累出适用《侵权责任法》审理医疗损害责任纠纷案件的经验，故《医疗损害法律问题研究》的重点实际上在于《侵权责任法》实施前的关于医疗损害责任纠纷审判的法律依据的梳理和审判经验的归纳、总结。在《侵权责任法》施行多年后，我们对《医疗损害法律问题研究》进行修订，主要就是要剔除那些过时的内容，而根据《侵权责任法》的新规定以及近年来积累的医疗损害责任纠纷新的经验，对《医疗损害法律问题研究》一书的内容予以补充和完善。具体而言，本次修订的要点主要是两个方面：

一是在基本保留原书特色的基础上，对原书的内容和结构进行适当的增加和调整，体现了医疗损害责任纠纷审理的实践性和专业性。本书增加了“病历书写保管与查阅复制”、“医疗事故罪”、“精神卫生相关法律制度”、“医疗产品责任”、“几种特殊的医疗损害责任纠纷”这几个章节的内容，同时在各章节中增加了具体案例的介绍和分析，力争通过案例来阐述医疗损害赔偿责任纠纷审判中法律知识与医疗知识的区分与融合。

二是在大量增加新内容的基础上，适当保留了《侵权责任法》实施前医疗损害责任审判的内容，保证了医疗损害责任纠纷审判体系的完整性。在《侵权责任法》实施之前，我国医疗损害责任纠纷案件实行二元化的处理模式。虽然《侵权责任法》的颁布施行统一了我国医疗损害责任纠纷案件的法律适用，但在相当长的一段时间内将《医疗事故处理条例》作为确定医疗损害责任人赔偿范围和标准的依据是一个历史事实，充分了解《医疗事故处理条例》关于医疗事故损害赔偿责任范围和标准的规定，对于我们全面理解和把握医疗损害责任纠纷审判有着非常重要的意义。因此，本次修订时，仍对该部分内容予以保留。

作为一名从事医疗损害责任教学的教师，笔者长期以来十分热衷于医疗损害赔偿纠纷相关问题的调研和学习，并积极发现在实践中存在的问题，提出一些意见和建议。本书共分十五章，内容涉及医疗损害相关的多个法律问题，包括医患法律关系、患者的知情同意权、医疗损害的归责原则、举证归责、免责条款、医疗过错的鉴定及赔偿等。本书中的许多观点和方法，是笔者对相关法律条款的理解和思考，以期与读者共同分享和交流。

目　　录

第一章　医疗损害责任纠纷案件的特点

了解医疗损害责任纠纷案件的特点，有助于在我们自己与医院发生纠纷时理性面对和处理医疗纠纷。

一、医疗损害责任纠纷案件的数量增长较快

近年来，医患矛盾日益成为社会关注的焦点，医疗损害责任纠纷案件数量呈现出不断增长的势头。产生医患矛盾及医疗损害责任纠纷的原因纷繁复杂，不仅有医患双方的因素，也有社会、经济发展方面的背景。

首先，随着人们法律意识的增强和保护自己权益意识的不断提高，人民法院近年审理的医疗损害责任纠纷案件逐年上升，特别是 2002 年 4 月 1 日起施行的《最高人民法院关于民事诉讼证据的若干规定》（以下简称《民事诉讼证据规定》，已于 2019 年 10 月 14 日由最高人民法院审判委员会第 1777 次会议通过修改，自 2020 年 5 月 1 日起施行）明确规定医疗损害责任纠纷案件实行举证责任倒置后，该类案件的数量更是有了明显的增长。

其次，患者对医疗行为的特殊性不了解，医患之间缺乏有效沟通，也是导致医患之间产生纠纷的重要因素。有的患者及家属缺少有关的疾病知识，对病情变化不了解；有的患者及家属对疾病诊断的客观难度缺乏应有的认识，认为诊断不出来就是误诊；还有的患者及家属对必然出现的并发症也认为是误诊造成的后果等。一旦出现病人死亡、残疾或脏器功能障碍等情况，患者便认为是医疗机构的失误，以为属于医疗事故，医患双方因

此也就会产生纠纷。

再次，有些医疗纠纷的发生是由医方的原因引起的。例如，一些医务人员在病例书写等方面存在明显的缺陷，一些医务人员医德医风不正，技术水平较低，这些也是产生医疗纠纷的重要因素。

最后，在目前的医疗体制下，医疗收费较高、医疗资源紧缺导致的“看病难、看病贵”现象也是医疗纠纷产生的重要原因之一。

二、医疗损害责任纠纷案件的审理难度大

在人民法院受理的民事案件中，医疗损害责任纠纷案件的绝对数量虽然不大，但却是民事审判中最为疑难的几类案件之一。在所有的民事案件中，法官们普遍感觉医疗纠纷案件审判非常棘手。具体而言，医疗损害责任纠纷案件审理的困难主要体现为以下几个方面。

（一）医疗损害责任纠纷审判难题之一——事实查明难

病历是对诊疗过程相关行为事实的记录，是医疗损害责任纠纷审判实践中的核心证据。由于病历由医方书写或自行制作且由医方保管，这很容易导致患方怀疑医方存在篡改、伪造、隐匿病历的行为，从而也常常对人民法院认定病历真伪的结果产生怀疑。实践中，法官通过质证程序往往只能查明医患双方对病历反映事实的争议要点，并不能澄清事实本身。由此，常常出现两种局面：一是法官把审查鉴定材料是否真实合法的任务传递给医疗损害鉴定机构，而鉴定机构则要求提交的鉴定材料具有真实性，其结局往往演变为“踢皮球”，问题却得不到真正解决；又或只能通过病历鉴定来辨别病历的真伪，这导致诉讼程序的拖沓冗长。二是法官根据案情直接认定病历的真伪，这样又往往引发医患双方的不满。此外，基于对法官缺乏医学知识的担忧，医患双方对法官能否看懂病历，能否发现或理解关键事实往往也心存疑虑。实践中，一些案例确实也反映了这种质疑或担忧的合理性。比如以下案例：在一起因切除鼻息肉致鼻中隔穿孔的医疗纠纷案件中，二审经办法官因为看不懂手术记录和麻醉记录，忽略了手术

时间和出血量，起初认为应维持原判，经合议庭一位具有医学博士学位的法官提醒，才注意到该案手术时间和出血量均明显超出此类手术的常规标准，经与医方充分沟通，该案最终得以顺利调解。

（二）医疗损害责任纠纷审判难题之二——医疗过错认定难

对医疗损害鉴定进行实质性司法审查，避免以鉴代审，是人民法院审理医疗纠纷的职责所在。因为“许多做法的产生、发展并不是因为他们服务于患者的利益，而是因为它们保护了从业者的利益或便利。法官有义务去仔细审查这些职业的（习惯）做法，以确定它们与法律所要求的合理标准是否一致”。① 鉴定结论审查的核心是对鉴定人适用的诊疗行为标准的合理性进行审查，然而，医学专业知识壁垒的存在却使得绝大多数的法官对此望而生畏，不愿涉足。根据我们所做的一项调查，有84%（82人）的法官在回答为什么不愿意审理医疗纠纷时选择了“不知道如何认定医院的过错”这一原因。

合理医疗水平标准是判断医疗过错最常用的准则。法律上应如何评价医方的诊疗行为有无达到合理的医疗水平？各国在司法实践及理论研究中总结了诸多判断标准，较为常见的包括适中的注意水准、可尊重的少数、最佳判断法则、“容许危险”法则、医疗紧急性因素、地区性原则、医师差别原则等标准。② 这些标准并非医学专业知识的范畴，也不是关于治病救人的医学知识，而是义务分配及风险分担的标准，是侵权法上判断过失的考量因素。如何分配损失和风险本属于法官的强项，然而由于绝大多数法官缺乏医学专业知识和经验，其学习、理解和适用这些标准的过程难免困难重重。

① 姚笛：《英美法对医疗过失判断原则及对我国的启示》，《法律与医学杂志》2007年第14卷，第52~58页。

② 许冰梅：《医疗过失损害赔偿制度研究》，中国政法大学2008年博士学位论文，第42~44页。

（三）医疗损害责任纠纷审判难题之三——医疗损害责任鉴定难

目前医疗损害鉴定主要由医疗技术鉴定机构（医学会）和法医类鉴定机构（司法鉴定所）来做，两类鉴定机构各有优劣。医学会的鉴定专家医学临床经验丰富，具有专业优势，医学会鉴定程序也较为公正透明。但当前医学会鉴定组的专家大多随机抽取自各大医院，容易受到行业保护和地区保护的公正性质疑。法医类鉴定有中立性优势，但鉴定人员相关专业知识及临床经验的缺乏，却使得此类鉴定在实践中面临“伪科学产品”的质疑。① 基于不同立场或角度对不同医疗鉴定机构公信力的质疑，当事人申请鉴定的权利与人民法院指定鉴定的权力在行使中往往发生冲突，人民法院指定鉴定的公正性极易受到质疑。

受当前医疗损害鉴定制度制约，当事人往往不愿意配合医疗损害鉴定的进行，又或反复鉴定、多次鉴定，导致鉴定程序拖沓冗长，降低了审判效率，也损害了司法公信力的基础。

（四）医疗损害责任纠纷审判难题之四——行使裁量权难

医疗过错认定标准的多样性、诊疗行为标准的合理性审查的不确定性、医疗过错程度认定标准的模糊性，还有医疗过错行为在损害后果中的原因力大小确定等因素，使得医疗损害责任纠纷审理过程中法官自由裁量权的空间相对较大。以前文没有述及的过错程度认定及医疗过错行为在损害后果中的原因力大小确定为例，过错程度的区分标准，立法并无明确规定。关于过错程度的区分，民法理论确立了三种不同的标准，细分为重大过失、具体轻过失和专业过失。医疗过错在学理上归类于专业过失，对专业过失再区分过错程度，理论和立法均缺乏权威稳定的标准，法官就此进

① 刘鑫、梁俊超：《论医疗损害技术鉴定危机与改革》，《证据科学》2010 年第 18 卷第 4 期，第 409~424 页。

行自由裁量不可避免。

面对不可避免的自由裁量，当审判表现出以鉴代审的“审判权的主动性旁落”，在判定赔偿责任时就更加容易给公众留下司法武断随意的印象，这也是医疗损害责任纠纷审判容易引起当事人质疑和社会关注的原因。

（五）医疗损害责任纠纷审判难题之五——适用法律难

《侵权责任法》施行之前，医疗损害责任纠纷法律适用的“二元化”给法官适用法律造成了极大的困惑。由于相关法律、法规的不完善不统一，医患双方各持己见，难以达成共识，极大增加了法院适用法律的难度。

首先，医疗机构的医疗行为构成医疗事故的，医疗机构应当对患者的损害承担赔偿责任，人们对此固然没有异议，但对于医疗机构应当赔偿的项目和标准，患者一方往往要求按照《中华人民共和国民法通则》（以下简称《民法通则》）和《最高人民法院关于审理人身损害案件适用法律若干问题的解释》、《最高人民法院关于确定民事侵权精神损害赔偿责任若干问题的解释》等司法解释的规定处理，而医疗机构一方则要求根据《医疗事故处理条例》的规定赔偿。对此，不论是理论，还是审判实践，均有不同的意见。

其次，医疗机构的医疗行为虽然不构成医疗事故，但确有过错的，医疗机构是否应当承担赔偿责任的问题，不论是理论还是审判实践，也均有不同的观点。

最后，在医疗损害责任纠纷审判中，有无《中华人民共和国消费者权益保护法》、《中华人民共和国产品质量法》等法律的适用，也都各有所据，各执一词。

（六）医疗损害责任纠纷审判难题之六——化解矛盾难

患者因病遭受身体和精神上的双重痛苦是切身的，其因治疗疾病往往又需要付出大量的金钱和精力，一旦未达到预期的治疗效果甚至出现人身伤亡的后果，患方与医疗机构难免就会发生纠纷，而且两者之间的矛盾往往相当突出。在医患双方通过协商或诉讼方式解决纠纷的过程中，一些患方家属寻求“闹”医院、上访等方式来宣泄情绪，又进一步加重了双方的矛盾，使得医患矛盾化解起来更为困难。保护受害人合法的民事权益与促进医疗技术的进步确实是一对矛盾，如何调整双方的利益冲突涉及全社会分配公平与正义的问题，要想通过个案的审判来解决这一问题，其难度不难想象。

第二章 医患法律关系

法律关系是法律规范调整社会关系的过程中形成的人与人之间的权利义务关系。其基本特点为：法律关系是根据法律规范建立的一种社会关系，具有合法性；法律关系是特定法律关系主体之间的权利义务关系。也就是说，法律规范是法律关系产生的前提，特定的法律主体间的权利义务关系产生是法律关系产生的条件。医患法律关系中，只有当患者因各种原因向医院求医时与医院形成一定的权利义务关系，法律关系才能在医患之间形成。

第一节 医患关系的基本要素分析

医患关系作为一种法律关系存在时，必然和其他法律关系一样，具有法律关系的基本要素，即包括了主体、内容、客体三个基本要素。医疗行为是医患关系法律要素中最具有活力的要素，在医患关系三个法律要素中具有基础地位，因此必须明确医疗行为的定义和特征。

一、医患关系的客体——医疗行为

（一）医疗行为的社会性和相对历史性

在定义医疗行为时，我们应考虑到它的社会性和相对历史性。社会性是指医疗行为的含义随着社会环境的变化而变化，在同一历史时期的不同社会会有不同的认识。所谓医疗行为的历史性是指医疗行为的含义在同一社会的不同时期也会有不同的认识。例如：神医巫术、灵丹妙药在我国封建社会中被视为医药，而在现今，此类缺乏科学根据的“医药”已经不再被社会上大多数人认为是医疗行为。因此，医疗行为的具体含义随着医学、科学的发展而发展，随着社会公众的医疗和健康观念的变化而变化。

（二）医疗行为的定义

1. 狭义的医疗行为

我国目前法律中没有医疗行为这一概念。与医疗行为概念相类似的是1998年6月颁布的《中华人民共和国执业医师法》（以下简称《执业医师法》）中表述的“医师的执业活动”一词是指“防病治病，救死扶伤”。曾有人将医疗行为简单概括为以治疗疾病为目的的治疗活动。但是，随着医疗技术的发展和民众生活概念的变化，上述传统的医疗行为定义已不能适应医学发展和公众健康保护的需要。

我国台湾地区有关规定这样定义医疗行为：“凡是以治疗、矫正或预防人体疾病、伤害残缺或保健为直接目的的所为之诊察、诊断及治疗或基于诊察、诊断结果，以治疗为目的的所为之处方或用药等行为之一或全部之总称，皆为医疗行为。”① 根据这一定义，人们往往是将医疗行为界定为一种以诊疗为目的的行为，即狭义的医疗行为。

2. 广义的医疗行为

广义的医疗行为是指运用医学专业和专业技能，为接受治疗的患者消除或缓解疾病，减轻身体痛苦，消除或者减轻其对药物或者毒品等的病态依赖，延长生命，改善身体功能或外观，提高生活质量，矫正畸形或帮助、避免生育等与接受医疗者的身体健康或生命安全密切相关的行为。主要包括疾病的诊断和治疗行为：（1）包括疾病的询问、观察、检查检验、诊断、治疗、处方、手术、麻醉、注射、用药、包扎等行为。（2）帮助或

① 黄丁全：《医事法》，中国政法大学出版社2003年版，第75页。

避免生育行为，即人工授精、试管婴儿及避孕结扎手术等行为。(3) 医疗美容行为，即使用药物及手术、物理或其他损伤性手段进行的美容，如隆乳、手术减肥、造重睑术（俗称割双眼皮）等美容整形行为。(4) 戒除病态依赖行为，即通过用药等医学手段戒除对毒品、麻醉药品、兴奋药品等的病态依赖行为。(5) 矫正畸形行为，即以手术等医学手段矫正身体畸形，如连体婴儿分割手术、祛除多余手指、脚趾等行为。(6) 改善（改变）身体外观行为，如变性手术、易容手术、处女膜修补手术等。(7) 恢复或增进人体功能的行为，如为近视者验光行为，对残、病患者施以电疗、牵引等康复行为。(8) 其他针对不同人的具体情况，运用医学专业知识和专业技能，给予相应的不同措施，并与接受者的身体健康和生命安全密切相关的行为。

3. 医疗行为的分类

在医事法律中的广义医疗行为可以根据不同的标准加以分类。以医疗行为目的为标准，医疗行为可分为治疗性医疗行为、非治疗性医疗行为。

(1) 治疗性医疗行为（狭义医疗行为）：一般疾病的诊治处理，多属于以治疗为目的的治疗性医疗行为。

(2) 非治疗性医疗行为：随着医疗技术的进步，许多医疗领域的发展范围已大大超越诊疗目的，或者不以对患者的治疗为主要目的。例如为器官捐赠者摘除器官，为精卵或骨髓捐赠者取精采卵或抽取其骨髓液，为捐血者抽血检验，以美容为目的的整形，变性手术，以鉴定亲子关系为目的所做的检验，对接受人体试验者所进行的用药或处置，非治疗性堕胎手术，协助无合并疾病的孕妇分娩均属于不以治疗为目的的非治疗性医疗行为。

（三）医疗行为的特点

1. 高风险性与侵害性

人体本身就是一个小宇宙，人类对整个宇宙尚有多少空白领域，那么对人体就有多少未知数。医学科学太多的未知领域决定了医疗行为比其他服务行业具有更多的不确定因素，每一项不确定因素均可能成为医疗风险的一个成因。

医疗行为虽然以拯救患者生命健康为目的，但其所采用的诊疗方法，大多对人体具有一定的侵害性。开刀会对病人造成直接伤害；打针会有针眼和疼痛，把药物注入人体就是一种异物的侵入；服药有毒副作用；就是许多检查措施，也可能会有一定的危险性，如心包穿刺、腰椎穿刺、肝脏穿刺等。医学本是一把“双刃剑”，它既有治疗疾病的功能，同时也有可能给人体造成伤害，这在社会学上称作“双重效应”。选择是否采用某种检查治疗措施时，医方是在衡量利弊大小，权衡利害得失，如果治疗措施造成的伤害小于疾病所带来的损失，就采用此治疗措施，并尽量把治疗伤害控制在最小。加之每一种药物均有一定的毒副作用，每个个体都有其个体特征，因此，世界上没有绝对安全的治疗措施。不管是从患者的立场或者是从法律角度出发，都不能单纯地认为医疗行为不应当具有任何侵害性，而只能要求医方应当把侵害控制在一定范围内。

2. 道德性与经验性

医疗行为的道德性，是指医疗具有救死扶伤、治病救人的特性，医师的医疗行为必须受到医疗道德和医学伦理的规范。“医本仁术”、“悬壶济世”是医家的本质特征。每个医学院学生毕业时必须宣读《希波克拉底誓言》，“余必依余之能力与判断，以救助病人，永不存损害妄为之念”。随着医学科技的发展，医疗行为对人体侵害性增大，社会要求掌握医疗行为主导权的医生具有更加高尚的道德。医院没有拒绝接诊的权利，只有转诊的义务。对于送到医院的病人，不管有没有亲属陪同，不管是什么样的疾病，医院都没有选择权而必须接诊。只有在医院进行初步处理后没有进一步治疗能力时，才能告知患者并要求其向其他医院转诊。

3. 经验性

医疗行为不是生产产品，其无法统一规格、统一程序、统一产品。个体具有差异性，医学具有未知性，而 B 超、X 光等辅助检查措施仅仅具有参考性，这就要求医生具有一定的临床实践经验。即使是正规院校毕业的本硕博学生也不能一毕业就独立地管理床位，而是作为住院医生在上级医生指导下从事治疗活动。这一点患者均可以理解，年纪较大的医生通常比年轻医生更容易获得患者的信任感。

4. 专业性

一个专业人员至少有以下特征：在某特定领域中具有足够的知识与技术；持续训练其专业的谨慎与判断能力；显著与其他专业不同的心智活动。专业活动的结果于特定时期无法被标准化。医师花费很多时间和费用，获得关于医学和医疗技术知识，而且积累了经验，具备了必要的技能。没有医师资格或专科医师证书者，不得使用医师或专科医师名称；不具合法医师资格者，被禁止擅行医师业务。显然，医师具有专业人员的特征，医疗也就因此成为一个专业。一些医疗行为并不能完全被不了解医学知识的患者理解，需要法律法规作出规范。

5. 密室性与裁量性

医疗现场原则上不公开。不论是从卫生的观点来看，还是从保护患者隐私的观点来看，与医疗无关系者不应准许进入医疗现场。手术时，不管是采取全身麻醉还是局部麻醉，为了保护患者的心理承受力，患者本人不能看到在医疗现场所采取的措施。这就导致以后如果发生纷争，只有作为一方当事人的医师知道。

医疗行为即使是在当时由有最高级的设备、体制的医疗机构实施，也要受到医学和医疗技术本身和实施时医师个人的经验、技能及患者个人的差异等多种条件的限制。因此，医疗行为并不一定具有医学上的典型性。医生往往要根据症状经过、时刻在变化着的患者的情况，采取一般认为是最好的措施进行随机应变的处理。

6. 时效性

时效性是医疗行为的一个显著特点，任何一个医疗行为只有在恰当的时段实施才能达到治疗效果，否则不但可能起不到治疗的效果，反而可能使病情恶化。每个生命体都有自己的生命周期，疾病的诊断和治疗只能在这个周期内完成，当疾病可能致死时，这种时效性则体现得尤为强烈。准确的诊断和治疗必须在相当短的时间内完成。比如对心脏骤停的人，从发病到死亡只有几分钟的时间，如果在病人发病的第一分钟以内得到正确的治疗，其存活的概率在90%以上。而在其后，其存活率从第一分钟近90%以上，随着时间的流逝而急剧下降。

时效性还表现在诊断、治疗方案的不断发展上。疾病的诊断方法和治疗方法随着医学科学的发展不断发展，尤其是近几十年来，许多风险小、疗效好的诊断方法、治疗方案不断面世，医生如果不紧跟时代，不断学习新技术则必然会给患者带来许多风险和不必要的损害。

医疗行为的时效性常常给医生带来法律和道德上的烦恼，在不能完成对病人的全面诊断检查的情况下，医生是选择冒着被起诉的风险仅凭借自己的经验先行抢救呢，还是先对病人进行全面检查，保留足够的法律证据呢？这是一个问题。

二、医患法律关系的主体

（一）医方

1. 医务人员不是医患关系的主体

现代社会中，医患关系并非个人与个人的关系，医务人员个体难以给患者提供完整的医疗服务，医疗行为是一个多部门相互配合的工作。现代社会中，医患关系表现为患者个人与医疗机构的关系。我国《医疗机构管理条例》也明确规定实施医疗行为的是医疗机构。① 虽然患者到医疗机构就医，与医务人员直接打交道，但医务人员的工作是一种职务行为，医疗机构才是医患关系的实际参与者，医务人员不是医患关系的法律主体。根据《最高人民法院关于适用〈中华人民共和国诉讼法〉若干问题的意见》第42条规定："法人或其他组织为当事人。"当然，如果医疗机构的开设

① 《医疗机构管理条例》第2条："本条例适用从事疾病诊断、治疗活动的医院、卫生院、疗养院、门诊部、诊所、卫生所（室）以及急救站等医疗机构。"

者是实施诊疗行为的医师本人，比如个体诊所，医务人员能够成为医患关系的主体，但是此时，他应当以医疗机构的名义享受权利，承担义务。

2. 医疗机构是医患关系的法定主体

法律关系的主体是依照法律的规定参与法律关系，享受权利并承担义务的单一人格，即具有独立的身份和地位的自然人及组织。医疗机构作为事业单位的一种，具有法人资格，有独立的权利能力和行为能力，能够独立承担法律责任，依法享有法律法规规定的权利，并履行相应的义务。在医疗活动中，虽然具体的医疗行为实施人是医务人员，并且医疗机构对医务人员的诊疗行为只进行管理而不会过多干涉，但是医疗机构在医务人员的选任和监督上享有独立的权利，医务人员的行为是依雇佣合同而产生的职务行为。

（二）患者

目前学界对患者的理解主要有三种："患者本人"、"患者监护人、近亲属"、"患者单位"，但笔者认为，患者的监护人、近亲属、患者的单位都不是医患关系的法律主体，只有患者本人才是医患关系的法律主体。

根据法律的规定，在我国能够参加法律关系的主体有公司（自然人）、机构和组织、国家。生命权和健康权作为一种基本的人权，是任何人都不能剥夺的，所以不论患者是否具有行为能力，都可以成为法律关系的主体。

如果患者是精神健康状况正常的成年人，其主体资格是可以肯定的，但是如果患者是无行为能力的人、限制行为能力人或处于昏迷、意识不清等状态时的成年人，医患关系的主体如何确定？

目前在理论和实务中存在不同的看法：

第一，法定代理说。当病人不具有缔结合同的能力或同意能力时，患者本人是医患关系主体中的一方，可以认定由亲权人或夫妻一方行使法定代理权而缔结医疗合同。

第二，第三人利益合同说。该说认为，病人不具有为自己缔结合同的能力时，该医疗合同视为其亲权人或其配偶与医院订立的第三人利益合同，病人处于其中的收益人的地位。

目前，我国根据《民法通则》的规定，采第一种观点，认为此情况下，医患关系的主体是医方与患者本人，“患者监护人、近亲属”只是患者代理人，而非法律主体本身。①

三、医患关系的内容——权利和义务

法律通过对医患双方的权利义务的分配来调整医患之间的法律关系，在对医患双方权利义务分配和法律责任分担的平衡调解上，权利义务是核心，因为权利义务是法律关系的关键，某一社会关系之所以是法律关系，就在于它是依法形成的、以权利和义务的相互关联和相互制约为内容的社会关系。

在医疗活动中，任何一方以一定的方式行使自己的权利之时，也就意味着另一方必定以一定的方式对这一方履行义务，其性质正好是相对的。如患者享有知情同意权，医方就有解释说明的义务，患方有隐私权，医方就有负责保密的义务；反之，医方享有诊治主导权，患者就有配合诊疗的义务，医方有费用支付的请求权，医方就有支付费用的义务。

目前，我国一些法律法规比如《执业医师法》、《医疗事故处理条例》、《医疗机构管理条例》、《医疗机构管理条例实施细则》、《侵权责任法》对医患双方的权利和义务都进行了明确的规定。

第二节　医患关系的法律属性

在法学上，“医患关系法律属性”问题的实质是给“医患关系”这种法律关系进行分类，由于依据的标准和认识的角度不同，可以对法律关系作不同的分类。如果按照相应的法规规范所属的法律部门来分类，

① 《民法通则》第61条。

可以分为“民事关系”“行政关系”，也存在着按照“相对应的具体的法律制度”来分类，医患关系归入“合同关系”或者“侵权关系”及特殊法律关系。

目前，我国学者们对医患法律关系的属性见解各异，概括起来共有以下几种学说：

一、行政关系

这种学说为我国国内的众多学者所持有。该说认为，中华人民共和国成立以来我国医疗卫生长期实行计划体制，医院经费靠财政维系，医疗费用的低廉使得医院承担医疗风险的能力很低，医患双方并非完全意义上的契约关系，医生是向医院负责而不是对患者负责；多数医疗机构均是政府实行一定的补贴并严格限制服务价格的公立非营利性机构，福利色彩较浓，医疗机构不是一般意义上的经营者，医患关系应由行政法予以调整。①

二、消费关系

该说认为，患者到医院就诊是一种“接受服务”的行为，医院从事的是“提供服务”的行为，因而医患关系是一种消费者和经营者的关系。具体理由如下：（1）患者就医看病属于“生活消费”，是一种“必需”的生存消费，消费者为了满足其生存和发展的心理和生理需要而消耗商品或接受服务，接受服务的内容当然包括医疗服务，因为生命与健康是人存在的基础条件。（2）在我国目前尚无专门保护患者权益法律的情况下，《消费者权益保护法》中规定的保护弱者原则是最接近保护患者利益的原则。把医患关系纳入消法的调整范围，既符合我国目前医患关系的现状，又符合适度保护弱者的现代法律精神，而且，这也符合消法的立法原意。②

① 胡晓翔：《医患关系不适用〈消法〉调整》，《健康报》2001 年 1 月 30 日，第 2 版。

② 傅郁：《论医患关系可以纳入消法保护》，《法制与社会》2008 年第 8 期，第 102~104 页。

三、侵权关系

该说认为，医疗卫生事业属于社会福利事业，医疗单位与患者之间并不存在平等的合同关系，医务人员职责职权建立在法律或有关规章的基础上，而不是当事人约定的结果，医务人员的责任亦不得依约定而免除，所以医疗单位与患者之间并不存在合同关系，医务人员过失造成患者身体上的损害，即构成侵权。侵权损害赔偿范围包括财产损害赔偿、人身损害赔偿、精神损害赔偿。其赔偿范围较违约责任赔偿范围更宽，这有利于加强对受害人的保护。另外，如果受害人对医疗单位有债务，比如拖欠医疗费、住院费等，提起侵权之诉较为有利，因为根据民法原理，侵权行为人不得以其对受害人的债权与其因侵权所生之债务相抵销。尽管，医患之间存在某种协议，但医患关系以及由这种关系所产生的相应义务并不完全取决于合同法原理，由此产生的纠纷适用侵权行为法。①

四、合同关系

该说认为，患者到医院按规定支付医疗费用，医院接诊表示同意为其提供医疗服务，双方就此达成医疗服务合同关系，即患者挂号行为属合同法中的要约，医疗机构发给挂号单属承诺。如果医院没有提供与医学科学技术水平相应的医疗服务，当属违约行为。而且，医疗合同属于非典型合同（即无名合同）的一种，法律没有对其名称和规则加以相应的明确规定。②

五、无因管理关系

医师在未经患者同意的情形下，对患者实施专断医疗行为，除非另有

① 黄明耀：《审理医疗民事案件的几个问题》，《人民司法》1995 年第 2 期，第 14~16 页。

② 邱聪智：《民法债篇论文选集》，台北五南图书出版社 1985 年版，第 224~226 页。

合法根据，否则不论医疗结果如何，均构成医疗侵权行为。而《民法通则》第93条关于无因管理的规定，则正可以为医疗行为提供合法性根据，因此，医师若能举证证明其医疗行为符合无因管理的成立要件，该医疗行为则不构成侵权。

（一）医疗无因管理的概念

我国《民法通则》第93条规定："没有法定的或者约定的义务，为避免他人利益受损失进行管理或者服务的，有权要求受益人偿付由此而支付的必要费用"。该条规定没有法定或者约定的义务，管理他人事务的行为，就是无因管理。医疗事务的无因管理是指医方在没有约定的义务和法定的义务的情况下，为了避免患者的生命健康受到损害，自愿为患者提供医疗服务，双方因此形成一种债权债务关系。

（二）适用条件

多数观点认为，医疗无因管理关系主要是基于以下三种情形：一是医师在医院外，发现昏迷的患者加以治疗。医师履行职务之外的非工作时间，如果发现危重患者，主动对其予以治疗，此时，医师对患者并无法定救助义务，此种行为应为无因管理，适用民法无因管理一般规定。二是对自杀未遂而不愿治疗的患者，医院或者医师对其抢救尽管不符合患者本人意愿，但符合其根本利益，此时患者因拒绝治疗自然无适用医疗合同的前提，应属于无因管理。三是特定的第三人将意识不明或不能作意思表示的患者送到医院时，如果该第三人没有负担诊疗报酬的意思，医院与患者间的诊疗行为的基础是无因管理。①

（三）适当管理义务

就医师而言，其适当管理义务表现在两个方面：一是依照本人的意思

① 龚赛红：《医疗损害赔偿立法研究》，法律出版社2001年版，第49~50页。

(管理人明知或者可推知的意思）管理，即根据具体情况，管理人不得违背本人的明示或者可以推定的意思进行适当的管理，此种方式，相当于英美法中的替代判断，即医师站在患者的立场，假设患者能够作出决定时将会作出的决定。二是以有利于本人的方法管理。什么方法是“有利于本人之方法”，主要依靠医师的裁量。因为医师处于无因管理关系时，无法向患者及其家属等相关人士说明与讨论，只有允许医师适度的裁量，才能争取治疗先机，换言之，何种治疗方法符合患者的最佳利益，应由医师根据具体情形作出判断。

(四) 通知和持续管理义务

管理人在管理开始后，应将管理开始的事实通知本人。如果管理人不知本人是谁，或不知本人的住址或因其他原因无法通知，则不负有通知义务。但在医疗无因管理之情形中，患者一般处于昏迷状态，只能是通知其家属，或继续管理至本人清醒。即使患者已经脱离危险，但仍处于无意识状态（如植物人或者其他脑部受损意识不清，但无生命危险之患者），医师仍应继续管理，不得主张因患者已脱离险境且已无急迫情势而不再给予应有的治疗。

六、强制医疗关系

所谓强制医疗，是指医疗机构根据行政法规的规定，对有特定疾患的患者实施的限制其自由的治疗行为。强制医疗与普通医疗不同，虽然二者的主体仍然为医疗机构与患者，但普通医疗通常是患者主动求医，医疗机构为其提供医疗服务，强制医疗则是医疗机构主动对患者实施治疗且不容患者拒绝，在必要时可以限制患者人身自由。目前我国强制医疗实施范围的主要对象是：携带或者可能携带严重危害公共卫生的传染病病原的患者；需要强制戒毒者；具有一定社会危害性的精神病人。2003 年发生的“非典”，2020 年的“新冠”，全国各地医疗机构对发热患者进行排查、隔离、治疗，就是强制医疗的典型事例。

第三节 实务上法律适用混乱

处理法律问题首先必须认清该纠纷的法律关系性质，然后才能准确找到适用的法律。学说的争论，本可以促进法律学者及工作者正确认识法律关系的性质，在立法阶段则有助于立法的完善。但是，我国目前并非处在医疗纠纷的立法阶段，学说的争论直接导致了我国适用法律的混乱。《医疗事故处理条例》（以下简称《条例》）颁布18年来，依然存在着激烈的医疗纠纷法律适用问题，实务中，既有适用《条例》的情形，也有适用《民法通则》的情形，还有适用人身损害赔偿、精神损害赔偿等司法解释的情形，判处结果差异较大。

通过对《条例》的研读，可以认定国务院对医患法律关系的性质为侵权责任关系。第一，《条例》非常强调“过失”在构成医疗事故责任构成要件中的重要性，而过错责任原则是我国侵权行为法中最基本的归责原则。违约责任的归责原则是无过错责任原则。第二，《条例》明确承认了“精神损害抚慰金”。而精神损害抚慰金的赔偿只能存在于侵权诉讼之中。

但是，最高人民法院2003年1月6日《关于参照医疗事故处理条例审理医疗纠纷民事案件的通知》（以下简称《通知》）第1条规定：“条例实施后发生的医疗事故引起的医疗赔偿纠纷，诉到法院的，参照条例的有关规定办理；因医疗事故以外的原因引起的其他医疗赔偿纠纷，适用《民法通则》的规定。”《条例》本是国务院颁布的行政法规，应当予以适用，但是最高院却规定了“参照执行”，导致国内医疗事故法律适用的二元化。

2005年6月2日，福建省第十届人大常委会经过激烈讨论，几易其稿，最终通过《福建省实施〈中华人民共和国消费者权益保护法〉办法（修订）》（以下简称《福建省实施办法》）将医患关系明确列入其调整范围。2005年5月31日至6月1日，由人民法院报社、四川省高级人民法院主办的审理医疗纠纷案件法律适用问题研讨会在成都召开。在讨论会上，专家学者各抒己见。有观点认为，医疗行为具有特殊性，因此，主张严格适用《条例》。也有相反观点强调医疗合同的一般性及医疗损害直接涉及人的生命、身体、健康这些最重大的权益，提出《条例》比最高法院关于人身损害赔偿的解释文件规定的赔偿标准明显偏低，认为《条例》不公正，为确保法律统一，应当适用《中华人民共和国合同法》（以下简称《合同法》）或者《民法通则》关于侵权的规定。梁慧星教授说："在对待《条例》的态度上，存在两种截然相反的观点。不仅是法官当中，律师当中也一样，学者当中也是这样。说明我们整个社会的思想没有统一。我们还停留在制定《条例》之前的立法论的争议当中。"①

第四节　各国（地区）对医患法律关系的认定

美国法院认为医生、律师、会计师、建筑师等专业人士提供其专业服务（professional services），通常系依据契约关系而来，法律处理该类侵害事件时，均以契约关系来规范当事人之法律关系，并视医疗行为之不当治疗，系违反契约之约定。美国法院判决又认为医疗行为人与医疗需求人订立医疗契约时，医疗行为人应先告知医疗需求人，其拟采取之医疗行为及医疗需求人因该医疗行为所承受之负担、风险。医疗需求人基于医疗行为人之告知、说明，具有自我决定权（right to self—determination），因而医疗行为人在进行医疗行为前，应获医疗行为人同意（consent doctrine）。如果医疗行为人与医疗需求人之间定有医疗契约，医疗行为之内容则由契约关系（contract relation）规范。

在确认医疗关系是一种契约关系的前提下，各国（地区）学术界就医疗契约的性质存在着不同的观点。

日本通说采用准委任契约说。该说认为："医疗契约是运用医师所要求的临床医学上的知识、技术，迅速、准确地诊断患者疾病的原因或病名

① 梁慧星：《医疗损害赔偿案件中的法律适用》，载《民事审判指导与参考》第22辑，法律出版社2005年版，第129~135页。

之后，采取适当的治疗行为等事务处理为目的的契约，只要没有特别的约定，就不能将良好的结果的达成包含在债务的内容里。”① 这种契约与以物的给付为目的、内容确定、应该达成一定的结果的“结果债务”的契约不同，它是以医治伤病为目的，给予谨慎的注意、实施适当的诊疗行为本身为内容的“手段债务”。

德国法通说是雇佣契约说。称雇佣者，即当事人约定，一方于一定或不定之期限内为他方服务，他方给付报酬之契约。该说认为，医疗行为人与医疗需求人缔结医疗契约，医疗行为人有先告知义务，医疗需求人依据其说明，再决定是否接受医疗行为，此与雇佣关系中，受雇人必须服从雇用人之指挥命令之原则相符。再者，委任契约以无偿为原则，有偿为例外，此与医疗契约多属有偿契约有所差异，因此德国通说将医疗契约归类为雇佣契约，而非委任契约。②

我国台湾地区法学界和实务界的通说是委任契约说。该说认为，日本学说将医疗契约称为“准”委任契约，是因为日本民法将委任契约所处理的事务限于法律行为，对所处理的事务不是法律行为的则另称准委任。医疗行为大多为事实行为，所以以准委任称之。但我国台湾地区未作此区分，不论处理的事务是法律行为还是非法律行为，均能成立委任契约，所以主张医疗契约在一般情形下应为委任契约。只在患者和医师约定治愈疾病给付报酬时，才将这一契约作为承揽契约对待。

第五节　对医患法律关系的分析及界定

一、医患关系不是消费法律关系

患者到医院就医与消费者到商店购物的性质是不一样的。一方面，前

---

① 吴蕾：《医患关系若干法律问题研究》，武汉理工大学 2006 年硕士学位论文，第 7 页。

② 龚赛红：《医疗损害赔偿立法研究》，法律出版社 2001 年版，第 52 页。

者是为了救命或者解除生病痛苦，后者是为了生活所需，把患者等同于消费者，是把人的生命与满足生活需要的物品混为一谈，降低了人的生命价值。从法律关系的内容看，经营者对消费者所负义务的核心是依合同的内容提供商品和服务，其内容和结果是确定和可见的。但在医患关系中，医疗机构只要按照法律的规定和当事人的约定提供了医疗服务，即使未能治好患者的疾病，也视为履行了义务。

另一方面，对于“经营者、服务者”的医方来说，它必然要以追求高利润、高经济效益为目的，这与医疗卫生事业“救死扶伤”的天职是背道而驰的，同时，也与《职业医师法》规定的医生不得拒绝抢救，在遇到自然灾害、传染病流行、突发重大伤亡事故时医师应服从调遣的规定是相违背的。用消费调整医患关系，它给社会带来最直接的负面效应是医院和医生也要一切“向钱看”，既然一般的商业服务和医疗服务都同属民法、消法或合同法调整，那么，服务员可以收取小费，医生收取红包当然也就成为“天经地义”的事了。这样，以救死扶伤、治病救人为天职的“白衣天使”，在人们的眼中便成了唯利是图的商人，那么医院也会在“病人越多，医院就越赚钱”的潜意识的驱动下，放弃以预防为主的原则，由此，医患关系将变得只需一般职业道德要求的商业水准，这是一种倒退。笔者认为《消费者权益保护法》不适合医患法律关系。

二、医患关系不是行政法律关系

笔者认为，在医患关系中，医方不是行政机关，也不是法律授权或者行政委托的行政主体，医疗行为不具有行政行为强制性的特点。再者，医院不可“自愿”选择病人，而是以救死扶伤为宗旨，医方没有选择病人的权利，这是由医疗行业的特殊性决定的，但是不能以此作为认定医患关系属于行政法律的原因之一。

三、医患关系不属于斜向法律关系

斜向法是调整相对不平等主体之间斜向法律关系的法。如宗教、党派、社团、行业、行会、单位和家庭等社会共同体与相对人之间，为了自身的共同利益，建立在相互信赖基础上的适用于社会共同体内部的一种民间契约。简言之，斜向法就是调整相对不平等主体之间的斜向法律关系的法。其涵盖的内容包括除了公法（纵向法）和私法（横向法）之外的所有法律规范。笔者认为该观点对民事法律关系的理解存在一定的偏差。医患双方在医学理论和技术的掌握方面必定不可能平等，但是这种理论知识和技术上的不平等并不能说明双方在法律地位上的不平等。医患法律关系已经具有民事法律关系的特征之一，即主体平等。该观点认为医事法是一个完全并列于民事和行政法的独立的法律体系，不恰当地提高了医事法在整个法律体系中的地位。所以笔者认为是不合适的。

四、医患关系的基本性质首先是民事法律关系

民事法律关系是指平等主体之间发生的、符合民事法律规范的、以权利义务为内容的一种特殊社会关系。民事法律关系的成立，必须具备四个特质：一是平等特质；二是意思自治特质；三是诚实信用特质；四是权利不得滥用特质。

医患关系的双方法律地位是平等的，除强制治疗关系外，医患关系的建立、变更或终止以及医患关系的权利和义务的确定，医疗纠纷的处理，实行意识自治。医患关系也遵循诚实信用的原则，医患关系一旦形成，患者必须据实汇报病史，及时支付医疗费用，不得以任何借口谎报、瞒报或拖欠，医方必须及时救助，不得推脱，并以不影响诊疗为前提，如实向患者或利害关系人告知病情。医患关系也遵循权利不滥用原则，在治疗过程中，医疗机构根据患者的不同病症有权处理患者的身体或某一部分，但不得随意处置，更不能处置与病症毫不相干的部位；根据诊疗需要，医疗机构对患者包括隐私权在内的人身权虽有了解的权利，但没有对第三者进行传播的权利，必须加以保护。①

① 朱远生：《试论医患关系的法律属性》，《中国卫生事业管理》2002 年第 3 期，第 951~952 页。

（一）医患法律关系不是合同关系

医患关系属于民事法律关系，但它是合同关系还是侵权关系，不同学者对此有不同的观点。有学者认为它是合同关系，① 也有学者认为是侵权关系，② 还有学者认为它既不完全属于合同关系也不完全属于侵权关系，而是介于两者之间的一种法律关系。③ 笔者认为医患法律关系不是合同关系。主要有以下几个原因：

1. 对于合同的成立必须要有双方当事人的意思表示一致。在合同订立过程中要约方提出内容具体而明确的要约后，受约方在对要约内容理解的基础上，作出是否承诺的决定，一旦作出承诺，则合同成立。在实践中，由于医疗行为的特殊性，患者向医方提出的要约往往会比较模糊和不明确。因为医疗方面的专业知识对专业人员而言比较熟悉，但对非专业的要约方的患者来讲如同雾里看花，摸不着边际。要约的内容不够具体、明确，则对此要约作出承诺后，双方的权利和义务也仍然十分模糊。

2. 合同法规定，在一方不履行或可能不履行其主要义务，使他方订立合同的目的不能实现时，也就是一方违约，另一方要求解除合同并且请求赔偿损失。然而在医疗合同的履行中，如果患者不能支付部分或全部医疗费用，医方此时不能以此为借口，拒绝提供医疗服务，医学伦理学道德也不允许医方行使这些权利。在这种情况下，医疗合同并无平等自愿之实，这在实践中扭曲了合同的本来面目，难以实现合同优化资源配置的功能。

3. 合同法允许在合法的范围内追求自身利益的最大化。但如医务人员在诊疗过程中首先追求自身利益的最大化，与医疗卫生作为公益事业的目的不符。

---

① 邱聪智：《民法债篇论文选集》，台北五南图书出版社 1985 年版，第 224~226 页。

② 黄明耀：《审理医疗民事案件的几个问题》，《人民司法》1995 年第 2 期，第 15 页。

③ 范晓静：《试论医患法律关系的性质》，《法制与社会》2008 年第 1 期，第 76~77 页。

4. 关于合同中免责条款无效的规定。根据合同法，合同中约定造成对方人身伤害的免责条款无效。在诊疗过程中，依据医疗行为具有侵害性这一特点，大多数的诊疗方法都对人体有一定程度的侵害性。在医学上，医生主要是衡量比较侵害行为所导致的损害后果与患者所得到的利益，如果损害结果小于患者所得到的利益，那么就可以实施此医疗行为；反之，则不能。但是合同法完全排除了这种情况，认为只要造成了人身损害，就属于合同约定无效，则医疗行为所导致的可容许范围对人体的伤害被排除在外了，严格遵守此条款的结果是大多数医疗行为无法实施。

（二）医患法律关系应为侵权责任法律关系

纵观医患法律关系性质的多种理论学说，在现有理论体系下，将其界定为侵权责任法律关系更具有理论的吻合性和实践的现实性。

1. 侵权责任关系的特点

侵权责任关系具有以下几个方面的规定性：（1）它是特定主体之间的权利义务关系，即侵权人与受害人之间的关系；（2）它以已有的法定民事权利义务关系为前提（如财产所有权关系、人身权关系），只有当一方当事人的合法民事权益受到侵害时，才产生侵权关系；（3）它以侵权行为人的加害行为为事实构成要件，一方当事人的合法民事权益受到侵害总是通过另一方当事人的加害行为而实现的；（4）它以法律规定的民事责任为内容，即一方（受害人）有权请求对方（侵权行为人）为一定的行为并承担相应的民事责任，对方有义务向一方为一定的行为，但这种请求不限于财产的给付，也包括要求履行某些具有人身意义的义务（如赔礼道歉）；（5）对于这种关系的调整，往往适用强制性的民事法律规范而不是使用任意性的民事法律规范。①

2. 医患法律关系与侵权责任的关系的相似性

（1）法律上医患关系双方的地位平等

① 张新宝：《中国侵权行为法》，中国社会科学出版社 1998 年版，第 22~23 页。

法律上讲的主体平等是指“法律主体在法律关系中法律地位平等”，而不是指双方当事人的社会地位平等。一般来说，医患双方在提供医疗服务与接受医疗服务的过程中，并不存在所谓法律上“双方的地位是不平等”的情况，医患双方在医疗服务中存在着管理与被管理的业务上的管理，并非行政管理关系，双方之间不存在行政上的隶属关系。因而，医患双方在法律上的地位是平等的。

（2）医疗活动的相对确定性决定了侵权法律关系的可能性

随着现代医学科学的发展，医疗活动中的不确定性逐渐减少。因此，立法者和卫生行政管理部门有必要也有可能根据现有的医学科学发展水平对诊疗活动中的一些常规性问题作出规定。相关医疗法规、规定以及诊疗护理常规对医疗活动中的各项注意义务的规定就是对这些具有确定性的经验的归纳和总结，当然这些确定性的经验并不以上述规范的规定为限。现代民法一般认为医师作为专家，其应当具有一般的医疗水平，其行为不能违反通常情况下具有一般医疗水准的医师应具有的注意义务。因此，医疗活动的相对确定性，奠定了医疗活动中注意义务的基础，医生以此注意义务的违反作为承担责任的依据，从而也证实了医疗过失行为是一种侵权行为①，医患关系是侵权责任法律关系。

（3）适用强制的民事法律规范，而非任意性的民事法律规范

由于医疗行为的专业性以及医疗活动的相对确定性，患者无法具体约定医疗行为的方式和内容，更多的是依靠医疗法规和诊疗常规甚至医疗实践经验来规范医疗行为，医患双方一般无法通过约定改变医疗行为实施的方式。即使存在两种不同治疗方案时，患者的治疗选择方案也往往受到医方对此治疗方案结合患者本身特殊性而带有倾向性描述的影响。在医生的治疗行为存在几种选择方案时，无论怎么说明，委托人往往也难以决断，

① 沈幼伦：《医患法律关系性质研究》，华东政法大学 2006 年硕士学位论文，第 88 页。

委由医师选择治疗行为。①

(4) 医方实施了过失医疗行为与患方受到损害，两者之间有因果关系

医方在诊疗护理过程中因为医疗过失行为导致病人人身伤害，其过失行为属于侵权行为，它侵犯了患者的生命健康权，造成了损害后果。只有当医方的过失医疗行为与患者损害后果存在因果关系时，医方才承担责任，否则，患者的疾病恶化后果应理解为其疾病的自然转归。

(三) 将医患关系纳入侵权责任关系具有现实优势

1. 举证方面

2010 年 7 月 1 日实施的《侵权责任法》对医疗行为损害的举证进行了分类：(1) 患者在诊疗活动中受到损害，医疗机构及其医务人员有过错的，由医疗机构承担赔偿责任。对医务人员的损害，实行的是“谁主张，谁举证”。(2) 对患者的损害因下列原因之一的，推定医疗机构有过错：违反法律法规及其他有关诊疗规定；隐藏或者拒绝提供与纠纷有关的病历；伪造、篡改或者销毁病历资料。过错推定原则的医疗损害责任，实行的是举证责任倒置。笔者认为，采用过错推定原则是由于医疗活动的复杂性，过错和因果关系的认定都极为困难。目前病历作为证明过错的重要书证，虽然允许患者进行客观病历的复印，但病历的制作和保存过程病人无权参与，还是由医疗单位所控制，而且在治疗的过程中特别是手术中患者处于麻醉状态，或昏迷时对具体的医疗行为也无法了解，所以让非专业人员的受害人举证实际上会导致剥夺受害人获得赔偿的权利。

2. 关于责任范围方面

通常认为契约责任主要限于财产和人身伤害损失的赔偿，不包括对精神损害的赔偿。对于侵权责任来说，损害赔偿不仅包括财产的赔偿，而且包括人身伤害和精神损害赔偿。因此医疗过失造成患者人身伤害的情形，

---

① [日] 能见善久:《民商法论丛》，梁慧星译，法律出版社 1996 年版，第 505 页。

适用侵权责任对患者的权利保护更充分。①

3. 关于免责条款

在违约责任中，学者朱秀恩认为，对于医疗契约免责条款，不能依据《合同法》第53条一概视为无效，而应根据个案分析，对于故意规避法律，免除医生故意及重大过失责任的免责条款应为无效。而符合以下几种情况为有效：（1）医疗契约履行本身就会给人体带来伤害，有效是因为得到患者的同意，出现了违法的阻却；（2）常规疗法无法奏效，应用特殊疗法，风险大，成功可能小，为尽最大可能挽救病人。②

医疗行为具有专业性，普通患者难以区分医疗行为的无法避免性的损害后果（并发症）和可予以避免的损害后果，如果允许医患双方通过合同来约定双方的权利义务，乃是医生实施医疗行为违法性阻却的条件，其利益保护的重点在于医疗机构及其医生的责任豁免，而并非在于病人自主决定权的实现。在这种情况下，极有可能发生通过约定而有损患者利益规避法律的情况，且所谓的是否"故意规避法律"也需要以法律法规、相关诊疗常规等作为衡量根据，界定医方具体可免责的事项，从而达到保护患者的作用。

在侵权责任中不承认约定的免责条款。手术签字单上说明的手术并发症免责条款仅仅是履行对患者的说明义务，具体是否可以免责，是否属于无法避免的并发症还必须由相关医疗常规及医学科学经验加以证明。笔者认为，适用侵权行为法更能自圆其说。

（四）医患关系是特殊的侵权责任关系

1. 医疗行为的特殊性

虽然我们认为医患关系是具有民事法律关系的基本属性，与侵权责任关系最为接近，但是由于医学科学与医疗行为的特殊性，它还是有很多属

① 王岳：《医疗纠纷法律问题新解》，中国检察出版社2004年版，第28页。

② 朱秀恩：《论违约责任与侵权责任的竞合——以医疗损害责任为中心》，《法律与医学杂志》2004年第11卷第1期，第39~42页。

于自己特性的东西。主要表现在：(1) 医疗过程的高风险性；(2) 医疗效果的不确定性；(3) 医疗对象的非选择性；(4) 医疗道德的苛刻性。

2. 在法律实践中的特殊性

医学发展到今天，仍然没有摆脱经验科学的范畴。人体及疾病医学仍然存在很多不解之谜，同时医疗行为也是公认的“伤害”行为，在治疗一定疾病的同时往往对患者产生一定的“后遗症”，因此要求医方对医疗行为与患者的人身伤害之间是否存在因果关系“交代”清楚，实在是超出医方的能力所及。笔者认为，应考虑到医疗纠纷中当事人的举证能力，可以依据公平原则和诚信原则赋予法官行使自由裁量权，根据具体案件分配举证责任，不能僵化地理解举证责任倒置。

在损害赔偿问题方面，患者首先是自己得了疾病去求助医生来帮助治疗疾病的，希望得到医生的帮助和救治，并非如其他侵权责任关系，比如交通事故，侵权行为人与被侵权人无任何关系。因此在《医疗事故处理条例》中对医疗事故损害赔偿规定了自己的标准，而且这个标准明显低于一般民事侵权人身赔偿标准。这还是出于通过保护医方的利益，同时也是对患者利益的保护，不至于因为过高的医疗损害赔偿金和医疗保险费转嫁到广大患者身上，造成医疗费用的大幅度提高，最终对全体患者不利。① 因而，医疗事故赔偿标准适当低于一般侵权损害赔偿标准，笔者认为是合理的。

对于医疗事故的这些特殊性，北京协和医院的刘宇作了更进一步的说明。他认为，医学是一门存在自身缺陷的技术，医学技术的使用在带给人民期望的效果的同时也带来了人们所不期望的副作用，有时候医学技术可能并没有产生期望的效果却产生了具有重大危害性的不利后果，医疗技术由于其技术难度而增加了技术操作者犯错误的可能性。但是医学又是基于受害者的利益而向受害者提供的缺陷技术服务，因此具有受害人和受益人同一性的特点，患者既是受害者也是受益者，是为了追求自身利益才容忍

① 龚赛红：《医疗损害赔偿立法研究》，法律出版社 2001 年版，第 16 页。

技术缺陷，因此，无所谓牺牲，也没有必要得到法律照顾。①

由于医学科学和医疗行为的特殊性，这就要求我们在处理医患关系，尤其是处理医疗纠纷时，既要以民法的一般原则和基本精神为指导，又不能简单地当作普通的民事纠纷来处理，应当充分考虑到医患关系的特殊性，认识到举证责任的平衡、有限的精神损害赔偿的必要性，确切地说，医患法律关系应为特殊的侵权责任关系，只有这样在实践中才能真正处理好医患关系。

① 刘宇：《医学独特性与医疗侵权行为归责原则之讨论》，2008 年 7 月中国医学协会召开的“医疗侵权研讨会”上的发言。

第三章　患者的知情同意权

第一节　知情同意权的概念、来源及属性

知情同意权（the right of informed consent），是指具有独立判断能力的患者及其家属，在医方充分告知的情况下，能够理解各种风险和后果，在此基础上对医方制定的诊疗计划自行决定取舍的一种权利。知情同意权是患者自己决定权的重要体现。“知情同意”的概念来源于第二次世界大战后的《纽伦堡法典》。二战后的纽伦堡审判揭露了纳粹医生强迫受试者接受不人道的野蛮实验的事实。在审判后通过的《纽伦堡法典》规定，受试者在作出决定之前应该知道实验的性质、持续时间和目的、进行实验的方法和手段、可能发生的不方便和危险、他的参与对他的健康和个人可能产生的影响，以便他能作出明智的决定。纽伦堡审判后，知情同意逐渐成为人类受试者最注意的伦理学问题之一。

1957 年，美国加利福尼亚州上诉法院对 Salgo v. Leland Stanford Jr. University Board of Truatees 案的审判中，首次运用了知情同意权的概念，随后知情同意权成为世界各国广泛承认的一项患者的权利。①

① 梁慧星：《民商法论丛》，法律出版社 2007 年版，第 152 页。Salgo 事件是为了对一男性患者施行胸部大动脉造影，从其背部向大动脉注射了造影剂，结果造成该患者两下肢瘫痪。这一检查方法在当时属于非常先进的，但是由于医院没有提供任何情况说明，患者以及他的妻子对这一检查可能带来的风险完全一无所知。虽然上述并发症可能带来的风险非常小，但即使在当时也不能说医学对此处在完全未知的状态，法官在判决中首次引入了知情同意概念。

知情同意的道德基础是对患者自主权利和人格权利的尊重。①知情同意所体现的价值往往不是医学和技术本身的价值，它集中体现了对患者的尊严、人格和自由的尊重。而患者的自主决定权是一种可以从国家宪法文字中找到落脚点的宪法权利，是患者基本人权在医疗领域的体现。普通法赋予个体在作出与自身生命健康的决定时所享有的自主权，认为医生在对患者进行手术等医疗行为时，必须就医疗方案的有关风险以及其他可替代措施向患者作出详细的说明，并在此基础上取得患者承诺。医生未履行说明义务并未取得患者同意的治疗行为，原则上可以构成过失侵权行为。

第二节　医生的告知义务

我国立法中没有明确规定知情同意权的概念。但近年来因侵犯患者知情同意权引发的医患纠纷逐年增加，因此加强患者知情同意权保护的呼声随之高涨。

一、目前我国法律、法规对医务人员告知义务的相关规定

在我国，《医疗机构管理条例》、《执业医师法》、《医疗事故处理条例》以及《侵权责任法》均有对患者告知义务的明确规定。

《医疗机构管理条例》（2016 年修订）第 33 条规定："医疗机构施行手术、特殊检查或者特殊治疗时，必须征得患者同意。"《执业医师法》（1998）第 26 条规定："医师应如实向患者或者其家属介绍病情，但应注意避免对患者产生不利后果。医师进行实验性临床医疗，应当经医院批准并征得患者本人或者其家属同意。"《医疗事故处理条例》（国务院于 2002 年出台）第 11 条规定："在医疗活动中，医疗机构及其医务人员应当将患者的病情、医疗措施、医疗风险等如实告知患者，及时解答其咨询；但

① 杨雪瑛：《论知情同意之法理求索》，《法学论丛》2011 年第 3 期，第 69~70 页。

是，应当避免对患者产生不利后果。”《侵权责任法》（2010 年 7 月 1 日正式实施）第 55 条第 1 款规定：“医务人员在诊疗活动中应向患者说明病情和医疗措施。需要实施手术、特殊检查、特殊治疗的，医务人员应及时向患者说明医疗风险、替代医疗方案等情况，并取得书面同意。”

从这些法律法规中，我们可以看出医生需要向患方告知的范围在不断地扩大，《医疗机构处理条例》中告知范围只限于手术、特殊检查和特殊治疗；《职业医师法》告知范围仅规定为对实验性临床问题的同意；《医疗事故处理条例》的告知范围扩大到“病情、医疗措施及医疗风险”，有了很大进步；《侵权责任法》较之以往的法律，该法的告知范围扩大为“病情、医疗措施、手术、特殊检查、特殊治疗、医疗风险及替代方案”。这些规定都是针对医生（医疗机构）的义务而言的，虽然从这些规定中相应地可以推导出患者知情同意权，但是明显过于简单，应取得患者同意的仅限于“实验性临床医疗、手术、特殊检查、特殊治疗”过于狭窄，较之以往法律规定没有任何突破。

告知的内容是贯穿在整个治疗过程中的包括疾病的状况、该疾病治疗的方案、建议治疗程序的性质和目的、可能伴随的危险、成功的可能性、如果不采取治疗的后果、其他可选择的治疗方案的利处和限制，还包括医务人员的背景、治疗费用。如果医院给患者建议一种新的药物，则要告知患者这种新药为什么是必要的，可能的副作用等。由于知情同意权的内容过于复杂，不容易界定，所以在立法上对知情权的规定是通过医生的说明义务的规定来体现的，但却忽略了患者是否得到了足够的信息。

二、各国法律对医生告知义务的标准

在解决这类问题时，英美法系国家提出了关于医生说明义务的标准，大致可以分为两类：一类是以医生为中心的“合理的医生标准”；一类是以患者为中心的“合理的患者标准”。“合理的医生标准”最早是在 1960 年得克萨斯的 Natanson v. Kline 案中明确提出。法院认为，说明义务应“限于一个合理的医务人员在相同或者类似的条件下将作出的说明”。适用此标准是，原告（患者）必须提供其他医生的专家证明以表明在相同情势下被告没有提供一个合理的医生（a reasonable physician）提供的足够多的信息。

但在美国其他州出现了适用“重要危险标准”或称“合理患者标准”（reasonable patient standard）的趋势。这一标准在 1972 年 Canterbury v. Spence 的案件中被法院采用。在此案中，法院认为，“如依一个合理的患者，处于医生知道或应当知道的患者所处的位置，认为该危险或几种危险对其决定是否放弃医生建议的治疗而言是不可或缺的，该危险即是重要的”。这是客观标准，原告如果想获胜，必须证明他如果得知足够多的信息，他是不会同意，一个正常的人此时也会拒绝。目前在美国的州与州之间法律规定的医生说明义务的标准是不同的，一些州采用合理的医生标准，另一些州采用合理的患者标准。①

英国法上的医生说明义务采用“合理的医生标准”，早期被称为“Bolam”测试标准。Bolam 先生患躁狂抑郁症，医生给予电休克治疗。电休克治疗的危险之一是导致患者骨折，治疗前给予保护性约束或者服用肌肉松弛剂等措施会降低这种危险，但医生没有对 Bolam 先生采取这两种措施。Bolam 先生没有问过这些事，作为一个外行他也不知道问这些事。后来 Bolam 先生在电休克治疗中发生了严重的骨盆骨折，遂起诉医院。审理此案的 McNair 法官认为：“如果一个医生的医疗行为，被他那个领域技术娴熟又有责任心的医生认为是正当的，那么他就没有过失。”②

从这两种标准产生过程来看，以医生为主导的信息披露标准产生要比以患者为主导的标准早，反映了从医师本位走向患者本位的变迁，目前我国也正处在从医师本位向患者本位过渡的时期，患者的自我保护意识越来越强，但目前患者的权利还没有得到充分保障，患者并不能有效行使权利，导致效率较低。因此，我国应建立以患者为主导、医师为参考的披露

① 许晓娟、彭志刚、黄河等：《论“知情同意”的若干法律问题》，《江西师范大学学报（哲学社会科学版）》2009 年第 4 期，第 35~40 页。

② 李燕：《医疗权利研究》，中国人民公安大学出版社 2009 年版，第 41~42 页。

标准。在实际操作中，应特别注意将表明患者已经理解披露内容的指证作为必须具备的形式要件，这样可以保障患者的权利，可以避免过分拘泥于患者同意。

第三节　知情同意权的主体

一、患者本人

患者个体有人格尊严和对自己身体的控制权。医疗行为具有侵袭性、创伤性，即使是正常的医疗行为，对患者也可以造成一定程度的身体健康损害，如患者在知情的情况下进行手术切口、各种药物的副作用、X 射线对人的照射等。这些对患者身体权利的处理，只有患者本人才能实施，其他人无权实施。所以只有经过患者知情同意的治疗行为才是合法行为，其他任何人都不应该也不能替患者做决定，任何医疗检查决定都必须得到患者本人的同意。

（一）患者本人的同意能力

患者所做的同意是否有效，取决于患者的同意能力或者称自己决定能力，各国的法律都没有一个明确的标准来衡量，它取决于患者对治疗的性质（nature）和目的（purpose）的理解能力，包括接受治疗对身体所做的处理、不治疗的可能后果、理解医生对其说明的各种危险及副作用等。理解水平必须与所做决定的重要性成适当的比例，决定的重要性越大，能力要求越高。所以，必须根据个案的具体情况来具体分析。我国目前的法律法规对患者的同意能力问题没有作具体的解释，一般认为精神状况健全的成年人以年满 18 岁作为具有同意能力的法定年龄。具有民事行为能力则具有决定能力。

在英美等国对患者的认知能力会根据具体的案情来分析，不仅仅以年龄和精神状况作为判断患者同意能力的条件，而是以患者是否对治疗的性质（nature）和目的（purpose）有充分理解的能力作为认定患者是否具有同意能力的原则。比如对于精神病患者，也不是必然不具有同意能力，应考虑该患者在作出决定的时候是否处于精神病间歇期或者具有足够的判断能力。例如美国有一位75岁的老太太叫Dottie，被诊断出患了喉癌，后来她被告知癌细胞已经扩散，需要做切除手术，当她得知手术会使她不能独立咀嚼和吞咽时，她坚决拒绝手术，虽然手术会挽救她的生命。① 她的家人、朋友和医生都认为她拒绝手术挽救生命是“疯了”，他们请求法院强制Dottie接受手术。受理此案的法官必须认定Dottie是否具有决定能力，法官听取了Dottie的医护人员、亲戚、朋友的证词：Dottie总是怀疑医生，拒绝服用医生开出的药物，不听医嘱擅自出院。她非常注重自己的独立，拒绝搬入女儿家居住。最后，法官询问了Dottie本人，Dottie表示她明白医生的手术将切除她喉咙的一部分，她也明白如果不进行手术，她可能在几周内死去。她清楚地声明她宁愿死也不愿失去“正常的”吃饭能力。法官最终认定Dottie有拒绝手术的决定能力。她的记忆力问题及精神错乱与她对其治疗决定的性质和意义的理解能力之间并没有明显的联系。而且，她的决定看起来有充分的理由。即使在其他人看起来她是非常不理智的。

另外，未成年人也并非没有医疗决定能力。在一般情况下，对病情、治疗能充分理解的未成年人有作出医疗决定的能力。在美国这类青年被称为“成熟的未成年人”（mature minors）。在部队服役的未成年人、离家自己谋生的未成年人都有权自己作出医疗同意。对于某几类医疗，无论未成年人状况如何，都不需要父母的同意。这些例外在各州的医疗自主法规中有明确规定，最典型的是未成年人有权同意接受有关怀孕、避孕、性病的治疗及酒精、药物滥用的治疗。有的州还允许未成年人接受精神健康治疗。

美国的法律也明确规定已满16岁、精神健全的未成年人或有“Cillick”能力的未成年人有不经父母同意而自己决定医疗的能力。所谓

① 李燕：《医疗权利研究》，中国人民公安大学出版社2009年版，第45页。

"Gillick"能力，是指有能力完全理解治疗的后果、可能的副作用及不进行治疗的预期后果。这一名词来源于上议院在 Gillick v. West Norfolkand Wisbech AHA 案的重要判决。① 该案涉及医生能否为一个不满 16 岁的少女提供避孕治疗而不经父母知晓、同意。该案判决医生能够不经过父母的同意而提供。该案引起了对父母权利和未成年人同意权的深刻法律检讨。该判决确定法定的检测标准是"他（她）是否已经取得了足够的理解能力和智力以使自己能够完全理解医生的建议"。

（二）患者知情同意权的特殊情况

在患者具有同意能力时医方应充分尊重患者的知情同意权，即使患者的选择可能会造成不良的后果，甚至是丧失生命，医方也无须为这种不利承担责任，因为这是患者本人自己的选择。主要包括：其一，与宗教信仰抵触的情形，当患者基于宗教信仰而拒绝采取某些医疗方案时，医方必须尊重患者的选择，尽管这样的选择可能会有不良的影响。如由于宗教信仰拒绝输血，医生不经患者同意就不能强行为其输血。其二，严重影响患者的生活方式或违背其生活观念的情形。在采取严重影响患者生活方式或违背其生活观念的医疗措施前，必须征得患者本人同意。例如，乳腺癌患者在得知病情后，为保持完好体形决定部分肿物切除，医师就不能以延长寿命为其进行乳腺全部切除。②

二、患者知情同意权的代理人

当患者是不具有"同意能力"的限制行为能力人和无民事行为能力人，其法定代理人将成为知情同意权的主体。根据《民法通则》第 16 条、第 17 条的规定，对于未成年患者来说，其父母是知情同意的主体，当父母死亡或者没有监护能力时，依次由祖父母、外祖父母、成年兄姐作为知情

① 李燕：《医疗权利研究》，中国人民公安大学出版社 2009 年版，第 47 页。

② 龚赛红、董俊霞：《论患者知情同意权的限制》，《中国社会科学研究生院学报》2009 年第 5 期，第 62~68 页。

同意的主体。对于虽然是成年人，但却部分或者全部丧失了行为能力时，享有知情同意的主体首先是配偶，其次是父母，再次是成年子女、其他近亲属等。

我国目前的法律法规对患者的代理人的称呼有所不同，《职业医师法》第 26 条使用“家属”、国务院《医疗机构管理条例》第 33 条使用“家属或者关系人”；卫生部《医疗机构管理条例实施细则》第 61 条使用“家属和有关人员”；《侵权责任法》使用“近亲属”这一概念，从而实现了立法用语的“民法化”，这在一定程度上澄清了一些概念的混淆。

《医疗机构管理条例》中所提到的“关系人”是否也可以列为代理人？笔者认为无法取得患者及近亲属意见时，关系人也应属于代理人的范围。所谓“关系人”，在《最高人民法院、最高人民检察院关于办理受贿刑事案件适用法律若干问题的意见》的司法解释中，有专门对“特定关系人”的定义，其中加入了情人作为特定关系人，民法和行政法上也有“利害关系人”之说，大抵是以有共同利益关系的人来衡量关系的相关性。在以前的手术知情同意书中关系人还包括患者单位领导等与其工作方面密切关系的权威人士。《民法通则》将“关系密切的其他亲属、朋友”以及“未成年人的父母所在单位”均列为未成年人可选的监护人范围，并对精神病人也作了类似的规定，因此，《侵权责任法》中“近亲属”可能在范围上还有一定的局限性，用“代理人”更为合适。

（一）代理人同意能力的认定

代理人的同意能力是一个基本但重要的能力。判断一个人是否有同意能力的标准是什么？有学者认为，同意能力包括理解情报的能力和对自己行动后果进行推理的能力。有同意能力的人首先应是有行为能力的人，当本人无行为能力或者只有限制行为能力时，不能适用民法关于法律行为的相关规定。

但即使达到一般常人的标准也很有可能无法作出客观正确的、有利于被代理人——患者的决定。因为除了正常行为人认定能力之外，还有很多因素影响着代理人的判断，加之又是在危急情况下作出的判断，代理人往往无法成为一个理智的合理人。认知能力是否有偏差，也可以借用侵权法上客观标准判断行为人过失来认定，即把行为人的行为与一个假设的标准的行为进行比较来确定行为人是否有过失。

就代理主体而言，英美法系拟制的合理人（reasonable man）可以作为代理人资格的标准。合理人标准是一个客观标准。合理人是一个具有通常智力和认知，拥有一般的知识，从而能够认识到风险的存在并能采取措施避免风险的人，合理人客观化标准去除了主观的因素进行判断，为病人的最佳利益思考作出了理智的判断标准设定，从而从保护被代理人的角度，限制了代理能力的认定标准，也可以更好地判断代理人是否能进行代理。

（二）当代理人否定治疗

我国法律、法规中对于代理人仅仅提到近亲属、家属等，但没有对其代理的情况进行具体分析和有关限制。同意原则上应该由患者自己决定，但是在患者无法作出决定的时候，可以由法律明确规定一定范围的亲属作出，其亲属如果拒绝同意时应该如何处理，这在我国的法律中没有相应的规定。对家属权限没有作出限制，没有相关的规定可以根据医师的判断作出决定，或者由法院作出决定，因此可能导致悲剧的发生，这不能不引起人们的深思。但是如果我们仔细考察英美等国同意作出的方式，可以看出即使是英美等国家，同意由其亲属或者法院作出时，是有严格限制的。通常的做法是只有父母作出的同意治疗的决定才可能合法，父母有权作出同意的决定但无权利坚持治疗。父母有权作出的同意治疗的决定必须符合患者的最大利益，或虽不是患者的最大利益，但只要该决定合理且不违背患者的利益，则父母作出的同意决定可能有效力。父母拒绝同意的决定应为医疗机构所尊重，但可能遇到法院的挑战。

笔者认为，解决这种问题的办法是在我国应建立第三方代理制度，肖志军案例让我们意识到经济条件差和治疗上不利的人群的特殊需求，我们需要特别关注那些自身无同意能力的代理人的代理能力，平衡这部分代理人在知情同意上的弱势地位，就需要依赖其他客观超然的医患之外的第三人，依赖伦理委员会、法院等机构对知情同意进行监督，并寻求知情同意过程的制度化。例如，英国一个 4 岁男孩需要紧急输血抢救生命，其父母因为自己的宗教信仰而拒绝，地方当局请求法院根据管辖权下达命令。① 法院考虑到这个治疗对于小孩的存活概率为 50%，授予法院的命令允许治疗，法院同时考虑到父母的宗教信仰，认定父母免责。医院向法院提出强制申请令，最后法院批准并强制执行，在该案中法院作为衡量患者利益的中立第三方，从司法角度对输血行为进行确认，这可以作为一种制度探讨。

类似于我国的依申请的强制执行，或者我国财产保护制度中的支付令，这种医疗紧急情况，也可以申请紧急执行令等。作为行政机构的卫生行政部门，也可以尝试扩大职能，设计针对关乎人命的重大抉择下的卫生行政强制令。此外，可以充分发挥医院伦理委员会的作用，由律师、教授、医学专家等构成，从日常审核人体试验职能入手，增加其为病人作出合理决定的类似陪审团的角色。充分发挥司法机构、行政机构以及医院伦理委员会的功能，扩大中立决定的第三方的形式，使得弱势群体的患者能够得到更为直接的扶持，这些都可以作为一种常规的价值衡量制度在未来进行构建。

三、不能取得患者及代理人意见时医方的干预权利

尊重患者的自主意思，这既是医学伦理的基本要求，也是医疗行为中必须遵守的道德义务，当患者的生命权与其知情同意下的自主权发生冲突时怎样进行平衡就成为选择医疗行为的关键所在。依据保障生命权的实现，以"敬畏生命"的伦理思想为一切出发点，赋予医方特殊的干预权，但必须对医方的特殊干预权给予法律的规定。

① Marcia Mobilia Boumil. The law of Medical Liability, West Publishing Co, 1995, p. 100.

以往的立法仅在《医疗机构管理条例》第 33 条中规定："……无法取得患者意见又无家属或者关系人在场，或者遇到其他特殊情况时，经治医师应当提出医疗处置方案，在取得医疗机构负责人或者被授权人员的批准后实施。"而《侵权责任法》第 56 条则规定："因抢救生命垂危的患者等紧急情况，不能取得患者或者其近亲属意见的，经医疗机构负责人或者授权的负责人批准，可以立即实施相应的医疗措施。"通过对两者的仔细比对可知，虽然两者规定的医疗处置实施步骤及体现的基本精神是一致的，都是基于无法取得患者家属意见的情况，但两者也有区别。《侵权责任法》对上述医疗的处置方案仅适用于"抢救生命垂危的患者等紧急情况"和无法取得患者家属意见这两个条件同时具备的情形，医方才具有特殊的干预权；而《医疗机构管理条例》中仅强调了"无法取得患者意见又无家属或者关系人在场"。《侵权责任法》的规定可能更有利于在实践中操作。不能取得患者意见在实践中大概有以下几种情形：(1) 近亲属具备完全民事行为能力，但不做反对表示，也不对替代医疗方案进行选择，或者是无其他任何意见；(2) 患者没有近亲属，或者没有具有完全民事能力的近亲属；(3) 近亲属无法联系到，或者能联系到的近亲属不具备完全民事行为能力；(4) 能联系到的近亲属处于因痛苦、麻醉或者声带无法发声等特殊原因无法表达意志的，如同一事故中受重伤的患者近亲属。很显然《医疗机构管理条例》只规定了其中一种情况，没有涉及其他三种情况，因此，《侵权责任法》在这方面可以说是考虑得比较全面的。

医方行使特殊干预权时必须符合一定的程序要求，必须由医务人员报经患者所处的医疗机构的负责人或者医疗机构授权的负责人批准后才能实施，一经批准后，医务人员应当立即对患者实施相应的医疗治疗。

第四节　患者知情同意权的方式

同意的形式有明示和默示两种，明示的同意又包括书面的和口头的两种方式。在通常情况下，书面的、口头的、默认的同意被视为具有相同的法律效力。但书面的同意证明患者确实作出了同意的最清楚的证据，故一些医疗部门更青睐于书面的形式，以备出现纠纷时在司法程序中用来抗辩。我们很多医院也制定了知情同意书，让患者签字。

《医疗机构管理条例》第33条规定，对手术、特殊检查、特殊治疗，应征得患者同意，并应取得其家属或者关系人同意并签字。该条例的同意范围仅限于手术、特殊检查和特殊治疗，显然不包括患者的病情、普通的治疗等。《侵权责任法》第55条第1款规定对特殊治疗活动应采用书面同意的方式，但对普通说明义务并未要求患者同意，那么对普通说明义务是否需要患者作出同意的意思表示？笔者认为，对特殊诊疗活动之所以要求书面同意，是因为实施特殊诊疗活动具有一定危险性、不确定性和高费用性；而作为普通诊疗行为，考虑到医疗行业本身的专业性特点，不宜也无法事事征求患者意见，因此无须就所有医疗措施征求患者同意，但应允许患者提出疑问。① 如果患者对医疗措施表示反对，则应该尊重患者的意见。因此，患者通过享有"反对权"来实现其在普通诊疗活动中同意权的行使。而在《侵权责任法》第55条第2款规定的特殊诊疗活动中，医务人员不但应向患者说明"病情和医疗措施"，还应说明"医疗风险、替代医疗方案等情况"。因此，患者或者其近亲属的书面同意，实际上不仅仅是行使了"同意权"，而且还包括了"选择权"的行使。

患者知情同意书具有合同或协议的某些特点，我国《合同法》第53条规定，合同中有关造成对方人身伤害的免责条款无效。因此，知情同意书中"医生概不负责"或者"医院不承担任何责任"部分，因违反了法律禁止性规定而归于无效。如果医务人员在手术中存在医疗过错并造成了患者人身伤害的后果，那么医疗机构仍应承担相应的民事责任。因此，手术知情同意书不具有免除医务人员因医疗过错而给患者造成损害后果应承担的民事责任的法律效力。另外，有时医疗机构为达到免责的目的而对手术

① 王竹：《解释论视野下的侵害患者知情同意权侵权责任》，《法学》2011年第11期，第93~96页。

同意书进行公证或律师见证，但是这种公证或者见证只是对患者签署手术同意书的过程和双方签字进行公证或律师见证，同样无法达到免除医疗过错责任的目的。

第五节 知情同意权的例外

一、保护性医疗

保护性医疗措施是指在医疗诊治过程中，为避免和减少外界环境等各种因素对患者可能造成的不利影响而采取的保护性措施，如对患者实施必要的病情保证，就医过程有一定的私密空间，为患者保密个人隐私及保证病情不外泄等。在医疗实践中，保护性医疗主要存在于一些严重疾病尤其是绝症患者的治疗过程中。对这种患者之所以要采取保护性医疗，是担心不良信息会对患者造成沉重的精神打击，不利于治疗。

我国保护性医疗是由来已久并被普遍认可的，特别是在患者患有“不治之症”且预后不良以及身患某些危重疾病或者需要进行危险性较大的治疗之前，往往会对患者善意隐瞒一些关于病情、治疗手段以及治疗风险的信息，使患者保持轻松的心态配合医生的治疗，以防止患者出现不安、悲观、自暴自弃等不良身心状态而影响治疗。《医疗机构管理条例实施细则》第 62 条规定就明确使用了保护性医疗的概念：“因实施保护性医疗措施不宜向患者说明情况的，应当将有关情况通知患者家属。”《职业医师法》第 26 条规定：“医师应当如实向患者或者其家属介绍病情，但应注意避免对患者产生不利后果。”可以看出，这些规定都是对保护性医疗的肯定，保护性医疗就是故意不让患者知道某些信息，而这些信息能否知晓关系的是其知情同意的问题。如果由于医务人员的说明使患者丧失痊愈希望，遭受精神打击，则乙方将免除说明真实情况及后果的义务，或者仅需要酌情适当对患者进行说明。

二、为社会公共利益

在涉及社会公共利益时，可不必取得患者的同意。最典型的例子就是为保护公众健康对公众进行预防注射，就不必分别取得每个人的同意。我国在《侵权责任法》和其他的法律法规都没有涉及这方面的知情同意权的例外。

第六节　手术同意书的法律效力分析

所谓手术同意书，是指手术前医生向患者告知拟实施手术的相关情况，并由患者签署同意手术的医学文书。与手术同意书相类似的医学文书还包括特殊检查、特殊治疗、实验性临床医疗同意书等，后者是指在实施特殊检查、特殊治疗及实验性临床医疗前，医生向患者告知相关情况，并由患者签署同意检查、治疗的医学文书。由于上述医学文书具有相同的法律属性，故本书为叙述方便，将上述文书统称为手术同意书，并就相关法律问题进行分析。

一、患者同意手术的意思表示

手术的目的在于治疗患者的疾病以使其恢复健康。但是，正如其他医疗措施一样，手术在治疗患者疾病的同时，也会给患者的身体造成一定的损害后果，不同程度地破坏患者组织器官的完整性和功能，有时还可能危及患者的生命，此即手术的风险。特殊检查、特殊治疗和实验性临床医疗亦存在这个问题，即均有一定的侵入性和破坏性，可能给患者造成身体上的损害而受到患者的指控，医生要承担相应的民事责任甚至是刑事责任。因此，患者签署手术同意书实际上是一种授权行为，即患者允许医生在其身上开刀以治疗疾病，使医疗机构及其医务人员实施的具有一定破坏性的手术行为合法化。

二、医生履行告知义务的证明

知情同意权，是指患者知晓自己的病情，并据此对医务人员采取的医疗措施决定取舍的权利。知情同意的实质是患者在实施其自主权的基础上，向医方进行医疗服务授权委托的行为，是患者充分行使自主权的前提和基础。相对于患者的知情同意权，医务人员应履行如实告知的义务。卫生部发布的《病历书写基本规范》第23条规定，手术知情同意书是指手术前，经治医师向患者告知拟实施手术的相关情况，并由患者签署是否同意手术的医学文书。内容包括术前诊断、手术名称、术中或者术后可能出现的并发症、手术风险、患者签名意见并签名、经治医师或者术者签名等。从上述法律规定和临床实践来看，手术同意书的主要内容即是医务人员应当如实向患者告知的内容，是医务人员履行其告知义务和患者行使知情同意书的书面证明。根据这一特点，医师在为患者实施手术前，必须与患者签署手术同意书。

三、手术同意书没有免责效力

任何手术均有一定的风险，患者对于是否愿意承担这种风险享有自主选择的权利。风险是客观存在的，因此在临床工作中，一些医务人员在手术同意书中向患者特别提示了这种风险的存在，同时要求患者自己承担这种可能出现的风险。例如，有的手术同意书中载有“如出现以上问题，医院概不负责”或“医院不承担任何责任”等免责条款。那么这种免责条款是否具有法律效力呢？

手术同意书具有合同或协议的某些特点，因此人们有时又将手术同意书称为“手术协议书”。我国《合同法》第53条规定，合同中有关造成对方人身伤害的免责条款无效。因此，上述手术同意书中，“医院概不负责”或“医院不承担任何责任”部分，因违反了法律禁止性规定而归于无效。如果医务人员在为患者手术过程中存在医疗过错并造成人身损害后果，那么医疗机构仍应承担相应的民事责任。手术同意书不具有免除医务人员因医疗过错而给患者造成损害后果应承担的民事责任的法律效力。

第七节 侵害患者知情同意权的责任认定

知情同意权保护的是患者的自我决定权，这是患者的一项人格权，如果侵害了这项权利而对患者造成损害，必然承担相应的赔偿责任。侵害知情同意权的行为往往是基于具体的医疗行为而产生的，因此侵害知情同意权的侵害责任构成要件应当与医疗侵权民事责任的构成要件一样。

《侵权责任法》第55条第1款中规定：医务人员在诊疗活动中应当向患者说明病情和医疗措施；第2款中规定：医务人员未尽到前款义务造成患者损害的，医疗机构应当承担赔偿责任。据此可知，侵害知情同意的医疗损害责任构成要件为：医疗行为存在过错、有损害事实以及医疗过错行为与损害事实之间存在因果关系。

一、医疗过错行为

判断医方是否构成侵权行为，也就是行为是否存在过错，主要就是看医方的行为是否违反了有关患者知情同意权的法律法规中的明确规定，如无规定时，则依其行为是否侵害了患者的某项权益来判断。实践中，侵害知情同意权的医疗过错行为主要表现为违反医方的说明义务和未经患者同意实施医疗行为。违反说明义务的行为可以单独存在，但未经患者同意实施医疗行为则必定伴有未履行说明义务。

医方的说明义务应该贯穿整个诊疗过程，并且在一般情况下，医方对患者实施手术、创伤性检查以及实验性临床医疗、医学美容、麻醉以及输血等危险性较大的医疗行为时，以与患方签订的医疗知情同意文件作为判断说明义务是否履行以及是否充分履行的重要依据。倘若医方存在不履行说明义务、错误说明、不适时说明、说明未取得同意等情形，都将因医方说明义务没有履行或履行未达充分程度而导致对医疗说明义务的违反和医疗知情同意文件的无效。对于未经患者同意而实施的医疗行为，医方即使正确履行了说明义务，仍属于侵犯患者知情同意权，医疗行为不具有合法性。

二、损害事实

关于《侵权责任法》第55条第2款规定的“损害”的性质，在我国主要有“实际损害说”和“知情同意权受损说”两种不同的认识。其中“医疗损害说”以王利明教授为代表，认为医疗损害责任中的损害，是指人身伤亡和财产损失。① 医疗机构在未能尽到对患者告知义务和取得患者同意的情况下，必须是造成患者损害的结果才需承担责任。最高人民法院林文学法官则明确认为这种损害不包括对知情同意的侵害，而必须是物质损害和精神损害。② “知情同意权受损说”以杨立新教授为代表，认为违反告知义务的医疗伦理损害责任侵害的是患者的知情同意权和自我决定权，损害事实主要不是人身损害事实，而是知情同意权、自我决定权等民事权利的损害。③ 笔者认为，对“损害”的性质认识应采用“实际损害说”为妥，即主要是指人身损害，但特殊情形下也包括诊疗行为侵害人身权益造成的精神损害。例如，患者的右乳房组织有恶性肿瘤，医生在得到患者同意下行乳房切除术。但在切右乳房时又发现左乳房有病变，病理切片显示属于乳腺癌，医生在没有得到患者同意的情况下，将其左乳房切除。全部切除女性乳房组织对患者生理到心理造成极大的创伤，患者因此遭受严重精神损害。

损害事实包括人身损害、财产损害和精神损害，既可以是直接的也可以是间接的损害。例如，由于履行说明义务不当造成患者的死亡、健康状况恶化、支付不必要的医疗费用、精神遭受重大打击等。但如若虽然医方没有履行告知义务，但也没有造成患者任何形式的实质损害（包括精神损

① 王利明、杨立新：《侵权行为法》，法律出版社1996年版，第55页。

② 林文学：《医疗损害赔偿审判实践中几个法律问题的探讨》，《人民司法》2007年第17期，第42页。

③ 王利明、杨立新：《侵权行为法》，法律出版社1996年版，第55页。

害)，那么医方也不承担损害责任。

三、因果关系

根据《侵权责任法》第55条第2款的规定，医方承担侵害患者知情损害赔偿要件之一，就是医方的医疗过错与患者的损害事实之间存在因果关系，也就是医方违反说明义务的行为与患者的损害事实之间存在引起与被引起的关系。在实践中，由于医疗行为的专业性、复杂性以及患者的个体差异等因素影响，对因果关系的认定也变得非常复杂，这就要求在判断时必须对各种因素进行综合分析。①

即使患者能够证明医生未取得其同意而进行治疗或者治疗失败，患者还必须证明未取得同意与可证明的伤害之间有因果关系。像所有的过失案件一样，那些以未经知情同意为前提的案件也需要有因果关系的证明。通常，原告必须证明如果医生向其提供了必要的信息，他将会作出不同的决定或者产生不同的结果。

在决定如果告知了必要的信息是否会有不同的结果时，存在一些不同的“测试”或者“标准”。美国大多数州采用“客观的”（objective）或者“合理人”（reasonable person）标准，原告必须证明一个合理的人如被提供必要的信息，将会决绝（或接受）被建议的治疗。

另一个标准是“主观的”（subjective）或者称“实际的患者”（actual patient）标准。采用这一标准的州允许一个特定的原告证明被告提供必要的信息，即使合理人不会作出不同的决定，他也将基于个人性格或人品特质或经验而作出决定。证明的标准可以变化，但要有一个主观理由证明，要使人相信他会作出与合理的人不同的决定，必须要有清楚的令人信服的证据。

此外，一些法院要求客观和主观的标准要同时符合，这样可以最大限

① 冯杰、黄河：《从〈侵权责任法〉的视角解读医疗知情同意权》，《中国医药导报》2011年第12期，第127~135页。

度地减少患者根据事后的领悟而选择不同结果的可能性。同时，适用这两种标准时，如果患者不能够证明即使合理的人不会选择一个特殊的方式，他也会如此选择，那么医生就能避免承担责任。因果关系的这种后果决定因素，尤其是基于客观的观察，使得证明因未取得知情同意而“导致”患者的伤害是很困难的。

当患者诉称某一治疗风险未被告知，而如果医生向其说明了该危险，他将拒绝治疗时，许多法院要求因果关系的另一因素，即被诉的风险发生。在 1972 年的 Canterbury v. spence 案①中，医生被控没有向患者说明椎板切除手术会有瘫痪的风险，违反了医生的注意义务，而且患者诉称如果他知道有此风险，他将拒绝手术。手术后原告瘫痪，医生被判应承担责任。

法院通常认为因未告知重大风险而导致的伤害是由医疗程序引起的。这样，如果瘫痪是椎板切除手术的重大风险，而瘫痪发生了，就必须证明是椎板切除手术导致了瘫痪。

第八节　建立我国患者知情权利的法律制度

一、我国“知情同意权”立法的现状及弊端

目前，我国还没有一部明确、系统地规定患者权利的法律，更没有明确规定患者自己决定权的法律。患者的权利零星地散见于一些法律和行政法规中，主要体现在《执业医生法》、《医疗机构管理条例》及《医疗事故处理条例》、《侵权责任法》等规定中。但这些规定的缺陷也是显而易见的，关于医生的告知及患者的同意规定太笼统，范围比较狭窄。仅限于“实验性临床医疗、手术、特殊检查或特殊治疗”，且医生说明义务的标准、患者同意能力范围、有效条件等都未作规定。使医患双方的权利义务

① 李燕：《医疗权利研究》，中国人民公安大学出版社 2009 年版，第 58 页。

不明确，法院在司法审判实践中也没有依据。

在实践中，我国大多数医生、患者知道履行的仅仅是手术前的应由亲属签字，医生注重的是亲属的同意，患者本人的意思时常被忽略。这一方面是由于我国法律规定不甚明确，另一方面是由于我国传统文化的影响。我国自古形成了宗法社会，家族的利益被置于优先地位，儒家哲学进一步加强了这种强调集体和义务的整体论思想，注重团体、家庭和谐，忽视个人的自主性。这种思想造成患者习惯于把自己的医疗决定权交给亲属，而医院、医生也习惯于把亲属决定置于患者意愿之上。

二、建立我国患者知情权利的法律制度的设想

（一）进一步扩大和细化患者知情同意权的内容和范围

我国目前对患者知情同意权的立法比较分散，《侵权责任法》中主要规定在医疗损害这一章，但内容上还不够全面，可以借鉴国外立法，明确医生的告知义务，列举为取得患者同意须告知的具体内容，如治疗的性质、目的、风险、不治疗的后果、可选择的其他方案的益处及危险等；告知义务的标准应采取“合理患者标准”，即依据一个合理的患者，处于医生知道或应当知道的患者所处的位置，为作出是否同意医生建议治疗的决定提供所需要的信息；患者的同意能力，应取决于患者对治疗的性质、目的及后果的理解能力，不能与《民法通则》规定的民事行为能力简单等同，精神健全的成年患者、充分理解了治疗方案的精神不健全的成年人及充分理解了治疗方案的未成年人都有自己的决定能力，对于患者同意的形式，应规定书面同意、可以证明的口头同意、默许同意三种形式具有同等的法律效应，有同意能力的患者在充分知晓并理解了必要的信息后自愿作出的同意才是有效的同意；还应规定对于没有决定能力的未成年人、精神病患者的治疗应由其亲属代替同意，应具体规定亲属代替同意的顺序和条件，代替同意应符合患者的最佳健康利益，还应该明确规定知情同意权的

例外情况（对急症的治疗、为社会公共利益等）。①

（二）明确规定患者对知情同意权的转让或放弃

我国可以借鉴美国、澳大利亚的立法经验，患者有权在有决定能力时自愿转让或放弃同意权，书面记录对自己丧失决定能力后的治疗意愿（例如：若处于植物人，或者肺癌晚期的器官插管等）。也可以事先指定代理人。医生应尊重患者的事先医疗指令。结合我国的现状，规定医疗代理人或监护人，按所知患者的意愿或者以患者的最佳利益为基础作出决定。

（三）积极发挥司法的能动性

医疗纠纷的个案性很强，成文的法律法规有其局限性，所以在司法审判中，应发挥法官的能动性，进行利益的权衡和价值的判断，在法律有漏洞时进行补充，以维护患者的利益，实现司法的公正。

案例 3.1②：

2007 年 11 月 21 日下午 4 时左右，怀孕 41 周的李某因难产生命垂危，被其丈夫肖某送到朝阳医院京西院区治疗。由于肖某拒绝在手术同意书上签字，在常规抢救 3 小时后，医生宣告李某经抢救无效死亡。在这 3 个小时的抢救过程中，尽管众多医生苦苦劝告，该医院的院长、110 支队的警察也赶到现场，但该男子都置之不理，直到“医生宣布抢救无效死亡时，他才喊着要签字”。

“拒绝手术签字致孕妇死亡”案一审作出判决，法院认定首都医科大学附属北京朝阳医院的医疗行为与患者死亡的后果没有因果关系，因此不构成侵权，驳回孕妇家属的诉讼请求；但考虑到本案实际情况，由朝阳医院向原告支付 10 万元的经济补偿。

---

① 刘晓燕：《患者知情同意权探析——兼评〈侵权责任法〉第 55 条、56 条的规定》，《前沿》2012 年第 10 期，第 49~51 页。

② http：//news. sina. com. cn/s/p/2007-11-28/00261440226. shtml.

孕妇李某的父母称，其女儿李某于2007年11月21日在肖某陪同下到朝阳医院就诊。因肖某拒绝在手术同意书上签字，手术未能进行。朝阳医院没有对李某采取有效的救助措施，最终造成一尸两命的惨剧。

朝阳医院称，当日，李某病情危重，医院对她进行了积极抢救。为挽救母子生命，曾建议进行剖宫产手术，但因李某的丈夫肖某拒绝而未能进行。朝阳医院认为对李某的诊断、治疗、抢救已尽到了法定义务，无任何过错，她的死亡与医院的医疗行为无因果关系。

根据司法鉴定结论，朝阳医院对患者李某的诊疗过程中存在一定不足，但其死亡主要与病情危重、病情进展快、综合情况复杂有关，医方的不足与患者的死亡无明确因果关系。

法院认为，李某神志清醒时，未对肖某的关系人身份表示异议，故朝阳法院无法也没有能力对肖某作为李某家属的身份进行核实。患者入院时自身病情危重，医院履行了医疗方面法律法规的要求，而患者方却不配合，这些因素均是造成患者最终死亡的原因。因朝阳医院的医疗行为与患者的死亡后果之间无因果关系，故不构成侵权。

案例3.2①：

1999年5月谷某在白铁医院做B超、内诊检查，诊断为患子宫肌瘤、左侧卵巢囊肿。同年5月21日白铁医院对谷某实施手术，将谷某右侧卵巢切除及子宫次全切。吉林省医疗事故技术鉴定委员会确认白铁医院对该患者右侧正常附件切除无依据，已构成二级乙等医疗事故。经吉林省高级人民法院法医学鉴定谷某伤残八级。

原告诉称：1999年5月20日因患卵巢囊肿和子宫肌瘤，术前的8次B超检查和多次人工探查及内检，均一致诊断为子宫肌瘤，左侧卵

① 曹建明：《民事审判指导与参考》（2002年第4卷，总第12卷），法律出版社2002年版。

巢囊肿，手术医生在此基础上制定了切除子宫肌瘤和左侧卵巢去留术的决定方案。次日在施行手术的过程中，术者对原告做了子宫次全切和右侧卵巢切除。4个月后原告仍感不适，当到医院复检时发现左侧病变的卵巢依然存在，而右侧无病的卵巢却被切除了。

被告辩称：对原告的子宫肌瘤进行次全切，根据手术中的亲眼所见施行的右侧卵巢囊肿切除属正常医疗行为，不存在失职或过失问题，而是对患者肌体负责。谷某手术后4个月时间有规律的月经，反映出卵巢无功能障碍发生，更谈不上对其他一些病症的直接或间接的连带影响。

审理结果：

一审法院查明：根据原告的术前多次检查均确定为左侧卵巢囊肿（是单侧病变），但术中将右侧切除无证据加以证实切下的是病变器官，属不正常医疗行为。术前切除原告右侧卵巢后未向原告履行告知义务，致使原告误以为摘除的是左侧卵巢，当原告出院后感觉症状不见好转时到医院复检才知患病器官并未切除已构成对原告身心健康的侵害。经两次医疗事故技术鉴定委员会鉴定确认，被告的行为过错已构成二级乙等医疗事故。本院在审理过程中经本院司法活体伤残鉴定和吉林省高级人民法院司法活体伤残鉴定确定为八级残疾，本院予以确认。

一审法院认为被告对此应负赔偿责任。故原告的合理请求应予支持。赔偿原告伤残补偿费、伤残鉴定费、门诊费、药费、交通费、精神损害补偿金共150494.9元。

一审判决宣判后，白铁医院不服，向吉林省高级人民法院提起上诉。主要理由为，医疗事故鉴定委员会的鉴定结论，缺乏客观真实性，不应作为定案依据。白铁医院的行为属正常的医疗行为。虽然仪器检查确定左侧，但也有一定误差，手术中医生亲眼所见谷某右侧卵巢囊肿较为严重，由此，为谷某做了子宫次全切和右侧卵巢切除。谷某是在职教师，不存在实际收入不足的问题，因此，不应判决给付伤残补助费及精神损害抚慰金。

本案争议的焦点问题是：谷某手术前B超等项检查为何确定是左侧卵巢囊肿，而手术时却切除的右侧卵巢。白铁医院是否有过错，在手术中是否告知了病人或家属。

针对本案焦点问题，白铁医院当庭出示的证据是：(1) 手术自愿书；(2) 谷某的住院病例。以此证明谷某家属已在手术自愿书上签字，并载明卵巢去留术中决定。其病例也记载了右侧卵巢囊肿比较严重，因此，才临时决定切除了右侧卵巢。

谷某的质证意见是：对手术自愿书的真实性没有异议，但术前检查均为左侧卵巢囊肿，自愿书记载的卵巢去留术中决定，也只是针对左侧卵巢。如在手术中真的发现右侧卵巢病变，白铁医院也有告知义务。病例是医院在手术后单方面记载的，且该病例有改动，对其真实性有异议。

综合上述焦点问题及相关事实和证据，二审法院综合评判如下：

(1) 白铁医院在为谷某手术前多次的各项检查，均为其左侧卵巢囊肿，谷某家属虽然在手术自愿书上签字，但该自愿书并没有明确记载是右侧卵巢，但手术时却将谷某的右侧卵巢切除。因此白铁医院的行为存在一定的过错，应当承担相应的民事责任。

(2) 谷某的病例是白铁医院在为其做完手术后，自行填写的，无法证明切除的右侧卵巢是病变的器官，且现谷某对该病例所提出的质证意见具有客观性及真实性。

(3) 白城市医疗事故技术鉴定委员会及吉林省医疗事故技术鉴定委员会鉴定结论，已经明确白铁医院为谷某切除右侧卵巢无依据，该事件已构成医疗事故。

评析：本案中，无证据证明原告右侧卵巢病变，即使有病变，医生也未向其说明，显然违反告知义务，并且，未说明的行为与损害有因果关系，医疗机构应承担民事责任。

第四章　病历书写保管与查阅复制

《侵权责任法》第61条规定："医疗机构及其医务人员应当按照规定填写并妥善保管住院志、医嘱单、检验报告、手术及麻醉记录、病理资料、护理记录、医疗费用等病历资料。患者要求查阅人员、复制前款规定的病历资料的，医疗机构应当提供。"该条款规定了医疗机构及其医务人员书写和保管病历资料的法定义务，同时，还规定了患者查阅和复制病历资料的法定权利。本章将对此部分内容进行详细的讨论和分析。

第一节　病历的概念和分类

一、病历的概念

病历是指医务人员在医疗活动中形成的文字、符号、图表、影像、切片等资料的总和，是对患者的疾病发生、发展情况和医务人员对患者的疾病诊断、治疗及护理医疗活动情况的客观记录。在医疗损害赔偿案件的审理过程中，病历所起的作用是其他任何证据所不能替代的。

二、病历的形式

（一）文字病历

文字病历系最常见的病历形式，包括医务人员书写的各类入院记录、病程记录、护理记录、检验报告单等。以符号、图表方式书写的病历在医疗活动中亦很常见，如手术记录中的手术示意图、麻醉记录及体温单中的体温、呼吸、脉搏、血压等符号、图表记录。

（二）影像资料

影像资料包括各种 X 光检查胶片、CT 胶片、MRI（核磁共振检查）胶片、超声检查照片和其他各种采用现代化成像技术显示的人体解剖、生理、生化及病理情况的资料。

（三）病理切片

病理切片是指将来自患者的病变组织经特殊制作过程而形成的供显微镜下观察的实物标本，是病理医生赖以作出病理诊断的重要依据，也是病历的重要组成部分。

三、病历的分类

病历可以有多种分类方法，实践中最常见的分类方法是将病历分为门（急）诊病历和住院病历。门（急）诊病历内容包括门诊病历首页、病历记录、化验单（检验报告）、医学影像检查资料等。住院病历内容包括病历首页、入院记录、长期医嘱、短期医嘱、手术知情同意书、麻醉知情同意书、手术记录、病程记录、护理记录、出院小结。

除上述分类方法外，《医疗事故处理条例》还提出了一种新的分类方法，即按照病历的内容是否有医生分析与判断内容分为主观病历和客观病历。所谓客观病历，是指记录患者的症状、体征、病史、辅助检查结果、医嘱等客观情况的资料，还包括为患者进行手术、特殊检查及其特殊治疗时向患者交代情况，让患者或其近亲属签字的医学文书资料。所谓主观病历资料是指在医疗活动中医务人员通过对患者病情发展、治疗过程进行观察、分析、讨论并提出诊疗意见等而记录的资料，多反映医务人员对患者疾病及其诊治情况的主观认识，不同的医师、病程的不同时期可能会出现不同的结果，甚至是出现相反的观点和意见，主要包括死亡病例讨论记录、疑难病例讨论记录、上级医生查房记录、会诊记录等。

第二节　病历的书写规范

为了规范医务人员的病历书写行为，提高病历和医疗服务质量，防范医疗事故的发生，卫生部曾于2002年8月19日印发了《病历书写基本规范（试行）》，在各级卫生行政部门和医疗机构的共同努力下，我国医疗病历书写质量有了很大的提高，在总结各地实施情况的基础上，结合当前医疗机构管理和医疗质量管理面临的新形势和新特点，卫生部于2010年1月20日发布了新制定的《病历书写基本规范》（以下简称《规范》），并于2010年3月1日起施行。

一、病历书写的相关规定

《规范》第3条规定，病历书写应当客观、真实、准确、及时、完整、规范。《规范》第4条规定，病历书写应使用蓝黑墨水、碳素墨水……《规范》第7条规定：“病历书写过程中出现错字时，应当用双线划在错字上，保留原记录清楚、可辨，并注明修改时间，修改人签名。不得采用刮、粘、涂等方法掩盖或者去除原来的字迹。上级医务人员有审查和修改下级医务人员书写的病历责任。”修改时，应当注明修改日期，修改人员签名，并保持原记录清楚、可辨。

《医疗事故管理条例》第9条规定，严禁涂改、伪造、隐匿、销毁或者抢夺病历资料。《医疗机构病历管理规定》第5条规定，医疗机构应该严格病历管理，严禁任何人涂改、伪造、隐匿、销毁或者抢夺病历资料。

《侵权责任法》第58条：“患者有损害，因有下列行为之一的，推定医疗机构有过错：

……

（二）隐匿或者拒绝提供与纠纷有关的病历资料；

（三）伪造、篡改或者销毁病历资料。”

二、关于病历真实性的举证责任

在现实生活中，尽管医务人员按照上述规范书写了病历，但是在医疗事故技术鉴定和法院诉讼过程中，患者或者家属仍然经常会对病历的真实性提出异议。根据《中华人民共和国民事诉讼法》（以下简称《民事诉讼法》）的有关规定，患者可以对医疗机构提交的病例的真实性提出异议，这是当事人所享有的法定诉讼权利。但是，根据“谁主张，谁举证”的一般举证责任分配原则，当事人对自己提出的主张有义务提供证据加以证明，因此患方在对病例真实性提出异议的同时，亦应承担向法庭提供病历内容缺乏真实性的相关证据的责任，如医疗机构提供的病历资料与患方依法定程序复印或复制的病历资料内容不同，病历内容曾被涂改，部分内容系事后添加等。必要时，患方可以通过申请文字检验的方式加以证明。

在医疗侵权诉讼过程中，医疗机构在向法庭提供了原始病历资料并就其内容加以合理说明后，即完成了有关病历的举证责任。如果患方对医疗机构提交的病历资料的真实性提出异议，应提供相关的证据加以证明，否则法庭将认同病历资料的真实性。例如，在患者诉某医院医疗损害赔偿一案①中，患者认为医院提交的病历内容是不真实的，是事后伪造的，但是患者未能向法庭提交任何证据证明病历内容的不真实性，最后法庭认定患者的主张不能成立。相反，在另一起医疗纠纷案②中，医院向法院提交的病历内容与患者事先复印的病历内容明显不一致，后经调查证实，医院提交的病历经过了涂改、添加甚至伪造，法庭据此判决医院败诉。

三、病历严重涂改、伪造承担的法律责任

尽管关于病历真实性的举证责任不实行倒置，但是医务人员必须严格

① 陈志华：《医疗损害责任深度释解与实务指南》，法律出版社 2010 年版，第 274 页。

② 陈志华：《医疗损害责任深度释解与实务指南》，法律出版社 2010 年版，第 274 页。

按照病历书写规范的要求书写病历，保证病历内容客观、真实，否则将会承担法庭败诉的风险，同时还可能受到卫生行政部门的行政处罚。

第三节 病历的查阅、复印和封存

《侵权责任法》第 61 条规定：“医疗机构及其医务人员应当按照规定填写并妥善保管住院志、医嘱单、检查报告、手术及麻醉记录、病理资料、护理记录、医疗费用等病历资料。患者要求查阅、复印前款病历资料的，医疗机构应当提供。”相对于以往的法律规定，《侵权责任法》增加了患者查阅病历资料的权利。

一、病历的复印

《医疗事故处理条例》第 10 条明确规定：“患者有权复印或复制其门诊病历、住院志、体温单、医嘱单、化验单（检验报告）、医学影像检查资料、特殊检查同意书、手术同意书、手术及麻醉记录单、病理资料、护理记录以及国务院卫生行政部门规定的其他病历资料。”以上条款非穷尽性列举的病历资料又称为客观病历资料。同时《医疗事故处理条例》第 16 条规定：“发生医疗事故争议时，死亡病例讨论记录、疑难病例讨论记录、上级医师查房记录、会诊意见、病程记录应当在医患双方在场的情况下封存和启封。封存的病历资料可以是复印件，由医疗机构保管。”以上条款穷尽性列举的病历资料又称为主观病历资料。《医疗事故处理条例》第 16 条并未明确规定患者不能复印这些主观性的资料，对主观性病历资料的封存并不意味着患者不能复印。

《侵权责任法》对可复印的病历范围如何规定的？《侵权责任法》第 61 条第 2 款规定，“患者要求查阅、复印前款病历资料的，医疗机构应当提供”，那么“前款规定的病历资料”都包括什么？立法者在该条第 1 款中对病历采取了列举的方式，即这些病历资料是“住院志、医嘱单、检查报告、手术及麻醉记录、病理资料、护理记录、医疗费用等”，据此，可复印病历的范围就将由这个关键的“等”字决定。笔者认为，根据《侵权责任法》第61条第1款的规定，患者可以复印的病历范围不限于该条列举的项目。同时，《侵权责任法》明显加重，患者举证责任，病历信息应更为公开以利于患者举证的公平原则，患者可复印的病历范围应包括所有患者在就诊过程中形成的病历资料。

《医疗事故处理条例》第56条第（二）项明确规定：“没有正当理由，拒绝为患者提供复印或复制病理资料服务的”，“由卫生行政部门责令改正；情节严重的，对负有责任的主管人员和其他直接责任人员依法给予行政处分或者纪律处分”。

二、病历的封存

《医疗事故处理条例》第16条规定：“发生医疗事故争议时，死亡病例讨论记录、疑难病例讨论记录、上级医师查房记录、会诊意见、病程记录应当在医患双方在场的情况下封存和启封。封存病历资料可以是复印件，由医疗机构保管。”根据本条例的规定，可以对主观性病历资料采取封存措施以保全证据。

发生医疗事故争议时，医疗机构负责医疗服务质量的监控部门或者专职人员应当在患者或者其代理人在场的情况下封存病历，封存的病历由医疗机构负责保管。《条例》还特别规定封存病历的启封应在双方在场的情况下进行。

第四节　病历的保存及书写的及时性

一、病历的保存

《医疗机构病历管理规定》第4条：在医疗机构建有门（急）诊病历档案的，其门（急）诊病历由医疗机构负责保管，没有在医疗机构建立门（急）诊病历档案的，由患者负责保管。住院病历由医院机构负责保管。

关于医疗机构保存病历的期限，《医疗机构管理条例实施细则》第 53 条规定和《医疗机构病历管理规定》第 29 条规定：医疗机构的门诊病历的保存期不得少于 15 年；住院病历的保存期不得少于 30 年。

二、病历书写的及时性

卫生部《病历书写基本规范》第 22 条第（八）项规定："因抢救急危患者，未能及时书写病历的，有关医务人员应当在抢救结束后 6 小时内据实补记，并加以注明。"第 17 条："入院记录、再次或多次入院记录应当于患者入院后 24 小时内完成；24 小时内出院记录应当于患者出院后 24 小时内完成，24 小时内入院死亡记录应当于患者死亡后 24 小时内完成。"

第五章　医疗损害解决方式

医疗纠纷已经成为社会的热点问题，稍有不慎，小则影响医疗秩序，大则引起社会群体事件。因此，及时有效地解决医疗纠纷显得尤为重要。当前社会处于转型期，矛盾比较集中和多发，必须有相应的制度予以消解。我国目前的医疗纠纷解决途径主要为诉讼和非诉讼两大途径。

非诉讼纠纷解决机制也称为替代性纠纷解决方式（Alternative Dispute Resolution，ADR），该概念源于美国，原来是20世纪逐步发展起来的各种诉讼以外纠纷解决方式的总和，现在已经引申为世界各国普遍存在的、民事诉讼制度之外的非诉讼解决方式或机制的总称。

ADR在民事纠纷解决中发挥了重要的作用，其优点可以具体概括为：(1) 能充分发挥作为中立调解人的专家在纠纷解决中的作用；(2) 以妥协而不是对抗的方式解决纠纷有利于维护需要长久维系的合作关系、人际关系乃至维护共同体的凝聚力和社会的稳定；(3) 使当事人有更多的机会和可能参与纠纷的解决；(4) 有利于保守个人隐私和商业秘密；(5) 处理新的技术和社会问题时，在法律规范相对滞后的情况下，能够提供一种适应社会和技术发展变化的灵活的纠纷解决程序；(6) 当事人理性的协商和妥协，可能得到双赢的结果。①

目前我国医疗纠纷非诉讼解决包括当事人双方和解、第三方介入调

---

① 张新华：《论医疗纠纷ADR机制之构建》，《中国卫生法制》2011年第1期，第36~38页。

解、卫生行政部分调解、仲裁等。详见下文介绍。

第一节　医患双方协商

双方协商（Settlment），在非诉讼纠纷解决方式中又称双方对话和和解，是指在没有第三方主持的情况下，纠纷当事人就争执问题进行谈判或对话并达成协议的纠纷解决方式。在我国，《医疗事故处理条例》更是明文规定了医患双方进行协商是三种医疗事故纠纷解决方式的一种，医患双方可以通过协调对话，在平等自愿、互谅互让的基础上达成协议，自行解决医疗纠纷。

从表5-1、表5-2、表5-3中可以看出，91%的医疗纠纷通过协商解决，70%的患者认为医疗纠纷发生后患者经常采用的解决方式是找医院协商，通过谈判解决，55%的医务人员认为医疗纠纷发生后患者最常采用的解决方式是找医院协商，通过谈判解决。可见，当前医疗纠纷解决的主要方式还是协商解决，患者和医务人员大多数也认为医疗纠纷最常用的解决办法是协商解决。①

表5-1　　**解决方法总量统计**

	自行协商	诉讼解决	卫生行政部门
三种解决方式件数	1398	86	48
与总纠纷量的比率	91	5.6	3.1
获赔件数	512	44	3
获赔率	36.61	51.16	6.25

① 高建伟：《上海市37所医疗机构和124位患者医患双方协商解决纠纷现状调查分析》，《中国医院》2011年第7期，第47~49页。

表 5-2　　医务人员：医疗纠纷发生后患者最常采用的解决方法

	频数	百分比
与医院协商解决	129	55.8%
找卫生局投诉	20	7.8%
到法院起诉	1	4%
闹事、打骂医务人员	68	26.4%
其他（向媒体曝光）	13	5%

表 5-3　　患方：发生医疗纠纷通常采取的解决方法

	频数	百分比
与医院协商解决	273	69.5%
找卫生行政部门	74	18.8%
到法院诉讼	38	9.7%

一、协商的优点

（一）程序简单、形式灵活

协商解决医疗纠纷没有固定的形式，也没有法律规定的程序，因此程序非常简单，形式非常灵活，协商对时间、空间和内容的要求极低，只要双方同意，绝大多数医疗纠纷都可以通过协商得到解决。由于受我国传统文化的影响，多数民众心中还会有“怕诉”的思想，当发生医疗纠纷时，患者方面一般会先找到医疗机构进行协商，要求赔偿。

（二）隐蔽性强，能维护医患之间的关系，有效减轻医疗机构名誉损失

患者与医院发生医疗纠纷后，双方可能再次发生就诊与治疗的关系，而如果一开始就通过诉讼等方式解决双方之间的医疗纠纷，势必影响双方

的心理和行为，就医者心存芥蒂，治疗者如履薄冰，而如果采取协商和解的手段则能减少这种忧虑。对医院来说，名誉非常重要，可以想象，一个经常产生医疗纠纷的医院，谁还会去就诊？由于协商就是患方和医院之间的对话、协调，隐蔽性极强，将事件真相控制在一个非常小的范围内，有效地减轻了医疗机构的名誉损失。而在诉讼过程中患者和医院对簿公堂，审判公开，媒体报道，不管最后是否由医院承担责任，其名誉的损失已是无法挽回。

（三）双方当事人自愿达成协议，比较容易履行

和解是医患双方通过协商的形式，在平等自愿的基础上，本着互谅互让的精神达成协议，自行解决医疗纠纷的一种手段。它是完全由双方当事人在私人意思自治范围内采取的解决方式，由于是自愿达成协议，所以一般也会自觉履行。

（四）纠纷解决成本很低

协商解决医疗纠纷，双方当事人一般无须支付律师代理费、诉讼费、鉴定费，取证等成本也很低，因此从经济上来说十分划算。况且，很多医疗纠纷通过诉讼等途径不仅得不到赔偿，反而浪费大量的司法资源，如因患者本身的特异体质、不可避免的并发症等发生的医疗纠纷，因对医疗过程不理解和对医院服务态度不满意等问题发生的纠纷。通过协商解决，无论对当事人还是对社会来说都是成本最低的纠纷解决机制。

二、协商解决的局限性

首先，由于双方协商无程序限制，也无法接受法律的监管，协商有时不能维护双方的合法利益。一方面，少数患者在协商的过程中可能采取极端的措施来威胁医疗机构，影响医疗机构的正常运作，部分地区甚至还出现了“医闹”。医疗机构往往迫于压力而接受患者的过分要求，从而使医疗机构和医务人员的利益受损。而另一方面，医疗机构也可能利用患者对

医疗知识的匮乏，故意隐瞒医疗真实行为，向弱者施加各种压力，对过失行为造成的后果不予赔偿或仅给予少量赔偿，这同样也侵害了患者的合法权利。其次，如何使医患双方确认和解协议的公平性和合法性，并维护和解协议的法律效力也是一个难题。由于协商的随意性，医患双方事后可能会对达成的协议的公平性和合理性产生怀疑，并因为协议的非强制性而可能反悔达成的赔偿方案，造成医患双方不必要的重复成本。最后，尽管双方协商可以消除纠纷，但其却常常排斥了本应介入的公权力机关对相关责任人的追究，有违法治的精神。这一点在医疗纠纷和解中尤为明显。由于医疗事故常常存在民事责任、行政责任、刑事责任的竞合，在发生竞合的情况下，当事人之间的和解（私了）可能掩盖了医疗机构的责任，从而使相关责任人逃避法律的制裁。

三、协商解决应进一步完善

协商的本质，是使医患双方的对抗不仅在形式上、行为上，而且在心理上、情感上得到消除。所以，协商达成的协议往往比通过其他方式达成的协议更具有持久性，更容易得到医疗纠纷当事人的自愿履行。协商往往可以和其他纠纷解决方式同时使用。通过协商来解决医疗纠纷是一条便捷、经济的途径，应大力倡导。前文已经提到，目前我国医疗纠纷大部分是通过协商解决的，但是暴力事件也多发生在这个阶段。可见，医疗纠纷协商解决并不能取消，关键问题是如何引导医疗纠纷的协商解决。笔者以为，应该主动创造宽松的法律环境来促进医疗纠纷的协商解决，主要做法是：

（一）立法上应进一步明确医疗纠纷协商的范围

《医疗事故处理条例》第46、47条规定协商解决医疗纠纷，双方要共同认定或鉴定构成医疗事故，通过自愿协商而达成协议。根据该规定，协商的前提是双方共同认定或鉴定构成医疗事故。而现实生活中的主要情形是：一是不明是非，讨价还价式地协商。医疗机构虽意识到自身存在医疗事故或医疗过失，但对患方隐瞒。双方只针对赔偿讨价还价，达成和解协议。二是出于无奈而签订“不平等条约”。由于患方纠缠医院，有的甚至打砸医院，威胁医院领导和医务人员，出于息事宁人保平安、减少影响保声誉的态度，医疗机构被迫与患方达成和解协议，赔钱了事。对于现实中大量存在的协商情形，《医疗事故处理条例》并没有规定。因此其所规定的医疗事故争议的双方协商机制流于形式，没有实际的可操作意义。那些双方没有共同认定或鉴定构成医疗事故的纠纷同样应当纳入协商的范围。

（二）应加强对医疗机构医疗纠纷协商解决的行政监督

尽管协商可以解决纠纷，但可能使有关责任人逃避行政机关的追究。在医疗事故纠纷中往往存在着民事责任、行政责任和刑事责任的竞合，当事人利用协商有可能规避卫生行政部门和检察机关对相关主体的责任追究，逃避法律制裁。行政机关要主动介入，比如建立定期上报医疗纠纷情况、医疗纠纷协议书由卫生行政部门备案等制度，完善监管环节，堵塞监管漏洞。

（三）司法上应持认可医疗纠纷协议书具有一定法律效力的态度

协议书是双方当事人自愿达成的，因此，一般当事人都会自觉地履行协议书所确定的内容。所以，从本质上讲，没有必要从法律上规定协议书的法律强制效力。因为协议书签订的程序非常灵活，协商自由度很大，为了防止出现不公平、不公正等负面影响，也不应规定协议书的法律强制效力。如果赋予协议书法律强制效力，协商过程中出现的隐性强制等就很难预防。最高人民法院的司法解释规定了在人民调解委员会主持下达成的人民调解协议具有合同的效力，但对纠纷当事人双方自行达成的协议书的效力没有作出规定。笔者认为，对于医患双方和解后患方或医方又重新诉讼的医疗纠纷案件，人民法院应当依法受理。在审理中，应当将协议书作为一份重要的证据对待，对于没有下列情形的协议，应依法支持协议所确定的内容：（1）损害国家、集体或者第三人利益；（2）以合法形式掩盖非法目的；（3）损害社会公共利益；（4）违反法律、行政法规的强制性规定；（5）因重大误解订立的；（6）在订立调解协议时显失公平的；（7）一方以欺诈、胁迫的手段或者乘人之危，使对方在违背真实意思的情况下订立的调解协议。当然，对于赔偿数额较大，有潜在变故的纠纷，有的地方通过公证的形式以强化和解协议的法律效力也是有效的办法。经过公证的和解协议，具有很强的证据效力。按照《民事诉讼法》第 67 条的规定，除非有相反的证据足以推翻公证证明的以外，人民法院应当将公证文书作为认定事实的根据。如果公证机构依法赋予债权文书强制执行效力，按照《民事诉讼法》第 214 条的规定，一方当事人不履行的，对方当事人可以向有管辖权的人民法院申请执行，受申请的人民法院应当执行。

（四）保险上应对协商解决医患纠纷持更加宽容的态度

保险公司对协商的恐惧与担忧是正常的，但规范的协商解决纠纷的成本是最低的，从根本上来说对保险公司有利，所以，保险公司应对协商解决医患纠纷持更加宽容的态度。可以用一些办法防止负面作用的发生，比如应将和解机制规范化、具体化，在通过和解解决医疗纠纷的时候，鼓励医疗纠纷当事人采用正式和解协议，协议内容应清楚明确，避免出现含糊其词、规避责任的现象；保险公司适当提前介入；建立和解报告制度，医院及时将有关情况报告给保险公司等。①

第二节 医疗纠纷人民调解委员会

人民调解是我国法制建设中一项独特的制度，是现行调解制度的重要组成部分，它是指在人民调解委员会主持下，依法对民间纠纷当事人说服劝解、消除纷争的一种群众自治活动。医疗纠纷是平等民事主体之间发生

① 林文学：《医疗纠纷解决机制研究》，法律出版社 2008 年版，第 55 页。

的一类民事纠纷，属于人民调解委员会调解的工作范围。与协商不同，医患之间在解决纠纷的过程中有第三方介入，在结果上，除了能较充分地体现当事人的意愿外，还反映了第三方的劝导作用。

一、人民调解解决医疗纠纷的优点分析

(1) 快捷方便。调解委员会组成形式、组成人员、工作模式都很自由、灵活，可以多次调解，如果不能接受调解结果的，可以随时终止。(2) 调解不收费。调解委不收费是一个相当大的优势。很多人因病而贫，因诉而更贫。民事诉讼虽然可以裁定谁是谁非，但因医疗纠纷的专业性强，普遍存在取证难、审理周期长的问题，有时很难保证患者得到满意的处理结果。(3) 人民调解委员会组织比较正规。人民调解委员会是由司法部门批准，司法行政部门对人民调解组织要行使一定的管理权。其操作有一定的程序，运行有一定的规范，有《人民调解委员会组织条理》、《人民调解工作若干规定》、《最高人民法院、司法部关于进一步加强新时期人民调解工作的意见》等司法解释、规章以及规范性文件来规范。(4) 社会公信力高。人民调解组织属于第三方调解，调解委很中立，独立于医院和患者。患者和医院都比较信任，保险公司对调解委员会的结果也认可。

二、人民调解委员会遇到的问题

(一) 经费问题

经费问题是困扰人民调解组织开展工作的一个重要原因。人民调解组织不收费，是因为人民调解组织依托居委会、村委会。而专业性人民调解委员会则没有依托，上海采用“政府买服务”的办法，由政府出资解决。我国幅员辽阔，许多地方财政比较紧张，完全由政府买单不是很现实，允许医疗调解组织在规范的情况下收取一定的服务费应该是可行的。

(二) 专业人士问题

专业人士作为调解员参与医疗纠纷的调解是医疗纠纷调解组织存在和

发展的根本。由于调解员对医疗专业不了解，很难介入医疗纠纷的处理，因此，虽然长期以来，人民调解委员会在其他领域发挥了很大的作用，但是一直难以涉足医疗纠纷这个领域。上海成立的医患纠纷人民调解委员会，由于成立了全市的专家库，有利于弥补患者医疗信息不对称、法律知识不足等缺陷，使医疗纠纷往理性化、法制化的方向解决。山西省人民调解员皆为医疗系统的离退休专家、具备医学知识的法律专家和媒体工作者。①

第三节　卫生行政部门调解

卫生行政机关的调解是《医疗事故处理条例》明文规定的调解方式之一，似乎应当在医疗纠纷的调解中占据重要地位，但是在实践中，卫生行政机关的调解作用却越来越弱化。有人认为，行政权力是一种行政管理权，不应过多介入私人自治性的民事纠纷；民事纠纷要么通过人民调解自治解决，要么诉诸司法途径由中立的法院主持解决，行政机关的干预会造成行政权的滥用。这种观点在我国理论和实务界都有一定影响。但从法理上分析，它是基于对行政权的片面认识而得出的结论。行政权要保障和实现公共利益与公共秩序，手段是多种多样的，并非只能采取强制性、直接干预的方式。当发生纠纷时，对行政相对方进行调停，在尊重当事人意思自治的情况下解决矛盾和冲突也是一种重要的行政手段。行政权属于管理权的性质并不能否定其具有调解纠纷的职能。只要不越俎代庖，对属于私人自治领域的民事纠纷进行介入，有利于维护当事人权益，也有利于保障公共利益和公共秩序。从实践来看，行政调解是现代行政的重要内容，它可以利用行政机关专业性强、效能较高的优势解决大量纠纷。如果忽视行政调解的作用，会使更多纠纷涌入法院而诉诸有限的司法资源，不利于纠

① 古津贤、李博：《医疗纠纷第三方解决机制研究》，《法学杂志》2011 年第 3 期，第 376~379 页。

纷的快速、便捷解决。

一、卫生行政机关自身的优势

(1) 主动及时发现纠纷。行政机关在实施行政管理的过程中，会直接面对大量的纠纷，因而比人民调解机构和法院更能主动、迅速地发现矛盾和冲突，从而及时予以化解，防止矛盾激化。(2) 处理便捷高效。行政权具有行动强、效能较高的特点，行政机关调解纠纷，特别在对专业管理职能范围内的纠纷进行调解时，能够体现较高的调解效率，快速解决纠纷。(3) 有利于纠纷的预防。行政机关处理涉及自身职责的纠纷，有利于发现行政管理上存在的问题及相关规定的不足，可以及时调整政策，从而预防和减少纠纷的发生。

二、现行医疗纠纷行政调解缺陷主要表现

1. 卫生行政部门的调解中立性受到挑战

由于卫生行政部门与医院的特殊关系，再加上有时卫生行政部门往往以医院利益的代表者出现，很多患者认为卫生行政部门与医院是一回事，由卫生行政部门主持调解，心理上有强烈的不安全感，甚至认为卫生行政机关偏向医疗机构而往往拒绝调解。

2. 卫生行政部门没有法律上主动介入的理由

按照《医疗事故处理条例》的规定，调解也好，行政处理也好，主要看当事人的意愿，必须要当事人提出，对患者而言是“书面的医疗事故争议申请”，对医疗机构而言是“重大医疗过失行为”的报告。如果没有申请或报告，卫生行政部门没有任何法律上的理由进行主动调解。

3. 调解的范围仅仅限于医疗事故

《医疗事故处理条例》本身对卫生行政部门参与医疗纠纷的处理存在矛盾，即仅仅判别是否是“医疗事故”而不判断是否存在“医疗过失”，但启动卫生行政部门参与处理的要素之一就是医疗机构的“重大医疗过失行为”报告，因此二者可以说是有矛盾的。

4. 让卫生行政部门参与处理医疗纠纷存在困局

卫生行政部门参与医疗纠纷处理之后，还有一项非常重要的职权，就是处理“医疗机构和医务人员”，也就是说判断为医疗事故后，还要依照《医疗事故处理条例》和其他卫生管理法规对后者进行行政处罚，这就使主动提出报告的医疗行为人面临被处罚的危险。而且医疗机构的报告内容针对的是《医疗事故处理条例》规定的“重大医疗过失行为”，这首先就构成了法律上的“自认”行为，是医疗机构自己认为自己存在“过失”，让医疗机构处于法律上两难的局面。而且现在的突出问题已经表现出来了，就是出现医疗事故要处罚，而不构成医疗事故的，即使存在重大医疗过失都不会处罚，许多医疗机构开始主动避开医疗事故技术鉴定和卫生行政部门的参与，宁可通过诉讼和私了也不通过卫生行政机关解决。

整体来说，现行的医疗纠纷行政调解制度有立法上的先天缺陷，不能促进医疗纠纷的诉讼外解决，也不能促进医疗机构主动报告医疗上错误，从而难以主动改进医疗质量，与“医疗缺陷报告制度”精神相背离。因此，现行医疗纠纷的行政调解并非“有效”的纠纷解决机制。实践中，卫生行政机关也不愿意以它的名义出具调解书，行政调解名存实亡。

三、完善医疗纠纷的行政调解

（一）制定健全医疗纠纷行政调解法律规定

当前我国行政调解制度中存在的问题应首先从立法上解决。2002 年，33 名人大代表曾向全国人民代表大会提出了关于制定“行政调解法”的议案。同时也还有人一直在推动“调解法”的制定，行政调解将可能纳入统一规范。虽然现在未必马上要制定统一的“行政调解法”或“调解法”，但根据各个领域的行政调解实际情况，出台相对统一的规则确有必要。行政调解的原则、范围、方式、程序与法律责任等，在尊重不同领域情况有差异的前提下，应当有共同遵守的规则，以保证法制的统一性。对目前比较庞杂的行政调解制度，须进行清理，要及时修正其中一些不规范、不合理的做法。在当前统一的行政调解法无法出台的情况下，应着手对医疗纠纷的行政调解作一些规范性的规定，对医疗纠纷行政调解的原则、范围、方式、程序等进行规范。

（二）提升行政调解协议效力

我国的行政机关历来担负着处理公民纠纷和各种申诉的职能，各类行政主管机关根据有关法律法规的规定，一般都有通过行政调解或行政裁决的方式处理该领域公民的申诉和其他纠纷的职责。

一是应赋予行政调解协议民事合同效力。从行政机关对民事纠纷处理的不同情形看，乡镇司法所对民事纠纷的处理类似于人民调解的纠纷解决方式，只是处理的机构性质有所不同。而一些职能部门附带的纠纷解决则多与其职权行使有着直接的关系，但基本上是居间进行调解，是否能够就纠纷达成协议，仍取决于当事人双方的合意。行政机关应当事人的申请居间进行调解或依据其职能附带进行调解，达成协议后，该调解协议应比照人民调解协议被赋予合同的效力。

二是对于卫生行政机关主持下就赔偿金事项达成的调解协议，患者可以向人民法院申请支付令。《中华人民共和国劳动争议调解仲裁法》第16条规定："因支付拖欠劳动报酬、工伤医疗费、经济补偿或者赔偿金事项达成调解协议，用人单位在协议约定期限内不履行的，劳动者可以持调解协议书依法向人民法院申请支付令。人民法院应当依法发出支付令。"对于卫生行政机关主持下就赔偿金事项达成的调解协议，可以参照该条的规定，患者可以向人民法院申请支付令。

三是对于卫生行政机关主持下就赔偿金事项达成的调解协议，当事人可以申请公证机构赋予强制执行效力。《最高人民法院关于审理涉及人民调解协议的民事案件的若干规定》第10条规定："具有债权内容的调解协议，公证机关依法赋予强制执行效力的，债权人可以向被执行人住所地或者被执行人的财产所在地人民法院申请执行。"对于卫生行政机关主持下就赔偿金事项达成的调解协议，如果当事人申请公证机构赋予强制执行效力，公证机构应当依法赋予该公证债权文书具有强制执行效力。

（三）加强医疗纠纷行政调解机构建设

应当加强行政调解机构和人员的专业性、独立性，以利于其更有效、更公正地发挥作用。可在行政系统内设置专门的行政调解机构，配备专门的行政调解人员。行政调解机构的工作人员须具有专门的法律知识或较为丰富的经验，这样有利于提高行政调解运作的效率，推进行政调解向专门化、职业化的方向发展。还可以适当吸收专家参与，调解员应该包括法律专家、医学专家，也包括卫生行政官员和司法官员。在纠纷个案处理方面，可以有两种模式：一种模式由委员会自行选择调解员，应该保障必须有医疗纠纷所涉及主要专业的医学专家参加，同时有法律专家参加；另一种模式是由当事人选择调解员，患方选择医学专家，医疗机构方选择法律专家，并对人员的选配和比例设定明确的条件。在行政调解的机构设置上，应坚持贴近基层的原则，以体现便民，让行政调解机制真正能够方便地为民所用，为民服务。

第四节 仲 裁

仲裁是指根据有关规定或者当事人之间的协议，由一定的机构以第三者的身份，对双方发生的争议，在事实上作出判断，在权利义务上作出裁决的一种方式。

仲裁是替代性非诉讼解决体制中最接近诉讼的一种方式，它们有很多相同或者相似的地方，比如仲裁和诉讼都具有明确而详细的程序，在第三方参与下处理争议，仲裁裁决的效力也最接近于诉讼的效力，但两者之间也有明显的区别。(1) 两者的性质不同。诉讼是司法手段；仲裁属于民间司法范畴，被称为“准司法手段”。(2) 组织不同。审判的主体是人民法院；仲裁委员是民间的机构并备有仲裁名册，当事人双方都有权选择一名仲裁员，然后共同选定或共同委托仲裁委员会主任指定第三名仲裁员为首席仲裁员，组成仲裁庭审理案件。(3) 审级制度不同。民事诉讼实行二审终审；仲裁实行一裁终局，裁决书自作出之日起发生法律效力。(4) 主管和管辖不同。法院受理案件的范围比较广泛；仲裁主要调解合同纠纷和其他财产利益纠纷，同时只有在当事人达成仲裁协议的情况下，仲裁机构才能受理。

一、仲裁解决医疗纠纷的合理性

仲裁解决医疗纠纷的合理性主要表现在以下几点：(1) 医疗纠纷仲裁具有程序的规范性，能够最大限度地保证作为第三方仲裁的公正性。(2) 医疗纠纷仲裁者具有良好的专业知识互补性，医疗纠纷仲裁选任来自不同专业领域、不同利益集体的专家，比如医学专家、法学专家等，这样可以在仲裁的过程中直接交流意见，有效中和不同利益群体的利益冲突，从而弄清纠纷中的事实因果关系。(3) 医疗纠纷仲裁具有灵活性，仲裁具有超过诉讼的灵活性，在出现法规真空或无先例可依时可以灵活地作出切合实际的裁决，不但能及时解决社会矛盾，也能为将来的法规制定提供有意义的借鉴。

二、对天津市仲裁委员会医疗纠纷调解中心的分析

2006年年底，天津市仲裁委员会医疗纠纷调解中心正式挂牌成立。天津市仲裁委员会医疗纠纷调解中心由天津市仲裁委员会与天津金必达医疗事务信息咨询服务有限公司共同建立。办公地点设在金必达公司所在地，医疗纠纷调解中心设主任一名（由仲裁委领导担任）、副主任一名（由金必达公司领导担任），内设受理部、调解部，部长由仲裁委指派，副部长由金必达公司指派。金必达公司依据《天津仲裁委员会调解员推荐标准》、《天津仲裁委员会仲裁员推荐标准》向仲裁委推荐调解员、仲裁员，经由仲裁委业务培训后，履行聘任手续。被聘的调解员、仲裁员要严格执行《天津仲裁委员会调解员行为规范》和《天津仲裁委员会仲裁员行为规范》，并遵守《天津仲裁委员会仲裁员自律公约》。

天津市仲裁委员会还制定了《天津仲裁委员会医疗纠纷调解规则》。目前，天津市仲裁委员会医疗纠纷调解中心受理范围是：事实清楚、责任明确、当事人仅对赔偿方案有争议的医疗纠纷。按照天津仲裁委员会医疗纠纷调解规则，医疗纠纷仲裁调解坚持当事人自愿原则，医疗纠纷的双方当事人如果达成协议将纠纷提交调解中心调解，即可以向调解中心提出申请，并提交协议、调解申请书、申请人主体资格的证明。调解中心收到当事人提交的调解申请书等相关资料后两日内，将受理符合条件的申请，并通知当事人。当事人在收到调解受理通知书5日内，在调解员名册中共同选定调解员成立调解庭，调解庭将在10天内开庭，开庭3天前将通知当事人开庭日期和地点。医疗纠纷的调解期限为20天，自调解庭第一次开庭之日起计算，但双方当事人同意延长的可以适当延长。

天津市仲裁委有关人士表示，医疗纠纷仲裁调解采取“一裁终局”制，克服了以往医疗纠纷处理上存在的久拖不决等现象，使当事人的合法权利得到了保障。此外，天津市仲裁委员会实行调解员名册制度，在册的调解员都是从事医学、法学等专业的专家，可以互相取长补短，丰富的专业知识可以保证调解的成功率。医疗纠纷的调解期限为调解庭第一次开庭之日起20天，当事人可以减少时间和精力的付出。医疗纠纷仲裁庭审过程和结果都不公开，调解中心、调解员及工作人员均负有保密义务，整个调解过程不受外界干扰，保证双方的声誉及隐私。

在天津市仲裁委员会医疗纠纷调解中心刚成立半年的时候，笔者了解了该中心的实际运行情况。调解中心成立半年以来，只受理了一起案件。用仲裁委调解中心负责人的话说：“当前该中心的运行存在很大的困难。”

笔者注意到，天津市仲裁委员会医疗纠纷调解中心与天津金必达医疗事务信息咨询服务有限公司合作，办公室设在金必达公司所在地，调解中心副主任由金必达公司领导担任，调解员、仲裁员由金必达公司向仲裁委推荐，这样带有严重影响公司操作性质的仲裁行为是社会有关方面信任度不高的重要原因。

三、仲裁解决医疗纠纷的困惑

首先，我国目前医疗纠纷的解决在实际中鲜用仲裁方式。有学者提出医疗纠纷不属于仲裁调解范围。《中华人民共和国仲裁法》（以下简称《仲裁法》）第2条规定，平等主体的公民、法人及其他组织之间发生的合同纠纷和其他财产纠纷，可以仲裁。医疗纠纷包括医疗服务合同纠纷，尽管也是以赔偿为目的，但它属于人身权的范围，而《仲裁法》的受案范围并不包括人身损害赔偿纠纷，故医疗服务合同纠纷不在此列。而大部分学者认为医疗纠纷可以适用仲裁手段，首先医疗纠纷双方当事人符合该法关于主体平等的规定。① 其次，医疗纠纷不属于《仲裁法》规定的不能仲裁的纠纷争议。依据该法规定，有两类争议不能适用仲裁：一类为婚姻、收养、监护、抚养、继承纠纷；另一类为依法应当由行政机关处理的行政争议。医疗纠纷显然不属于第一类，而是否属于第二类，有学者认为医疗纠纷主要涉及医疗损害赔偿纠纷，可以适用《仲裁法》来解决。而如果患者要求对医疗机构和医务人员进行行政处理的医疗纠纷，属于卫生行政部门管理，这部分医疗纠纷不适合仲裁。② 笔者也比较赞同这种观点。

第五节 医疗责任保险

责任保险是指被保险人对第三者依法负的赔偿责任为保险标的保险。医疗责任保险属于责任险的一个险种，对投保的医疗机构和医务人员在诊疗护理活动中，因执业过失造成的患者人身损害，在患者或其近亲属提出索赔申请时，依法应由医疗机构或医务人员承担民事赔偿责任的，保险人根据保险合同的约定负责赔偿。

---

① 张利彬：《建立医事仲裁前置制度的必要性和可行性探索》，《重庆医学》2012年第4期，第2670~2672页。

② 陆琳：《我国医疗纠纷仲裁解决机制浅探》，《中国市场》2011年第14期，第147~149页。

一、医疗责任保险的现状

从20世纪90年代末开始，我国保险市场已经出现了医疗责任保险，先后在云南、上海、天津、深圳和北京等省以自愿参保的形式进行推广，有些省市还相继出台政府关于实施医疗责任保险统保的规范性文件。2002年8月23日，上海市人民政府批复下发了《关于本市实施医疗保险的意见》与《上海市医疗事故责任保险实施方案（试行）》。目前，国内包括中国人民保险公司、平安保险公司、太平洋保险公司等都推出了自己的医疗责任保险产品，但在自愿投保的情况下，这类保险在市场上推广并不理想。我国保险市场最发达的地区——深圳，在1999年到2003年的四年间，医疗责任保险累计保费收入仅200多万元，投医疗责任保险不足5%，这与深圳保险市场接近近20%的年保费增长率是极不协调的。北京市2003年拥有各级各类医院（含中央直属和部队医院）共551家，而投保的不足20家。2004年9月北京市人民政府下发了《北京市实施医疗责任保险的意见》，其规定国有的非营利的医院需按本规定参加医疗责任保险，从2005年到2007年参保的医疗机构仅占全市医疗机构的46%左右。北京医疗机构年度基本保费的计算为以下公式及表5-4、表5-5、表5-6的内容。①

医疗机构年度基本保费=医疗机构基本保费+医务人员年度基本保费

1. 医疗机构基本保费=床位数×160×医疗机构风险系数

2. 医务人员年度基本保费=医务人员数×类别保费×医疗机构风险系数×岗位风险系数×职称风险系数。

表5-4 **医疗机构风险系数表**

医疗机构等级	医疗机构风险系数
三级甲等医院	1.35
三级医疗机构	1.30

① 林文学：《医疗纠纷解决机制研究》，法律出版社2008年版，第57页。

续表

医疗机构等级	医疗机构风险系数
二级甲等医疗机构	1.20
二级医疗机构	1.15
一级甲等医疗机构	1.05
一级医疗机构	1.00
非一级医疗机构（有床位）	0.80
无床位	0.50

表 5-5 **岗位风险系数表**

科室类别	岗 位 人 员	风险系数
高风险科室	手术、麻醉、整形美容、儿科、急诊、ICU、重症监护、介入治疗	1.15
一般风险科室	内科、骨科、肿瘤、病理、放疗、化疗、精神、药剂	1
低风险科室	其他科室	0.8

表 5-6 **不同职务风险系数**

医务人员职称	风险系数
高级职称	1.05
中级职称	1
初级职称	0.95
无职称	0.8

二、造成这种状况的主要原因

（1）医疗责任险还不是强制险。在建立医疗责任保险的地方，基本上是自愿性的，而不是强制性的，医疗机构根据自己的需求作出是否投保的决定。由于各医疗机构的需求不一致，参保率比较低。由于参保率低，保险的大数法则难以发挥，保险功能也就体现得不充分。一家曾经参保又退保的广州某三甲医院负责人介绍，医院对保险责任险感到不满意的主要原因是：一是公司赔付标准不明确，理赔时间长，反而易使患者产生不良的情绪和过激行为；二是赔付比例不高，保费动辄涨价，医院感到投保不划算。

（2）全国没有统一的医疗责任保险规范。由于没有统一的医疗责任保险法，对医疗责任保险人、被保险人、投保人、保险责任人、承保范围等一些共性问题没有统一的规定，各地的做法五花八门。

（3）保险公司服务不到位。我们工作的调研发现，保险公司在医疗责任保险风险防范机制、专业人才队伍建设、指导和管理和管控医疗纠纷调解机构等工作中还存在很多的缺陷，保险公司需要培养一批具有医学专业知识、既懂法又懂保险的复合型人才。①

第六节　诉讼调解

诉讼调解是指在人民法院审判人员的主持下，双方当事人通过自愿协商，达成协议，解决民事争议的活动和结案方式。由于诉讼调解是由法官主持的，也称为法院调解。诉讼调解是以当事人行使诉权为基础、以当事人意思自治为条件、以当事人依法行使处分权为内容的一项诉讼制度。

诉讼调解是我国诉讼制度的重要组成部分，是人民法院行使审判权的重要方式。人民法院的调解工作经历了司法政策上三次大的调整，从调解为主，到着重调解，再到自愿合法调解。2004 年最高人民法院出台了《最高人民法院关于人民法院民事调解工作若干问题的规定》，完善了诉讼调解程序，规范了调解活动，健全了调解制度，特别是增强了人民法院和法

① 胥林花：《推进医疗责任险的现状和思考》，《江苏卫生保健》2012 年第 14 卷第 6 期，第 30~31 页。

官的调解意识。在其出台两年时间内，人民法院的诉讼调解工作取得了很大进展，2006年全国一审民商案件的调解率达到33%，加上调解撤诉的案件，通过调解结案的占到一审民事案件的50%以上。

诉讼调解之所以在我国诉讼制度中处于如此重要的位置，源于调解制度本身的优势。诉讼调解具有调解利用的自愿性、调解目的的和解性、调解过程的协商性、调解内容的开放性、调解中信息的保密性、调解程序的简易性和处理的高效性、调解结果的灵活性和多样性、调解费用低廉等优势。正是由于调解有如此多的优势，已经被其他国家学习和借鉴，调解不再是中国“东方经验”，而是世界纠纷解决机制中的成功模式。

但是医疗纠纷案件的调解并不令人乐观。从有关数据了解到，医疗纠纷案件判决结案的比例很高，在全部医疗损害赔偿案件中，判决率达到42%。而调解率很低，只占到5.3%。而民事案件的判决比率为24.9%，调解撤诉率达到60.5%。① 可见医疗损害赔偿案件的诉讼调解相当困难。同时，也说明调解的空间很大。认真总结和研究医疗纠纷案件的诉讼调解，显得十分必要。

医疗纠纷案件向来是双方矛盾最为尖锐、诉讼周期长、诉讼成本高、非专业调解组织难以介入调解的一块“硬骨头”。北京石景山区法院创建的在当事人自愿的基础上，由法院主持、案外医院和医疗行业协会专家为专业调解员的“一带二”调解模式，使该院在2006年9月试行新调解机制以来受理的22件医疗纠纷案件中的18件以调解或撤诉方式结案，占案件总数的82%。办案周期由原来的平均10个月以上缩短为3~6个月，法院及当事人为此支出的诉讼成本至少减少一半。

所谓“一带二”，“一”是指法院主导诉讼调解全过程，“二”是指医疗机构的交叉调解和行业协会所属医疗机构的专业调解相结合。按照该模式，法院受理医疗纠纷案件后，由负责审理此案的法官助理，先将事实比较清楚、具备调解基础的案件筛选出来。征得原被告双方同意后，在收到

① 林文学：《医疗纠纷解决机制研究》，法律出版社2008年版，第103页。

案件三日内，通知具有医学专业知识的人民陪审员或特约调解员及时进行调解工作，为保障调解的公平、公正，特约调解员由交叉医院具有主治医师以上资格的医务人员担任。

在调解不能成功的情况下引入社团调解。即根据目前北京市的医疗机构正在陆续投保医疗责任险的情况，将调解不成的案件由法院委托承办“医责险”的保险公司依托专业调解社团，即由北京市卫生法研究会医疗纠纷调解中心等进行论证，将论证意见及时反馈法院，并由社团组织根据论证意见进行调解。

第七节　诉讼（审判）

医疗纠纷诉讼是指法院在纠纷的双方当事人及其他诉讼参与人的参与下，就医疗纠纷案件进行审理和作出裁判的行为。

一、诉讼的特点

（一）纠纷的解决以国家的强制力为后盾

在诉讼过程中法院有权对妨碍民事诉讼秩序行为的行为人采取强制措施，在必要时适用先行给付和财产保全制度，在当事人不履行法院的判决时，根据当事人的申请或法院依职权采取执行措施，等等。这体现了国家解决纠纷的权威性、合法性、规范性和强制性。

（二）纠纷的解决过程有严格的程序

这主要表现在从当事人提出解决纠纷的请求到法院对纠纷事实的审查，以及法院对纠纷所涉及的事实的判断与对纠纷解决的法律适用，均有一系列系统的步骤和程序。

（三）医疗纠纷成本高昂

医疗纠纷涉及医学和法学的双重性，所以在这两方面都需要专业人士的协助。中国目前的法院诉讼费预缴费制度、律师收费制度、鉴定费制度等，给患者造成巨大的经济负担。

（四）诉讼时间长

从诉讼的时间来看，目前多数医疗纠纷诉讼时间都在 1 年以上。对医疗机构是否存在过错、患者的伤残等级、证据的真实性等太多的专业性问题都需要专业人员的鉴定。鉴定是一个漫长的过程，过错鉴定一般都需要 6 个月以上，所以医疗纠纷的审理时间比一般的民事案件要长得多。

（五）对专业诉讼问题，法院诉讼并不是一种好的选择

法官是法律专家，不是专业性很强的医学专家，因此医疗纠纷中很多问题需要专业机构进行鉴定。即鉴定结论出来后，也需要专家协助分析。因此，法官在对过错的把握上有一定的难度。

二、诉讼中案由的选择

在民事案件审判中，对每一个案件，人民法院均会为其确定一个案由。2008 年最高人民法院《民事诉讼案由规定》规定了两个，分别是“医疗损害赔偿纠纷”和“医疗服务合同纠纷”。《侵权责任法》于 2010 年 7 月 1 日实施后，最高人民法院对 2008 年《民事诉讼案由规定》作了修订，2018 年对《民事案件案由》进行了补充。修订将“医疗损害赔偿纠纷”案由更名为“医疗损害责任纠纷”，并增补了两个四级案由。修订后的《民事案件案由规定》中关于医疗纠纷的案由包括：第三级案由“医疗服务合同纠纷”、第三级案由“医疗损害责任纠纷”及其第四级案由“侵害患者知情同意权责任纠纷”和“医疗产品责任纠纷”。

根据《侵权责任法》第七章“医疗损害责任”的规定对医疗损害责任纠纷所作的案件分类，在侵权诉讼中，依照新修订的《民事案件案由规定》区分不同案件类型对应的案由，具体如下：根据《最高人民法院关于印发修改后的〈民事诉讼案由规定〉的通知》（法［2011］42 号）第三点

的规定，“第一审法院立案时应当根据当事人诉争法律关系的性质，首先应适用修改后的《民事案件案由规定》列出的第四级案由；第四级案由没有规定的，适用相应的第三级案由；第三级案由中没有规定的，适用相应的第二级案由；第二级案由没有规定的，适用相应的第一级案由”。上述第一种类型的案件，即未尽合理医疗水平义务的医疗损害责任纠纷案件，对应的案由应是第三级案由“医疗损害责任纠纷”；第三种类型的案件，即医方违反告知说明义务的医疗损害纠纷案件，对应的案由应为第四级案由“侵害患者知情同意权责任纠纷”；第四种类型的案件，即因医疗产品缺陷引起的医疗损害责任纠纷案件，对应的案由应为第四级案由“医疗产品责任纠纷”；第五种类型的案件，即医方泄露患者隐私引起的医疗损害责任纠纷案件，对应的案由应为第三级案由“隐私权纠纷”。至于第二种案件类型，即推定医疗机构有过错的医疗损害责任纠纷案件，则应根据推定过错的具体类型按照上述案由适用规则来确定具体的案由。如，一方伪造病历资料拟证实其履行告知说明义务，则推定医方存在违反告知说明义务的过错，患方如因此提起医疗损害责任纠纷诉讼的，对应的案由则为“侵害患者知情同意权责任纠纷”。

第八节　国外处理医疗纠纷的现状

一、美国医疗纠纷的解决方式

在美国发生医疗纠纷后，选择法庭诉讼或是庭外解决完全是当事的医患双方自己的决定。美国各州的医师协会和保险公司相互协力，创建了医疗纠纷处理机构。医疗纠纷处理机构是指在医疗事故发生以后，患者提起诉讼前的一段时间内，由其所聘请的专家组成的审查会采取任意的或者强制的方式，对于该医疗事故是否有必要向法院提交等问题进行事前研究的一种非诉讼处理纠纷的机构。这一机构设立的目的在于根据专家的审查，对当事人在诉讼中提出的情况及其诉讼判决结果进行预测，它的主要结果是防止当事人滥用诉讼权利造成不应有的损害后果，减轻社会因处理医疗纠纷所需要的一些不必要的费用，法院对其收集的材料若认为有价值，则可以直接加以适用，从而可以节省诉讼时间和诉讼费用。

医疗纠纷处理机构的专家对医疗纠纷的当事人虽然抱有最好能在此阶段彻底解决纠纷的良好愿望，若通过努力仍难以达成一致意见，也不会勉强。

二、日本处理医疗纠纷的方式

在日本解决医疗事故纠纷的主要手段有 3 种，即当事人之间的对话解决、法院的调解及日本医师协会的解决。日本大量的医疗纠纷都是医师协会解决的，该协会在都道府县（相当于中国的省）医师协会内部设有纠纷处理机关。

日本医师协会赔偿责任保险的费用来自医生会员的会费收入，日本医师协会从会费中拿出相当部分充当保险费，以集团的名义与保险公司签订合同，被保险人为会员。若发生保险事故，保险公司支付给每一位被保险人的赔偿限额为包括诉讼费用在内 1 亿日元。但是，能够成为保险公司医疗赔偿对象的是由于医疗行为造成了他人的身体损害，并且赔偿金额为 100 万日元以上的医疗事故。①

利用医疗保险赔偿制度处理医疗纠纷的步骤如下：首先会员医师接受患者方面的损害赔偿请求，经都道府县医师会判断后，向纠纷委员会提出申请，纠纷委员会与保险公司（日本有 5 家损害赔偿保险公司有医师医疗赔偿责任险）联合组成调查委员会，对纠纷情况进行调查，然后由每月一次的赔偿责任审查会对调查结果进行审查，最后以审查为基础，对纠纷进行处理解决。

---

① 郑渊：《日本的医疗纠纷处理与防范机制对我国的启示》，《中国医院管理》2004 年第 12 期，第 74~75 页。

三、德国医疗纠纷的处理

德国是一个医疗技术比较发达、保险制度相对完善的国家，医疗水平享有较高的声誉。德国处理医疗纠纷主要有三种机制：当事人之间的对话协商、调解和仲裁机构的处理及法院诉讼。相当一部分医疗纠纷通过当事人之间的对话协商解决，大部分通过仲裁机构的处理解决，少部分通过法院诉讼解决。

德国设立了专门负责医疗事故庭外解决的机构，即由各州的医师协会和保险公司合作成立的为及时解决医疗纠纷的调停机关和鉴定机构。从其功能来讲，作为鉴定的主体和作为仲裁的主体的性质没有改变，发挥的作用也大体一致。这些调停机关在处理医疗纠纷中大多是按照程序处理的，有的也采用独自的简易程序。原则上参与纠纷的关系者只有医生和患者，但是关系者的近亲属、代理人也可以参与纠纷的处理。另外，医疗保险机构的负责人也可以参与相关程序。关系者必须按照地域管辖和属地管辖的适用范围使用这种处理方式。另外，如终止程序的处理方法、程序的适用方法、资格审查的具体内容、适用程序的费用问题，均由各州自行制定的条例予以规定。①

四、韩国处理医疗纠纷的现状

韩国的医疗纠纷不只源于医疗事故，还会发生与医疗相关的非伦理问题。韩国的医疗纠纷主要依靠医患双方协商解决，但仍有一部分会演变为暴力事件。目前，韩国采用的是诉讼外多种纠纷解决制度：《医疗法》中规定了医疗纠纷的调停制度；2001 年韩国大法院提出“调停优先原则”；消费者保护院也参与赔偿金额较少的医疗纠纷。韩国法学界人士认为，解决医疗争议可能没有完美的方案。但努力制定符合自己国情的医师赔偿责

① 刘泉、杨天潼：《德国医疗纠纷处理办法及相关问题》，《中国卫生事业管理》2002 年第 4 期，第 284~285 页。

任保险制度、医疗争议调解法，解除医患之间的不信任，改善诉讼万能的法律文化，以及保证鉴定公正等，都是公正解决医疗纠纷所必需的。韩国在发生医疗纠纷后，大部分情况是谁主张谁举证，只有在特殊病例情况下方采取举证责任倒置，他们认为不能先将医师和医疗机构推定为有错，这种做法不利于医学发展，对医师和医院来说也不公平。

五、各国医疗纠纷解决小结

(1) 各国都在努力寻找符合本国实际情况的解决办法。随着人们权利意识的增强，医疗纠纷表现出增加的趋势，对医疗纠纷的处理，有些国家，不仅患者、医院关心，保险公司、政府，甚至整个社会都十分关注，它已经成为一个社会问题。由于各国经济发展水平不同，文化背景不一，法律制度差异较大，因此各国都努力寻找符合本国实际情况的有效的解决办法。医院、保险公司、患者、律师、政府、法学界、社会学界都在提出各种方案，试图更好地解决医疗纠纷。①

(2) 各国普遍运用非诉讼办法解决医疗纠纷。通过诉讼解决纠纷是法治文明的表现，同样，通过非诉讼解决纠纷也是文明法治的表现。诉讼并不能解决一切纠纷。比如，大规模的群体性纠纷，诉讼解决办法并不一定效果就好。有些纠纷通过诉讼解决的效果反而比较差，比如熟人之间的纠纷、小额纠纷、涉及技术性较强的纠纷等。因此，非诉讼解决更是被认为是首选办法。日本医师协会、美国各种医疗纠纷处理机构、德国的调停机关和鉴定机构在医疗纠纷解决中发挥了重要的作用。

(3) 各国普遍发挥医疗责任保险在处理医疗纠纷中作用。处理好医疗纠纷往往以良好的保险制度为基础，美国、德国也建立了完善医生损害赔偿责任保险制度。以德国为例，德国医院要为主任医生及医生上责任保险，主任医生除提供一般的服务外，还要提供特殊服务，因此主任医生针

① 曹艳林、刘久畅等：《国（境）外医疗纠纷处理相关法律制度比较研究》，《中国卫生事业管理》2011 年第 1 期，第 50~53 页。

对特殊服务还要单独上责任保险。此外，医生未能很好地提供服务分为故意与过失。如果为过失，医生不承担责任，医院不得向医生追偿。发生纠纷时，赔偿费用由保险公司支付，保险公司对相关费用进行审查。

第九节　建立多元化的医疗纠纷解决机制

纠纷解决机制，是指一个社会为解决纠纷而建立的由规则、制度、程序、机构（组织）及活动构成的系统。狭义的纠纷解决机制，主要指国家通过相关法律、法规建构或界定的，由各种正式与非正式制度或程序构成的综合性解决纠纷系统；广义的纠纷解决机制，还包括非制度化的临时性、个别性纠纷解决活动，以及民间社会自发形成的各种私力或自力救济。

多元化纠纷解决机制，是指由各种性质、功能、程序和形式不同的纠纷解决机制共同构成的整体系统，在这种多元化的系统中，各种制度或程序既有其独立的运行空间，又能形成一种功能互补，以满足社会和当事人的多元化需求和选择自由。①

建立和完善多元化纠纷解决机制的目的就是使纠纷解决渠道多样化，以更好地化解矛盾，实现公平正义，为实现经济社会又好又快发展创造和谐稳定的社会环境。现代社会是一个“利益多元需求，权力分散制约，组织依法独立”的社会，人民群众在日常工作、生活中发生了纠纷，国家有责任给人民提供多元的、满意的纠纷解决手段。因此，建立和完善多元化纠纷解决机制是人民民主政治建设的需要，是加快建设社会主义法治国家的内在要求。

多元化解决纠纷是国际社会的趋势。调解的正当性已经得到从法律界到社会公众的普遍认同。在与各国法律工作者的交流和讨论中尽管也显示

① 邢学毅：《医疗纠纷处理现状分析报告》，中国人民公安大学出版社 2008 年版，第 186~190 页。

出一些问题、不足和忧虑，然而更多的则显示出法律界整体对 ADR 在理念上的认同、政策上的支持和行动上的积极响应。尽管西方国家的理念、制度和经验与我国现实的纠纷解决仍存在着一定的距离。但是，寻找能够适应我国现实的纠纷解决理论，构建适合我国社会需要的非诉讼制度和程序，将是我们不可推卸的责任。

不同类型的民事纠纷要求用不同的解决方式来解决，同一类型的民事纠纷也需要多种解决方式。纠纷的有效解决，在于纠纷解决方式的特点与纠纷的特点相适应。每一种解决方式都具有不同功能，它们在解决纠纷中所发挥的作用不同。同时，各类纠纷解决方式之间又相互联系，在一定的条件下相互影响和代替。比如，当用调解的方式无法解决纠纷的时候，诉讼为纠纷的最终解决提供了保障。相反，诉讼的高成本和程序的复杂性，对当事人选择以非诉讼的解决纠纷方式又有着实质性的影响。至于在仲裁制度中借助诉讼的有关制度来保障仲裁的有效性和权威性，以及在诉讼制度中运用其他解决纠纷方式的有关内容，在许多国家的立法中多有表现。这些表现都说明各类民事纠纷的解决方式相互之间的影响和作用。

医疗纠纷解决机制应当与纠纷自身的特点和当事人的需求相适应，如果建立的机制与之不相适应或不完全适应，该制度就会慢慢地有名无实。换言之，无论什么样的纠纷解决制度，在现实中其解决纠纷的形态和功能总是为纠纷的特点所决定的。所以在分析医疗纠纷解决机制时必须将其放在医疗纠纷的具体背景中来把握，并从纠纷主体的权利和利益的角度对纠纷解决制度的实际作用加以具体的考察。在医疗纠纷解决方式的制度构建中，应将医疗纠纷从以诉讼为重心向调解、仲裁等纠纷解决机制为重心转移和引导。总之，要寻求一条公正、高效的医疗纠纷解决途径，正确、合理地确定医患双方当事人的权利、义务和责任，兼顾维系医患之间的和谐关系，妥善建构和选用医疗纠纷所适合的程序制度和程序法理，使我国医疗纠纷解决机制多元化、合理化。

第六章　医疗损害责任的构成与认定

第一节　医疗损害责任的构成

侵权责任构成理论是侵权责任法的核心。任何民事活动，如果要认定其违法且应承担侵权责任，就必须要符合法定的侵权责任构成条件。在这些法定的构成条件中，如果被诉的民事行为缺乏任何一个条件，即可认定侵权行为不能成立。侵权责任构成理论中最为重要的是侵权责任构成要件。侵权责任构成要件是指承担一般侵权责任的各种作为必要条件的因素。医疗损害责任是指医疗机构或其医护人员因为自身的过错，在诊疗活动中对患者造成了损害，从而需要由医疗机构对患者及其家属承担的损害赔偿责任。医疗损害的责任构成要件有四个：（1）医疗机构和患者具有医患关系；（2）医疗机构及其医务人员存在医疗过错；（3）患者有一定的损害后果；（4）医疗机构及其医务人员的医疗过错与患者损害后果之间存在因果关系。只有同时具备上述全部要件，医疗机构才承担医疗损害责任。

第二节　医疗过错的认定

一、医疗过错概说

医疗过错包括医疗故意和医疗过失。医疗故意是指医务人员对于患者可能出现的损害结果持积极的追求心态，或者医务人员对于患者所出现的损害结果有预见而予以放纵，从而使损害结果最终得以发生。显然，在侵权法上故意是否存在是比较好考察的，在医疗侵权中也是如此。而医疗过失的考察则不然，由于医疗行为的专业性等特点，医疗过失的考察就成了侵权法上的重点和难点了。

《侵权责任法》第一次对医疗过错予以明确，使得医疗过错的认定有了可以考察认定的标准，有利于理论界对医疗过错进行深入研究，也有利于司法实务界在具体诉讼案件中切实把握。《侵权责任法》第 57 条把是否尽到与当时的医疗水平相应的诊疗义务作为考察是否存在医疗过错的标准，这是我国医疗侵权立法的一大进步。不过，何谓当时的医疗水平，何谓与当时的医疗水平相应的诊疗义务，这又是一种抽象而含糊的表述，实务中要准确把握还是有难度的。

二、医师的注意义务

注意义务是法学上的术语，指一个人在从事某种活动时，应给予高度的谨慎和注意，以避免给他人造成不应有的危险或损害的责任。欠缺违反应负注意义务即构成过失。注意义务是判断行为人是否承担过失的前提，主要看行为人是否履行其应尽的注意义务和履行其注意义务的程度。

长期以来，在理论研究方面都认为，医疗过失的本质是医务人员违反了其对患者的注意义务。对医疗过失的认定首先需要判断医务人员是否对患者有相应的注意义务。医务人员的注意义务是医师及其辅助履行人在进行行为时依据法律、法规、规章制度和具体操作规程以及职务和业务上的习惯和常理，接受契约或委托的要求等，保持足够的小心谨慎，以预见医疗行为的结果和避免结果发生的义务，包括结果预见义务和结果避免义务两部分内容。对结果预见义务或者危险结果回避义务的违反都构成了违反注意义务的行为。①

结果预见义务，即预见到自己的诊疗行为可能发生的结果，包括采取某种检查方法可能带来的创伤或者漏诊、误诊，作出的诊断结果的误诊可能性，采取某种治疗方法的有效性、副作用等。也即医务人员应当采取谨慎的态度，对自己所作出的诊疗行为及后果有清晰的判断和预见。结果预见义务来源于医疗行为的专业性、患者对医生的信赖、医务人员的职业道德等。预见的程度和范围随医务人员的资质、专业技术水平的高低和患者的个体性差异而不同。通常情况下，资历较高的医务人员，在先进诊疗技术的辅助下可以更大程度地预见诊疗行为的结果。同时，即使是同一种疾病，不同的患者也有不同的临床表现和疾病转归，对结果的预见还需与患者的个体情况相结合。

危险结果回避义务，即在预见了可能发生危险结果的前提下，采取相关措施，回避危险结果的发生。一般而言，避免结果发生有三种方式：一为舍弃危险行为；二为提高注意并采取安全措施；三为危险结果发生后进行救济。舍弃危险行为，即放弃可能会造成危险后果的检查方式、治疗方案等。提高注意并采取安全措施，即在继续进行既定诊疗行为时，对可能造成的危险后果进行有针对性的防范。当危险结果发生后，不能以已尽到了合理的注意为由，怠于抢救患者。具体采取哪种方式要结合患者的综合状况进行判断。比如，对于糖尿病患者进行外科手术，应当首先预见到可能发生的术后感染等危险后果，然后结合患者血糖的高低、全身状况以及外科手术的危险系数，是否有可替代治疗方案等具体情况，进行综合分析。如果患者的血糖很高，全身状况较差，同时手术并非唯一治疗方法或者实施手术很可能造成不可逆的重大损害后果，则放弃采取手术治疗。如果手术治疗为抢救患者所必须，并且患者的血糖水平为相对安全范围，则通过采取创伤较小的切口，加强术后护理等措施，尽量避免危险后果的发

① 何怀文：《医疗事故诉讼中的过错认定》，《法律与医学杂志》2005 年第 12 期，第 101~109 页。

生。如果术后依然发生了感染后果，应当尽力进行治疗，防止感染的进一步恶化。

履行结果预见义务和危险结果回避义务的前提是必须有预见和回避的可能性。一般来说，对于没有先例的危险或者未知的危险，应当否定预见可能性。现行医疗水平有其发展的局限性，疾病的发展转归有相当一部分是难以预见的，当出现了难以预见的不明原因的损害后果时，不能以此认定医师没有履行结果预见义务，因为这些结果本身是缺乏预见可能性的。同理，医疗行为有其固有的风险性，在现有技术水平下，不可能保证对疾病百分之百的诊断正确和治疗有效，任何一种诊疗方法都有其难以避免的损害后果或者并发症，即使完全预见到了某种危险后果，也不一定能够完全避免，除非放弃治疗，而这又构成了放任疾病发展的后果。因此，对结果预见义务和危险结果回避义务的判断必须以预见和回避的可能性存在为前提，判断对象是医师的行为过程，而不是单纯地以是否实际发生了生命健康的重大损害结果进行判断。也就是说不以结果回避行为的实际效果为唯一标准。比如对术后感染，医务人员在手术中采取了严格的无菌操作，术后进行了预防性的抗生素使用等，在采取了所有可能的预防感染的措施之后，患者依然出现了术后感染。此时，就不能以术后感染出现为由，认定医务人员没有采取有效措施回避危险结果的发生。

三、违反注意义务的判断标准

（一）我国目前对违反注意义务的判断标准

医疗过错的判断即判断医务人员的诊疗行为是否违反了注意义务。我国在《侵权责任法》颁布之前，多数人对医疗过失的判断趋向于坚持医疗常规标准，即“医疗常规说”。而且，受《医疗事故处理条例》的影响，医务人员注意义务主要是医疗行为是否违反了一般相关的法律、行政法规、规章以及有关诊疗规范。因此，《侵权责任法》第57条规定，医务人员在诊疗活动中未尽到与当时医疗水平相应的诊疗义务，造成患者损害的，医疗机构应当承担赔偿责任。判断医务人员的过失，应当采用“当时的医疗水平”标准，即医疗机构及医务人员在诊疗活动中应当尽到与当时的医疗水平相应的注意义务。在这个规定中非常强调时间因素——当时的医疗水平。这是因为医疗技术水平的发展速度很快，一项医疗技术可能在一两年内就有重大突破。即使是医疗行为发生后马上提起诉讼，在医疗诉讼期间，医疗技术也可能发生了重大突破。更不用说，民事诉讼的最长诉讼时效长达二十年，这期间的技术发展更是难以预料的。因此，在医疗水平的判断中，时间因素起了非常重要的作用。以提起医疗诉讼时或者进行鉴定时的技术水平完全可以避免患者的损害后果，但是在实施医疗行为的当时，由于技术的局限性，该损害后果是不可能避免的。① 因此，必须以实施争议医疗行为当时的医疗水平作为衡量医疗行为的标准，否则会丧失其客观性和可行性。正因如此，《侵权责任法》明确提出了要以“当时的医疗水平”判断医疗行为是否存在过错。“当时的医疗水平”是指实施争议医疗行为时的医疗水平。

（二）国外医疗过错的判断标准

1. 日本法上的医疗损害过错责任

在日本法上，医疗过错的认定是以注意义务是否违反作为判断的基准。在司法实务上则以诊疗当时的临床医学实践的医疗水平作为判断医师过错和是否违反注意义务的标准。

医疗过失在本质上系一种业务过失。日本及我国台湾地区学者以“医疗水准说”作为医疗过失的判断标准。医疗水准的概念首先由松仓丰治教授提出，并将医疗水准分为“学术上的医疗水准”和“实践中的医疗水准”，前者为研究水准或学界水准，其核心由学术界的一致认定而形成；后者为经验水准或技术水准，它是医学界普遍实施的技术。后来，日本法

① 郭升选、李菊萍：《论医疗注意义务与医疗过失的认定》，《法律科学》2008年第3期，第124~133页。

院逐渐确立了医疗水准在判定医疗过失中的标准地位——以诊疗当时临床医学实践中通常医师之正当技术水准及注意义务为判断标准。

日本对于医疗损害责任中的过错判断是对医师课以严格的注意义务，但后来逐渐将医师注意义务的程度改为采纳“医疗水平论”。实务中的某些案例表明，由于医疗水平只是判断医疗责任最基本的要素而已，所以判断医师是否有医疗责任，不应仅是依照医疗水平加以判断，还需要就该医师自身的技术水平及其所处的环境予以统筹考虑，即以诊疗当时所谓临床医学实践的医疗水平来作为判断医师过错的标准。在国立东京第一医院放射科皮肤癌事件的判决①中，法院即认为“作为医师，对于患者之病状，基于诊疗当时之医学知识，除应充分注意其治疗方法之内容与程度等，尚应考虑其效果与副作用之一切情事，尽万全之注意，实施其治疗”。此后再经由一些判例的发展，日本法上逐渐将较为抽象的注意义务判断标准发展成较为现实且容易判断的医疗水平论。②

2. 美国法上的医疗损害过错责任

在美国法上，过错及因果关系是判断侵权责任是否成立的重要基础，对于过错的证明，常采用专家证言、事实推定法则、基本常识等证明方式。在诉讼中则广泛地将事实自证原则（the telling speaks for itself）运用在医疗侵权诉讼上，以特定的事实来推论被告存在过错，由此来平衡当事人的举证责任负担。由于医疗行为具有相当的不确定性和风险性，因此除非有特别的约定令医方承诺达到某种效果，否则不能仅因治疗结果的失败或不幸，即认定医师具有过错。

关于医疗过错的认定，以是否违反注意义务为判断标准，美国法院认为医师应具备通常的、合理的注意、技术及勤勉，并与其他邻近地区的内外科医师在相同情况下有相同的职业水平。在此基础上还逐渐发展出了地

① 夏芸：《医疗事故赔偿法——来自日本法的启示》，法律出版社 2007 年版，第 113~114 页。

② 周讲红：《日本医疗水准说评析》，《中国政法大学学报》2008 年第 5 期，第 47~53 页。

区性标准、一般医师与专科医师的不同标准、可接受的执业标准、治疗结果的成败标准、专业判断标准等更加细化的判断标准来作为认定医疗过错的依据。

第一，地区性标准是指由于各地区的发展程度不同，无论就医师执业的环境及医师诊疗的经验来看，均会呈现出地域性的差别，因此医师的医疗行为是否符合注意标准，应以同一地区的医疗专业水平为标准来判断，否则，对于医学落后地区的医务人员也以医学发达地区的标准来判断，则难免对其要求过严。当然，随着医学资讯传播的快速发展，全国范围内医学交流活动的频繁进行，常见病症的治疗方法也逐渐趋于一致，因此从未来的发展趋势来看，医疗专业水平的地区性差异在美国将逐渐淡化，进而有可能逐步采取全国性的统一判断标准。

第二，一般医师与专科医师的不同标准。由于美国医师分为一般医师和专科医师，因此两者的注意义务标准也有不同。一般而言，专科医师对于其专门领域内医疗行为的注意义务应当较一般的医师要高，而且专科医师的注意义务标准应当采取全国性的统一标准而不再加以地区性的区别。

第三，可接受的执业标准是指根据与被告医师同一专门领域的合格医师的医疗惯性来判断被告所被期待的注意义务为标准。

第四，治疗结果的成败标准。由于医疗行为具有相当的不确定性和风险性，因此除非有特别约定保证一定的效果，否则不能仅因治疗结果的失败或不幸，即认定医师具有过错。

第五，专业判断法则。尽管医疗科学已经有相当大的进步，然而医疗行为本质上所具有的风险性和危险性及不确定性并未消除，对于疾病诊断及治疗方法的选择，均有赖于医师的专业判断，尤其是治疗方法的选择更涉及医师的裁量，这是医疗行为本质上的特殊性所决定的。在判断诊断及治疗方法的选择是否有过错时，常用的专业判断标准有：（1）医学判断法则，即只要医师遵循专业标准的要求作出决定，不能仅因事后认为所做的决定错误而追究其责任。（2）尊重少数法则，即不能仅基于医师的治疗方式不是从多数经认可的医疗方法中做选择而负以责任。由于医师所受的教育和训练不同，所采取的治疗方式也可能存在差异，只要医师所采取的治疗方法并未违反专业标准，不能仅因其所采取的治疗方式属于少数观点，就认定其应当承担损害赔偿责任。（3）最佳判断法则，美国有些法院在上述一般判断标准的基础上，对医师施加了更加严格的要求，即医师所作出的判断必须是当时其所知道的最佳判断，尤其是当该医师知道目前一般盛行的医疗方法具有不合理的危险时，如果医师未作出最佳判断，则法院并不以该医师的医疗行为已经达到符合一般标准而免除其责任。①

总之，在美国，医疗过失的判断标准是医生的执业标准（professional standard），可称其为“执业标准说”。传统医生的执业标准，是指某一临床专业的常规（customary or usual practice）。早期这一标准还有地域性，即如果医生医疗行为符合本地的医疗常规、习惯，就被认为没有过错。随着交通、信息的迅速发展，医生接受继续教育和训练机会的增加，地域差别的缩小，司法就不再考虑地域因素了。1970 年 Blair v. Eblen 案，法官将医生的职业标准发展成了“执业群体接受的标准”（acceptable practice）——同行中合理的、称职的执业者在相同或类似情形下的应具备的医疗技能，履行相同的照护义务。②

3. 德国法上的医疗损害过错责任

对于医疗损害过错责任的举证责任，英美法院常采用事实推定等方法来减轻患者的举证负担，德国联邦法院也采用表面证据原则并结合对因果关系的证明，发展出举证责任倒置的原则。根据该原则，如果医师的医疗行为存在过错，则推定医疗过错与损害结果之间存在因果关系。但相当因果关系说的内容较为抽象且不确定，难以合理界定损害赔偿的范围。实务中，因为患者大多无能力证明医师的医疗过错，所以传统民法上损害赔偿的举证责任分配对患者非常不利，所以德国法也认同患者的知情同意权，只要是欠缺患者自主同意的侵袭性医疗行为，即为违法的身体伤害行为，

① 孟强：《医疗损害责任》，法律出版社 2010 年版，第 109~113 页。

② 何怀文：《医疗事故诉讼中的过错认定》，《法律与医学杂志》2005 年第 12 期，第 101~109 页。

医师为了证明自己医疗行为的合法性，必须证明自己已经尽到了说明义务来阻却违法性，从而可以在医师与患者间重新分配举证责任。在医疗行为的规范方面，德国法对“医疗过错”逐步发展为“医疗行为适用过错责任”与“符合当时科技水平的注意义务”以及“善良管理人的客观注意义务”等裁判标准，以下对其进行简要介绍。

第一，医疗行为适用过错责任论。即对于医疗损害责任，不能采取无过错责任或危险责任归责原则，而仍应采取传统的过错责任原则作为归责原则，同时通过举证责任的减轻、表面证据、举证责任的倒置等原则来改善患者在举证上的劣势以实现医患之间的利益平衡。

第二，符合当时科技水平之注意义务理论。即在判断医疗行为是否有过错时，应当考虑到医师是否违反了注意义务，而注意义务违反的判断，是指该医师本身对患者应当承担何种义务，那么对此应当根据当时的医疗科技水平来加以判断，如果不能达到这一水平，则构成注意义务的违反，因此也就存在过错。

第三，善良管理人的客观注意义务。德国法上所谓的过错，是指行为人“应注意、能注意而不注意”的行为，其中对于“能注意”采用的是“善良管理人的注意能力”作为标准。但是由于“能注意”的标准因人而异，如此则对被害人不利，因此发展出“善良管理人的客观注意义务”来作为判断标准。具体而言，这一标准是指任何人在其支配和责任范围内均负有保护第三人的义务，因而从事医疗行为等危险活动的人均负有防止损害发生、确保社会安全的义务，如果其未能防止损害的发生，则推定其有过错。①

4. 小结

从以上比较可见，各国对于医疗损害责任的认定，仍然是以过错是否存在作为判断标准，同时为了保护处于弱势地位的患者的利益，以及确保

① 余明永：《医疗损害赔偿纠纷》，法律出版社 2010 年版，第 45~46 页。

法律的安定性，各国在司法实践中广泛采用了一系列方法来减轻患者的举证责任，并尽量使过错的认定标准客观化，使其具有最大的可操作性。我国《侵权责任法》第 54、55、57、58、60 条的规定，既确立了医疗损害责任中过错责任的归责原则地位，又规定了医务人员及医疗机构的说明义务和诊疗义务，还规定了特定情形下对医疗机构的举证责任倒置，并且对于医疗机构的免责事由也作出了专条规定，可见立法机关在平衡医患双方之间的利益、减轻患者举证责任、保护患者权益等方面作出了较大的努力，并希望能够借此实现医疗损害赔偿诉讼中的实质正义。

（三）对我国目前医疗损害判断标准的认识

笔者认为，医疗过错可以分为医疗技术过错（专业基准的注意义务）和医疗伦理过错（最善的注意义务）。这样区分的优势在于：第一，确定医疗过错的判断标准不同，前者适用当时的医疗水平，后者适用一般的良知和医学伦理。第二，适用的归责原则不同，前者适用过错责任原则，后者适用过错推定原则。第三，适用的具体规则不同，前者由于实行过错责任原则，因而所有的责任构成要件都须实行“谁主张，谁举证”的举证责任原则，只在特殊情况下才有条件地实施举证责任倒置。后者由于适用过错推定原则，因而其具体规则以过错推定为基本规则，在医疗过错的认定上采取推定方式，实行举证责任倒置。

1. 医疗技术过错

实践中未尽到注意义务是民事上判断过错的一个“法宝”，在医疗过错评判中，未尽到注意义务的最低标准是违反诊疗规范。未违反诊疗规范的未尽注意义务在实践中是很少的，因此判断是否尽到注意义务，事实上是判断是否违反了诊疗常规。根据《侵权责任法》第 57 条，医务人员在诊疗活动中未尽到与当时的医疗水平相应的诊疗义务，造成患者损害的，医疗机构应当承担赔偿责任。这里强调在判断是否尽到诊疗义务时要考虑时间因素。但笔者认为现实是复杂的，一味地坚持具体、客观标准而忽视了个体的差异，抛弃对行为人主观方面、内在因素的关照，还不足以在个案中正确公平地认定医疗过失的存在与否。因为客观具体之外在或内在因素而呈现出多姿多彩之情况。结合学界的相关讨论，本书认为以下因素需要在衡量医疗过失时予以考虑：

（1）地区因素

英美法中，由于19世纪科学、技术及经济发展的不平衡，农村的医疗条件与城市相比有着很大的差距，法院因而确定了“地区规则”，即被告医师的注意义务标准是由其所在地区的其他专家通常的专业技能和注意程度来决定的，也就是说，农村医生并不适用城市医生的注意义务标准，前者的注意义务标准要低于后者。后来，随着经济、文化、科学技术的进步，城乡之间医疗水平的差距逐渐缩小，农村的医生也可以得到与城市医生一样的教育、培训机会，法院对传统的地区规则予以改革，向着国家规则的方向努力。从这一发展过程中，我们可以看出，地区规则的存在是与城乡医疗水平的差距一致。如果地区差距很大，则判断注意义务时就需要考虑地区差异，如果城乡差距较小，则可以采取统一的标准判断医疗行为。就我国而言，我国医疗资源的分布极不平衡，有限的医疗资源过分集中于大城市的大医院中，而广大农村地区医疗资源不足，技术薄弱。因此，在我国的这种特殊国情下，对医师注意义务的判断必须充分考虑城乡和地区差异，不能以大城市的标准衡量不发达地区的医疗行为。但这并不意味着地区因素可以滥用，对于一些基本的医疗行为，地区因素是不能成为抗辩理由的。比如在下面的案例中，由于白塞氏综合征是一种自身免疫性疾病，而且发病率也比较低，要求该镇卫生院具备明确诊断“白塞氏病”的医疗水平不符合客观现实，某镇卫生院对早期“白塞氏病”的相关症状（如龟头可见数处凹陷疤痕）未能引起重视，是由该卫生院医疗水平有限所导致的，不能由此认定该镇卫生院的诊疗行为存在过错。

案例6.1①：

王某，男，27岁。1997年秋，因腹痛入住某乡卫生院，诊断为"阑尾炎"，行"阑尾切除术"，术后一直感到刀口下方疼痛；1998年11月在某医院B超检查，发现腹内有异物，疑似纱布，在某镇计生服务站行手术治疗。二次手术从腹内取出异物未保留；2000年再次出现右下腹疼痛，某镇卫生院诊治。初步诊断：右下腹肿块，性质待查。2000年12月24日在硬膜外麻醉下行剖腹探查术，见回肠末端与右下腹腹壁有一脓腔，术中诊断"肠瘘"，行肠粘连分离及肠切除+回肠结肠端端吻合术。术后诊断：肠瘘。2003年2月11日—2月28日再次到某镇卫生院诊治；3月前，原切口外又出现肿块，切开后流脓，迁延不愈，疼痛，行走困难，外生殖器无红肿，龟头可见数处凹陷疤痕，四肢正常。请外院专家手术治疗，2003年2月14日在硬膜外麻醉下行"右半结肠切除术"，术中切除肠瘘及肿块，原瘘口处置入引流管引流。2005年8月29日—9月25日再次到该部队医院诊治，20日前原切口左侧裂开，有液体流出，急诊以"肠瘘"收入院。患者病情迁延，多次手术后出现营养不良，医患双方发生纠纷，患者认为某乡卫生院、某镇计划生育服务所及某镇卫生院对王某原发性病的治疗中存在过错，诉诸法院，当地法院委托鉴定：某乡卫生院、某镇计划生育服务所及某镇卫生院对王某原发性疾病的治疗中是否存在过错。

白塞氏综合征是一种自身免疫性疾病，是以细小血管炎为病理基础的慢性、进行性、复发性、系统炎症性疾病。王某第一次手术后反复出现"舌炎"，外生殖器溃疡及肠瘘，龟头可见数处凹陷疤痕，到部队医院诊治后，诊断"白塞氏病"，考虑白塞氏病易发反复肠瘘，遂针对"白塞氏病"进行免疫抑制治疗，效果良好，由上述诊疗过程可以发现，医院诊断王某"肠瘘"，"白塞氏病"明确。

① 闵银龙：《医疗纠纷司法鉴定理论与疑案评析》，北京大学出版社2010年版，第133页。

王某1997年因腹痛入住某乡卫生院，诊断为“阑尾炎”，行阑尾炎切除术后，一直感刀口下方疼痛，某县医院B超发现腹内有异物，疑似纱布，于1998年11月在某镇计划生育服务所进行第二次手术。上述两家医疗机构，两次手术均无病历记载，不能提供相关的病历资料等医学证明，存在明显的医疗过错；根据王某诊疗过程可以发现，某乡卫生院和某镇计划生育服务所的过错行为与患者自身疾病共同作用导致了王某损害后果的发生，两家医院在患者损害后果中责任度约为50%；虽然两家医院同时存在过错，但某乡卫生院术后异物遗留，在两家医院的过错所导致的不良后果中显然起主要作用，故在两家医院的过错中，某乡卫生院为主要责任，某镇计划生育服务所为次要责任。

某镇卫生院在对王某的治疗过程中，多次请上级医院专家对其进行会诊，诊疗过程符合常规。由于“白塞氏病”发病率低，要求该镇卫生院具备明确诊断“白塞氏病”的医疗水平不符合客观现实，某镇卫生院对早期“白塞氏病”的相关症状（如龟头可见数处凹陷疤痕）未能引起重视，是由该卫生院医疗水平有限所导致的，不能由此认定该镇卫生院的诊疗行为存在过错。

（2）医务人员资质

根据《执业医师法》，在我国医师执业需要经过严格的实习、考试、注册程序。经过数年的医学专业理论学习和医疗机构一年的试用期，方可参加执业医师资格考试或者执业助理医师资格考试，考试合格取得医师资格证书。取得医师资格证书后，可向县级以上人民政府卫生行政部门提出注册申请，取得医师执业资格。医师根据从医年限和资历分为住院医师、主治医师、副主任医师和主任医师。不同职称医师的经验和水平是有差异的。住院医师不论执业年限还是经验，与主任医师都有很大差异，因此不能以主任医师的技术水平要求住院医师。同时，不同资质的医师采取不同的注意义务标准，与医患双方的信赖关系也相一致。目前，患者在就医时可以选择普通号或者专家号，如果患者指明某位知名专家，基于该专家的技术职称和名望，其必然对该专家有高于其他普通医生的信赖和期望值，基于此，以普通医生的注意义务标准评价该专家的医疗行为也是不合适的。

（3）医疗机构资质

我国对医疗机构也采取严格的准入和评级制度。根据卫生部发布的《综合医院分级管理标准（试行）》和《医疗机构基本标准（试行）》规定，我国的医院根据功能、规模、技术水平、医疗设备、医院的管理水平和医院质量分为一、二、三级，每级又分为甲、乙、丙三等，三级医院增设特等，共计 10 个级别。不同等级的医疗机构应有不同的注意义务水平。比如，三级甲等医院无论从医务人员的技术水平，先进医疗设备的配备还是医疗质量的管理等方面都远高于普通的社区医疗机构，当然不能以三级甲等医院的注意义务水平衡量社区医院的医疗行为。

（4）紧急情况

在出现紧急情况时，由于医疗判断的时间紧迫，对各种状态无法详尽地检查、观察、判断，很难要求其与通常时期的注意能力一致。因此，对于存在紧急性因素的医疗行为，对医生注意程度的要求通常应低于一般的医疗情形。例如，在美国的 Raybrun v . Day 一案中①，外科医师注意到可能有纱布遗留于患者腹部，经搜查仍无所获，但基于患者情况紧急，未继续寻找而将伤口缝合，法院认为这属于紧急情况下的“诚实错误”，不能仅因纱布留于患者腹部即承担损害赔偿责任。因此，在对医疗行为进行判断时，必须结合医疗行为当时的具体情况，尤其是要明确有无限制医师注意义务的情况存在，如果由于客观的紧急情况，医师不能充分履行普通情形下的注意义务。对医师的医疗行为进行判断时要采取低于正常情况的注意义务标准。这一因素在《侵权责任法》第 60 条第（二）项中

① 戴彦成：《试论医疗过错认定》，华东政法大学 2011 年硕士学位论文，第 9 页。

有充分体现。

总而言之，笔者认为，应以医疗卫生管理法律、行政法规、部门规章和诊疗护理规范为基础，结合技术职称评定标准、临床医学水平、医院级别等因素，来确定一个相对客观的医疗过失判定标准。判断公式如下：

违反专业基础注意义务=法律法规+当时的医疗水平→违反义务

2. 医疗伦理过错

医疗伦理过错是指医疗机构及医护人员在从事各种诊疗行为时，未对患者充分告之或者说明其病情，未对患者提供及时有用的医疗建议，未保守与病情有关的各种隐私、秘密，或者未取得患者同意即采取某种医疗措施或者停止继续治疗等，违反医疗职业良知或者职业伦理上应遵守的告知、保密等法定义务的疏忽和懈怠，又称之为最善的注意义务。确定这种医疗过错，判断标准是医疗良知和医疗伦理，医生“救死扶伤，治病救人”以及防止危险发生义务的最大化要求——最善的注意义务，医生对于患者的症状应予充分注意，并在依当时的医学知识考虑效果及副作用的前提下确定治疗方法和程度，在万全的注意下实施治疗。从一定意义上讲，最善注意义务包含着医学伦理道德层面对医护人员扮演“医圣”和“天使”角色的美好期许。因此，通常并不需要医疗过错的鉴定，法官即可依据已知的事实作出推定。医疗伦理过错判断公式如下：

医疗伦理过错=医疗职业良知和职业伦理→告之+保密等义务→未履行

第三节　损害事实

损害事实是指一定的行为致使权利主体的人身权利、财产权利以及其他利益受到损害，并造成财产利益和非财产利益的减少或灭失的客观事实。损害事实是由两个要素构成的：一是权利被侵害；二是权利被侵害而造成利益受到损害的客观结果。损害事实是确定责任的一个因素，是侵权责任构成的前提。

在民法上，一般可将损害分为财产损害、人身伤亡、公民生命健康权以外的人格权受到损害和精神损害。在医疗损害案件中，患者的损害包括三种类型：一是患者人身损害事实，二是患者的精神损害事实，三是患者的财产损害事实。①

一、患者的人身损害事实

患者的人身损害事实首先表现为身体、健康损害和生命的丧失，也包括患者及其家属因生命健康权受损而遭受的财产上的损失。医疗损害案件很少涉及患者单纯的财产损失，因为患方所主张的经济损失均是基于其生命健康权受到损害而发生，如医药费、护理费、误工费、残疾赔偿金、死亡赔偿金等。

二、患者的精神损害事实

违法诊疗行为侵害患者精神性人格权所造成的人格利益损害是精神损害。精神性人格权的客体均为无形的人格利益，在客观上没有实在的外在表象，如隐私权的客体是与公共利益、群体利益无关的私人信息、私人活动和私人空间。医疗违法行为侵害这些精神性人格权，造成无形的人格利益损害，其损害的形态就是精神利益损害。

患者的精神利益损害表现为三种形态：一是财产利益的损失，包括人格权本身包含的财产利益的损失和为恢复受到侵害的人格而支出的必要费用；二是人格的精神利益遭受的损失，即隐私被泄露，自由被限制等；三是受害人的精神创伤和精神痛苦。

在司法实践中，患方证明其遭受的人身损害并不难，较难确定的是精神损害及其程度，患方较难举证证明。为此，法院往往采用推定的方式认定患者及家属遭受的精神痛苦，并采用酌定方式确定具体赔偿数额。

三、患者的财产损害事实

违法诊疗行为侵害所有权的基本表现形式是不必要检查或者过度医疗

---

① 艾尔肯：《论医疗损害》，《北方法学》2008 年第 3 期，第 46~53 页。

等造成的患者财产损失。医疗机构及其医务人员恶意进行不必要检查或者过度医疗造成患者支出了不必要的费用，侵害的就是患者的所有权，使其现有的财产利益减少。

违法诊疗行为侵害患者的人格权、身份权造成的财产利益损失，不属于严格的财产损害事实，而属于侵害人格权、身份权造成的财产利益损害后果，计算方法并不相同。

案例 6.2：

王某，28 岁，感到胃不适到街道医院就诊，医院给她开了一些消炎的药，其中部分药还要到药店去购买，后王某又到另外一家医院诊断检查，医院诊断王某怀孕了，王某因第一家医院误诊，以医疗损害为由将第一家医院告上法庭，要求第一家医院赔偿她各种损失 8 万元。

在本案中，对于被告误诊这一事实，双方没有异议。本案争议的主要焦点是被告的医疗过失行为是否造成了相应的损害后果。被告提出原告根本没有购买有可能损害胎儿的药物，但没有提供相应的证据，法院未予采信。被告进而提出原告没有服用药物，其主要证据是原告在纠纷发生后不同意进行人工流产手术。被告提出这一证据并非直接证据，而是间接证据。对此抗辩，法院判决未置可否，既未认定原告服药，也未认定原告没有服药。然而，从原告事后没有就原审判决上诉这一事实，人们可以推测出原告是否真的服用了有关药物。

第四节 因果关系

一、因果关系概况概念

侵权法中的因果关系，是指行为人的行为及其物件与损害事实之间的因果联系。医疗损害责任构成要件中的因果关系，是指医疗机构及其医务人员的医疗过错与患者损害后果之间的因果联系。因果关系是行为人承担侵权责任的构成要件之一。根据过错责任原则，行为人承担过错责任的条件包括过错、损害后果以及过错与损害后果之间的因果关系，缺少任何一个要件，行为人均不承担责任。过错是承担过错责任的前提条件。如果没有过错，尽管行为与损害后果之间具有因果关系，但行为人不承担过错责任，即所谓的无过错即无责任。例如，麻醉意外，麻醉师推注麻醉药物与患者呼吸、心跳骤停继而死亡之间具有直接因果关系。但经司法鉴定，认定麻醉师在麻醉过程中没有违反麻醉常规，已尽到应有的注意义务的，则医疗机构不承担过错责任。相反，如果仅有过错，但过错与损害后果之间不存在因果关系的，则行为人也不承担过错责任。例如案例 6.3 中虽然医院将患者的纵隔恶性淋巴瘤误诊为肺癌，但是目前对纵隔恶性淋巴瘤和肺癌的治疗基本相同，都是化疗和局部放疗，因此，在这个案例中医院的医疗行为虽然有过错，但和患者的最后死亡之间没有因果关系。

案例 6.3：

女，56 岁，因胸部疼痛两个月逐渐加重，伴咳嗽、呼吸困难 3 天，就诊于某医院。经过胸部 X 摄片和 CT 扫描，见右侧肺门和纵隔阴影增宽，诊断为肺癌，给予放疗加化疗，一个疗程后症状有过缓解。因费用原因患者自动出院回家，继续中药治疗。后症状加重，至另一家医院住院检查治疗，复查胸部 CT 和 MRI，确诊为纵隔恶性淋巴瘤。给予放疗和化疗 3 个月，再次自动出院，半年后死在家中。死者家属认为第一家医院诊断错误，导致医疗事故争议，诉讼到法院，法院委托进行法医学司法鉴定。法医分析认为，被告医院确实对原告患者的纵隔恶性淋巴瘤有误诊，但是目前对纵隔恶性淋巴瘤和肺癌的治疗基本相同，都是化疗和局部放疗。两者局部放疗的部位一致，而且事实上，经过治疗后患者的症状有所好转，主动出院。纵隔恶性淋巴瘤的死亡率很高，而且，由于没有做尸体解剖，因此不能确定患者死亡与被告医院误诊过错之间的因果关系，医院的上述医疗失误也不构成医疗事故。

二、医疗损害赔偿因果关系的理论与实践

（一）必然因果关系理论与相当因果关系理论

在我国，关于如何确定因果关系的学说主要有必然因果关系说和相当因果关系说两种。必然因果关系说在 20 世纪 80 年代曾经盛行于我国理论界与实务界；而今，相当因果关系说则为主流观点。①

必然因果关系说认为："所谓因果关系，是指各个客观现象之间的一种必然联系，即某一现象的出现，是在一定条件下必然由另一已经存在的现象所引起的，这一现象称为原因，而后一现象称为结果，他们之间存在的这种客观的必然联系，就是因果关系。"② 简而言之，该种观点认为，只有当行为人的行为与损害结果之间有内在的、本质的、必然的联系时，才具有法律上的因果关系。因而，在明确因果关系时，必须将原因与条件区分开来。行为对损害的发生起决定作用，行为和损害结果之间是内在的、必然的、联系的，是原因；行为和结果之间是外在的、偶然的、联系的，是条件。目前，必然因果关系说已为法律理论与实务界所摒弃，因为，该种理论具有诸多缺陷，具体而言，表现在以下几个方面：第一，该学说混淆了哲学上的因果关系与法律中的因果关系。虽然哲学上的因果关系是认识法律、社会和自然因果关系的前提和基础，但是，法律中的因果关系有其自身的特殊性。以必然因果关系理论解决损害赔偿中的因果关系判断问题必然导致受害人无法得到有效的赔偿，不适当地限制了赔偿责任的成立与赔偿的范围，不利于对受害人权益的保护。第二，该学说混淆了法律中的事实与科学中的事实。法律程序与科学研究不同，因此，通过法律程序

① 何怀文：《医疗事故诉讼中的过错认定》，《法律与医学杂志》2005 年第 12 期，第 101～109 页。

② 佟柔、赵中孚、郑立：《民法概论》，中国人民大学出版社 2005 年版，第 188 页。

查明的法律事实与通过科学研究查明的客观事实也必然会有所区别。法官在确定损害赔偿责任中的因果关系时，需要针对个案的具体案情，依据法律规范、立法意旨、生活经验、常识等作出合法、合情、合理的判断。而必然因果关系理论未能正确揭示和阐述这些至关重要的因素，故无法具体有效地指导法官审理案件。第三，该学说区分条件和原因，并将条件排斥在因果关系考察范围之外，这也是不妥当的。现实生活中，某些加害行为必然导致损害结果发生的情形当然存在，但是，加害行为只是偶然引发损害结果的情形也不鲜见。而随着现代科学技术的发展，在各种现代工业引发的损害赔偿责任案件中，几乎无法认定被告的加害行为与损害结果之间存在所谓的必然因果关系。特别是在医疗损害赔偿纠纷案件中，患者的伤亡往往是多种因素共同作用的结果，如果坚持采用必然因果关系的观点，将所谓的条件排斥在因果关系的原因之外，显然不利于患方合法权益的保护。

与必然因果关系说不同，相当因果关系说认为，不应要求行为与损害结果之间具有直接因果关系，只要行为人的行为对损害结果构成适当条件，行为人就应当负责。相当因果关系说的基本思想是，人们对特定事件之间的因果联系的判断也只能是在现有的认知条件和信息状况下对因果关系作出一个大致的判断；因果关系的认定不完全是一个逻辑推演的过程，而是“一个可能性的判断过程”。事件与损害之间具有相当的因果关系，必须符合两项要件：(1) 该事件为损害发生的不可欠缺的条件；(2) 该事件实质上增加损害发生的客观可能性。也就是说，如果根据社会一般见解，能够确定加害行为客观上有可能导致损害后果，就可以认定二者具有因果关系，并不要求加害行为与损害后果之间具有必然的联系。可见相当因果关系说以概率论上之可能性理论为理论基础，与民事诉讼高度盖然性证明标准异曲同工。与相当因果关系说不同，必然因果关系说要求达到必然性的证明标准。两者的根本区别在于：前者强调结果发生的“可能性”；而后者强调结果发生的“必然性”。

（二）医疗损害赔偿责任因果关系的实践

1. 对于医疗过错行为与损害事实之间是否存在因果关系的判断标准，应当坚持相当因果关系理论，对医疗行为与损害结果之间是否存在因果关系作出合法、合情、合理的判断。① 需要特别指出的是，医疗事故技术鉴定中，作为鉴定人的医学专家也许受到哲学因果关系的影响，往往要求医疗过失行为与人身损害结果之间存在必然的、直接的因果关系，从而使医疗事故的证明标准达到极高的科学验证标准。由于鉴定机构与法院在认定医疗行为与损害结果之间是否存在因果关系时所依据的因果关系理论不同，所以得出的结论往往也不同，这正是问题的关键所在。“必然因果关系说”一直受到学者的质疑。我们认为，这种学说，表面符合唯物辩证法，实际上是形而上学。依唯物辩证法，客观事实的必然联系即客观规律，是可以认知的，但这种认识有待于整个人类的实践活动，而人类的实践活动是不断发展的历史过程。要求法官处理每一个具体案件时，均能准确掌握所谓“客观的、本质的必然联系”，恰恰是违背唯物辩证法的，亦违背法律之本质。目前我国法学领域“必然因果关系说”被逐步摒弃，对于因果关系的认定已经从追求客观真实逐步向法律真实转变。采用相当因果关系说对于医疗损害赔偿因果关系而言，无疑是一种比较诚恳、公平的判断方法。②

2. 相当因果关系由“条件关系”及“相当性”构成，故在判断是否存在因果关系时，应区分两个阶段，首先应认定其条件上的因果关系，如为肯定时，再认定条件的相当性。英美法系对因果关系的认定采取的也是两个阶段的思考方法：首先认定事实上的因果关系，以“But-for”（若无，则不）作为判断标准并由陪审团认定，然后再认定法律上的因果关系，以

① 艾尔肯：《论医疗损害赔偿责任中因果关系理论》，《辽宁大学学报（哲学社会科学版）》2007 年第 5 期，第 147~149 页。

② 薛贵浜：《医疗损害因果关系的法理研析——以英美法为视角》，《江西社会科学》2010 年第 9 期，第 188~190 页。

direct（直接），proximate（接近）或 foreseeable（预见）作为判断标准。

3. 医疗损害赔偿责任中的因果关系，其表现形式是多样的，既有一因一果关系，也有多因一果关系、连锁因果关系、异步因果关系以及助成因果关系等。因此，在判断因果关系时，应当区分不同情形进行认定。所谓一因一果是指原因和结果均为单数，原因为行为人的单个加害行为，结果为受害人单纯的损害后果。在医疗损害赔偿纠纷案件中，表现为某一医务人员的失职行为导致患者人身受到损害。所谓多因一果关系是指原因为复数，结果为单数，原因为多个行为人的多个加害行为，结果为受害人的单一损害结果。在医疗损害赔偿纠纷案件中表现为，由两个或者两个以上的医务人员同时过失，共同导致患者人身受到损害。连锁因果关系与多因一果关系基本相同，也是原因为复数，结果为单数，原因为多个行为人的多个加害行为，结果为受害人单一损害结果，但这些加害行为不是同时发生的，而是前后相继发生的。这种形式的因果关系在医疗损害赔偿纠纷案件中表现为，两个或两个以上的医务人员前后相继的过失行为导致患者人身受到损害。异步因果关系是指患者损害结果的发生是部分行为人在另一部分行为人过失所致的损害结果的基础上因过失而造成的。例如，受害人因交通事故而受重伤，由肇事者送往医院抢救，值班医师借故推诿拒绝收治，致使受害人在转移至其他医院的过程中死亡。而所谓助成的因果关系，则是指患者的损害后果是医务人员的过失和患者的过失或医务人员的过失与患者的特殊体质共同导致的。

4. 在医疗损害案件中，与因果关系联系密切的一个概念，是过错责任程度。所谓过错责任程度，是指在导致医疗损害结果发生的诸多因素中，医疗机构及医务人员的过失行为所占的比例。在确定医疗机构的赔偿责任时，应当充分考虑其责任程度的大小，合理确定赔偿额。之所以在医疗损害案件中强调过错责任程度，主要原因在于医疗结果的发生往往是由多种因素所导致的，即人们常说的“多因一果”。除了医疗过错的作用外，患者原有疾病对损害后果的发生亦有影响。在这种情况下，如果不考虑患者原有疾病对损害后果发生过程中所起的作用，对医疗机构来讲则是不公平的。需要说明的是，无论是医疗事故技术鉴定还是司法鉴定，尽管鉴定结论为医疗机构承担部分责任（主要、次要或轻微责任），但这并不意味着患者本人有责任（患方不配合治疗的除外）。在一般情况下，对于疾病的发生和发展演变，患者是无法控制的，因而患者也就不存在承担责任的问题。对此部分损害后果承担责任者，既不是患者，也不是医生，应当是疾病。

关于过错责任程度的判定，《医疗事故技术鉴定暂行办法》第 36 条规定，专家鉴定组应当综合分析医疗过失行为在导致医疗事故损害后果中的作用、患者原有疾病状况等因素，判定医疗过失行为的责任程度。根据医疗过失行为造成的损害后果，过失责任程度分为：(1) 完全责任，即损害后果完全由医疗过失行为造成；(2) 主要责任，即损害后果主要由医疗过失行为造成，其他因素起次要作用；(3) 次要责任，即损害后果主要由其他因素造成，医疗过失行为起次要作用；(4) 轻微责任，即损害后果绝大部分由其他因素造成，医疗过失行为起轻微作用。尽管目前关于《侵权责任法》生效后如何组织鉴定，根据《医疗事故处理条例》而构建的各级医学会医疗事故技术鉴定办公室是否继续存续等，尚无官方的任何表态或说明，但《医疗事故处理条例》中谈到的医疗机构的过错责任的概念是完全可以被借鉴的。实际上，首先提出过错责任程度和疾病参与度概念的是司法机构的鉴定人，《医疗事故处理条例》只不过是在制定时充分借鉴了这种观点。

在实践中，对完全责任的承担比例为 100%，人们没有异议。然而，主要、次要或轻微责任的承担比例又是多少呢？对此，我国现有法律没有明确规定。在司法实践中，责任比例划分的一般原则是：主要责任承担 70%~80%,；次要责任承担 30%~40%；轻微责任承担比例不超过 10%~15%。在绝大多数情况下，由于法官对医学专业知识缺乏了解，因此，往往是按照鉴定结论确定的责任比例进行判决。但是，如此比例划分并不是绝对的。严格来讲，责任比例的确定应当是法院的职权，而非鉴定人的。鉴定结论对责任比例的划分仅仅是法院确定医疗机构应承担责任的参考。

（三）机会丧失理论

1. 机会丧失理论的概况

传统侵权因果关系判定标准实行“全有或全无”的规则，即医疗损害案件注重判定是否存在因果关系，而忽视因果关系存在的可能性，这往往会出现不公平的结果。比如，当患者所患疾病治愈率低于50%，医疗过错行为导致丧失机会的几率也就小于50%，医方将不承担责任，导致患者无法获得赔偿。鉴于传统规则的不公平和不合理性，学术界一直存在争论，直到1981年由美国田纳西大学法学院的Joseph H. King教授最先提出来了完整的“机会丧失理论”。该理论认为机会丧失应当作为一种“损害后果”予以确定，如果医疗过错导致患者的治愈机会或者生存机会减少，那么医疗机构就必须为这种机会的减少承担责任。

我国是成文法国家，现行的法律体系中并无有关机会丧失概念或理论的规定，但一般认为传统的因果关系理论已经难以适用现代社会中的纠纷案件。然而在司法审判实践中以机会丧失为由判决的案例却并不少见。2010年某中级人民法院在审理一起医疗纠纷案件中①，首次将“机会丧失”作为损害事实予以认定并作出判决，随后应用“机会丧失”作为损害事实的案例逐年增多。

2. 机会丧失医疗损害的侵权构成

医疗损害的认定：医疗损害的认定首先需要区别的是医疗过错行为造成的损害还是外伤或者疾病本身造成的损害，这是判断因果关系的前提，其次需要确定损害的类型，是丧失生存或者康复机会还是丧失机会附带的其他损害，如增加住院时间、增加住院费用、造成精神损害等。

因果关系的认定：医疗过错行为与损害后果之间是否存在因果关系是判定案件是否构成侵权的必要条件。应用机会丧失理论的难点就在于因果

① 张长全、杨振、郭亚东等：《机会丧失理论在医疗损害诉讼中的应用探讨》，《中国司法鉴定》2018年第2期，第47页。

关系的认定。目前，有多种学说被提出以增加理论应用的可操作性，如“实质可能说”、“机会损失赔偿说”、“比例因果关系说”。

机会丧失率的认定：根据损害后果的形式不同，机会丧失率的计算方法略有差异，简单来说是两个几率的差值。如果损害后果是机会丧失生存机会，计算方法是患者在医疗过错行为发生前后的生存率的差值，如果损害后果是丧失康复机会则是医疗过错行为发生前后治愈率的差值。例如，某位患者在诊疗前生存率或者康复率是A%，在发生医疗过错行为之后，患者的生存率或者康复率降为B%，那么机会丧失率是A%与B%的差值。

第五节　对完善我国医疗过失司法认定制度的建议

医疗过失司法认定中存在诸多问题，一方面是由于立法的缺失、失调所致，另一方面则由于适用《医疗事故处理办法》以来审理医疗损害赔偿案件形成的“路径依赖”所致。如果能够通过统一立法明确医疗过失的认定标准、认定主体以及证明程序等问题，这两方面问题即可迎刃而解。为此，本书建议：

一、进一步细化医疗过失的认定标准

医疗过失是医疗侵权案件审理中的主要问题之一，《侵权责任法》对其基本规定比较笼统和粗糙，但其作用对化解和消除之前普遍存在的适用《医疗事故处理条例》关于医疗事故过失“屏蔽”医疗过失的行为具有很大的进步。至于医疗过失的认定标准，前文已经从理论上予以充分讨论。《侵权责任法》立法本意结合了我国“医疗常规说”和“执业标准说”，对医方过错采用了局部的“过失推定”准则。国内一些医科院校的教师认为构建综合性医疗事务法律体系是国际趋势，建议制定统一的《医疗事故法》或者《医事法》，将医疗过失的认定问题的实体与程序方方面面的内容统统加以规定。这种观点有一定可取之处，笔者不反对从研究的视角建立跨学科的综合性的《医疗事务法》或称《医事法》。

二、将医疗过失的认定权回归法院

首先，作为一般侵权行为构成要件的过失，是法院判决当事人承担民事责任的重要因素，因此，法院是且只能是医疗过失的认定者。

其次，无论大陆法系还是英美法系，对医疗过失的认定正走向推定，而这种“推定权”显然只能由法院享有，其他任何人、组织不得随便推定。鉴定机构仅具有确认医疗行为是否违背医疗常规，以及如果违背时该行为是否是原告所称损害后果的原因，以及原因力的大小的“权力”，法院在鉴定结论是否违背医疗常规的基础上认定医疗行为是否存在过失，再结合其他因素，确定法律责任的承担。因此，我们应当改革审判实践中将医疗过失的判定权交给不同的鉴定机构分别鉴定的做法，让医疗过失的认定权“回归”法院，由法院通过专业的合议庭加以甄别、判定。与此同时，还应抛弃对鉴定的崇拜和依赖，由医患双方通过专家证人对医方是否尽到医疗注意义务展开充分证明，于法庭公开质证和辩论，专业合议庭制度下的法官自然能明白，并对医疗过失作出司法认定。

当然，将医疗过失的认定权回归法院，并不否定医疗过失鉴定存在的价值，而是在制度设计上，一方面最大限度地提高鉴定的科学性、公正性，另一方面加强法院对医疗过失独立判断的地位和能力。在处理医疗审判与鉴定的关系问题上，日本的改革实践或许有借鉴意义。2001 年 7 月，日本最高法院实施了重大改革，提前选定了鉴定候补者，并从医学界、法学界和一般有识之士中选取一定比例的人士组建了医疗事务关系诉讼委员会。为了解决鉴定的公正问题，由法院与医疗机构联手遴选鉴定人。①

三、引入专家证人替代或补充鉴定制度

法官在面临专业问题时，一般需要专家证据。专家证据的产生大致有

① ［日］植木哲：《医疗法律学》，冷罗生等译，法律出版社 2006 年版，第 50 页。

两种方式：一是聘请专家在法庭上对某些问题发表意见，二是由专家（机构）就某个事实进行鉴定。可见，法院在面临医疗过失的判断时，不一定都要去鉴定。审判实务中，医方几乎都通过请鉴定机构来证明自己的清白，从而使得鉴定成为医疗纠纷诉讼的“必由之路”。实际上，引入专家证人作为现行鉴定制度的补充或替代，在开庭时同步最大可能地接受当事人双方的质询，即能弥补鉴定结论集体作出、无人愿意出庭接受质询的弊端，又有利于法庭简便迅捷地认定医疗过失，从而及时结案，维护当事人的合法权益。

四、组建专业审判庭

法院应当选拔培训一些有医学背景的法官组建专业合议庭，由其专门审理医疗侵权案件。这方面日本改革实践有借鉴意义。从 2001 年 4 月开始，日本东京地区法院民事四部和大阪地方法院民事二部中设置了医疗案件集中处理部。

诚然，我国的法官中比较缺乏专业的审判人员，在法院，尤其是在基层法院组建专业的审判庭还存在队伍建设问题。但是，聘请专业陪审员参与民事案件的审判，已经为许多法院所践行，有些法院所实行的专业化合议庭制度也为此积累了有益的经验。因而，在目前，可以聘任医学专家担任陪审员组成合议庭参与医疗纠纷案件的审理。从长远来看，应该积极招聘和培养既懂法律又懂医学的复合型人才，组合专业合议庭。我国已有一批既研究法律又研究医学的跨学科人员，每年都有大量的法律硕士毕业生，其中不乏本科医学背景的毕业生，建设一支医疗纠纷案件审理的专业队伍应当不是问题。

第七章 医疗损害责任归责原则

第一节 归责原则的含义及其意义

一、归责原则的含义

归责即一定的行为或物件致人损害的事实发生以后，在法律上依据一定的标准判断责任由何人承担。而侵权的归责原则实际上是归责的规则，它是确定行为人侵权民事责任的根据和标准，也是贯穿整个侵权行为法，并对各个侵权法规范起着统帅作用的立法指导方针。一定的归责原则直接体现了统治阶级的侵权立法政策，同时又集中表现了侵权法的规范功能。杨立新教授认为：“侵权责任归责原则，是指确定侵权行为人侵权损害赔偿责任的一般准则，是在损害事实已经发生的情况下，确定侵权行为人对自己的行为以及与自己具有特定关系的人或者物件所造成的损害是否需要承担民事赔偿责任的原则。”① 张新宝教授认为：“侵权责任归责原则，是指以何种根据确认和追究赔偿义务人的民事责任。它所解决的是侵权的民事责任之基础问题。”②

笔者认为，侵权责任的归责原则是从各种具体侵权行为的归责过程中

---

① 杨立新：《侵权行为法专论》，高等教育出版社 2005 年版，第 68 页。

② 张宝新：《中国侵权行为法》，中国社会科学出版社 1998 年版，第 42 页。

抽象出来的，待损害事实发生后，据以确定行为人或行为人的相关利益者（如雇主、无民事行为能人的监护人）是否承担民事赔偿责任的较为概括的标准和依据。

二、归责原则的意义

（一）理论研究层面

侵权归责原则所解决的是侵权责任的责任依据、基础或者标准问题，因而它成为《侵权责任法》（以下简称“侵权法”）的统帅和灵魂，是侵权法的理论核心，是打开侵权法理论的钥匙。有学者断言，任何人试图对侵权法的基本理论进行探讨，都不可能回避这一问题。归责原则贯穿于整个侵权法之中，集中体现了侵权法的价值功能，因而成为对各个侵权法规范起统率作用的立法指导方针。

（二）司法实践层面

侵权归责原则是判断行为人是否应该承担民事侵权责任的直接依据，是司法人员处理侵权纠纷所应当遵循的基本准则。侵权案件纷繁复杂，司法人员只有准确地掌握了侵权责任的归责原则，才能正确认定各类侵权行为的责任性质，正确适用法律。在我国现阶段，准确掌握归责原则对司法人员正确处理侵权案件，充分保护公民的合法权益具有重要意义。

（三）现实生活层面

适当的侵权归责原则，可以避免动辄得咎的法律陷阱或肆意妄为的法律黑幕，从而最终“使社会中各个成员的人身和财产得到保障，使他们的精力不必因操心自我保护而消费殆尽”①。对于民众而言，了解侵权归责原

① 张振亭：《试论侵权责任法归类原则体系》，《商场现代化》2020 年第 11 期，第 152 页。

则，有助于我们领悟侵权法的实质，便于在自己合法权益遭受损害时，明了举证责任如何分配等，以便及时、准确、合理地获得赔偿；同时，也可以明晓自己行为的界限，从而既不至于缩手缩脚，进又不至于恣意妄为。①

三、侵权责任归责原则体系的理论争议

侵权责任归责原则体系，就是研究如何整合各个归责原则组成的具有内在逻辑联系的系统结构，使得各个原则相互协调，从而有效地实现各类侵权纠纷责任的归属，充分实现侵权法的功能。

（一）一元归责原则体系说

一元体系说认为，过错责任原则是侵权法的唯一归责原则。无过错责任，实际上是特殊的推定过错责任，而过错推定责任原则中的过错推定，理解为一般推定过错，从而把无过错责任（特殊的推定过错责任）、推定过错责任并列统一于过错责任下。而公平责任原则的内容不属于侵权责任的范畴。

（二）二元归责原则体系说

二元体系说认为，侵权行为法的归责原则是二元制，即过失责任原则与无过失责任原则并列。而所谓的公平责任多半是赔偿标准问题而不是责任依据问题。而公平原则，尽管是侵权法的基本原则，但不是侵权法的归责原则。因为公平原则是指导性的，无论过错原则还是无过错原则都必须体现公平，而且公平原则不能成为法院确定是否承担侵权责任的裁判依据。

（三）三元归责原则体系说

三元体系说内部又有许多分歧，有三种典型观点。第一种观点认为，

① 张振亭：《试论侵权责任法归责原则体系》，《商场现代化》2010 年第 11 期，第 152~154 页。

一般侵权损害，适用过错责任原则；特殊侵权损害，适用无过错责任原则；无行为能力人致人损害而监护人不能赔偿的特别案件，适用公平责任原则。第二种观点认为，我国民事侵权归责体系是由过错责任原则、严格责任原则、公平责任原则所组成的。过错责任原则是适用一般侵权行为的一般原则，严格责任是适用各种特殊侵权行为的原则，而公平责任是为弥补过错责任的不足、补救当事人的损害而存在的一项归责原则。其中过错责任原则表现为两种方式：一是一般过错原则；二是推定过错原则。第三种观点认为，我国侵权行为法的归责原则应是由过错责任原则、过错推定原则和无过错责任原则三个归责原则构成，三个原则各自调整着不同的侵权行为。

目前，民法学界普遍认为一元归责原则体系已不适应当今社会经济发展的要求。归责原则的多元化已成为侵权法的发展趋势。多元化归责原则体系争议的焦点主要表现在公平责任原则能否成为独立的归责原则以及过错推定是包含在过错责任原则中还是把它独立出来。

第二节　医疗损害责任的归责原则体系及适用范围

一、2002 年 4 月 1 日前的医疗侵权归责原则

在 2002 年 4 月 1 日《最高人民法院关于民事诉讼证据的若干规定》实施之前，我国法院在审理医疗损害案件时，采用的归责原则是过错责任原则。

根据过错责任原则，受害人负有举证责任，即受害人应举证证明致害人存在过错，且过错与受害人损害后果之间存在因果关系。这种证明责任对患者家属来说是非常不公平的。医疗专业性极强，而且当时证明医疗机构的重要证据之病历资料由医疗机构掌握，在这种情况下，患者根本无法履行举证义务。

1987 年 1 月 1 日起实施的《医疗事故处理办法》对医疗责任实行的是

过错责任原则，并严格适用。受害患者或者家属一方即使能够证明医疗机构及其医务人员有一般过失即医疗差错，也不能获得赔偿，而是损害必须达到一定程度并构成责任事故或者技术事故的，受害患者或家属才能获得救济，且只能获得限额补偿。

《医疗事故处理条例》也确定了医疗损害责任适用过错责任原则。该条理第 2 条规定："本条例所称医疗事故，是指医疗机构及其医务人员在医疗活动中，违反医疗卫生管理法律、行政法规、部门规章和诊疗护理规范、常规，过失造成患者人身损害的事故。"《医疗事故处理条例》一方面规定了医疗损害适用过错责任原则，另一方面规定了过错的认定标准。而在司法实践中，对于不构成医疗事故的，虽然在赔偿责任方面不尽如人意，但法院在审理此类案件时，同样采用过错责任原则。因此，在主要由《医疗事故处理条例》调整医疗损害责任时期，我国医疗损害责任归责原则一般采用过错责任原则。

二、2002 年 4 月 1 日后的医疗侵权归责原则

基于医疗侵权案件中患者举证困难，最高人民法院于 2001 年 12 月 16 日发布了《最高人民法院关于民事诉讼证据的若干规定》，并于 2002 年 4 月 1 日起实施。其中第 4 条第 1 款第 8 项规定，因医疗行为引起的侵权诉讼，由医疗机构就医疗行为与损害后果之间不存在因果关系及不存在医疗过错承担举证责任，即"举证责任倒置"。根据该证据规则，在医疗侵权案件中，医疗机构应就其医疗行为不存在医疗过错、医疗行为与损害后果之间不存在因果关系承担举证责任，如果医疗机构不能举证证明上述事项，则法院可推定医疗机构存在医疗过错、医疗行为与损害后果之间存在因果关系。因此，这个时期的医疗损害责任归责原则主要为"过错推定原则"。

三、《侵权责任法》医疗损害责任法归责多元化

长期以来，医疗损害案件的处理一直为学界与实务界所关注，学界对

于医疗损害案件是否为一种独立的侵权类型存在分歧。《侵权责任法》对医疗损害责任的归责原则也作了明确规定。对不同医疗损害采用不同的归责原则，主要包括以下几种归责原则：

（一）医疗技术损害责任适用过错责任原则

《侵权责任法》第54条规定："患者在诊疗活动中受到损害，医疗机构及其医务人员有过错的，由医疗机构承担赔偿责任。"医疗技术损害责任纠纷案件适用过错责任原则确定侵权责任。据此，确定医疗机构承担侵权赔偿责任，应当具备侵权责任的一般构成要件，即损害事实、因果关系和医疗过错。在证明责任上，实行一般的举证责任规则，即"谁主张，谁举证"，各要件均须由受害患者承担举证责任。

什么是过错，法律没有明确的规定。王利明教授认为，所谓过错，是指行为人通过违背法律和道德的行为表现出来的主观状态。① 具体到医疗损害责任民事案件中，过错的归责意义特指过失。如果医务人员在实施诊疗的行为中故意造成患者死亡、残疾等损失，就会构成故意伤害罪或故意杀人罪。因此，民事过失在归责层面不在于行为人的行为是否出于疏忽或者怠慢，而在于行为人的行为是否违反了对他人的注意义务。行为人承担过失责任的根据就是行为人对他人的注意义务是否违反。在医疗纠纷案件中，判断医务人员是否存在医疗过错时，主要是审查其是否尽到了医务人员应尽的注意义务，即医疗过失。

（二）医疗伦理损害责任适用过错推定原则

《侵权责任法》第58条规定："患者有损害，因下列情形之一的，推定医疗机构有过错：（一）违反法律、行政法规、规章以及其他有关诊疗规范的规定；（二）隐匿或者拒绝提供与纠纷有关的病历资料；（三）伪造、篡改或者销毁病历资料。"

---

① 王利明、杨立新：《侵权行为法》，法律出版社1996年版，第69页。

推定是指根据已知的事实，对于未知的事实进行推断和确定。过错推定，也称为过失推定，是指如果原告能证明其所受的损害是由被告所致，而被告不能证明自己没有过错，则应推定被告有过错并应负民事责任。举证责任倒置与过错推定具有非常密切的联系，前者是后者的重要特征。

该条规定了三种情况下实行过错推定原则。第一种情况我们需要注意的是医务人员有过错与违反法律、行政法规、规章以及诊疗常规的规定是不同的概念。例如，遇到抢救危急患者，医务人员可能会采取非正常的规范救助患者，因此，如果医疗机构能够证明在此情况下是合理的，就可以排除医疗机构的责任。

《侵权责任法》第 61 条规定了医疗机构保管病历的义务，只是没有明确如果违背了保管义务的归责原则。本法第 58 条之所以要将病历资料的保管义务纳入过错推定责任，是因为按照《医疗机构管理实施条例》的规定，病历资料等相关资料可以作为举证的材料都由医疗机构管理保存，如果医疗机构故意不提供或者伪造、篡改和销毁材料，就难以查明事实真相。此种情况被称为证据妨碍。因此，享有获得病历资料证据优势的一方，医疗机构如果隐匿、拒绝提供、伪造、篡改或者销毁病历资料，当然应当推定其有过错。

（三）医疗产品损害责任适用无过错责任原则

《侵权责任法》第 7 条规定：“行为人损害他人民事权益，不论行为人有无过错，法律规定应当承担侵权责任的，依照其规定。”该法律条款确定了我国侵权责任认定的无过错责任原则。所谓无过错，是指无论行为人有无过错，但法律规定应当承担民事责任的，也应当承担民事责任。无过错责任是一种严格责任，因此只有在法律明文规定的情况下才能适用。

《侵权责任法》第 59 条规定：“因药品、消毒药剂、医疗器械的缺陷，或者输入不合格的血液造成患者损害的，患者可以向生产者或者血液提供机构请求赔偿，也可以向医疗机构请求赔偿。患者向医疗机构请求赔偿的，医疗机构赔偿后，有权向负有责任的生产者或者血液提供机构追偿。”

对医疗机构使用有缺陷的医疗器械、消毒药剂、药品以及输血等造成患者人身损害的医疗产品损害责任，应当适用无过错责任原则，其损害赔偿责任的构成要件不要求有过错，只要具备违法行为、损害事实和行为与损害之间有因果关系三个要件，即构成侵权责任。

因药品、消毒药剂、医疗器械的缺陷造成患者人身损害的医疗产品损害责任适用产品责任的无过错责任原则的理由是，药品、消毒药剂或者医疗器械具有缺陷，其实就是产品有缺陷，原本就可以直接适用《侵权责任法》关于产品责任的规定确定侵权责任。对此，应当依照《侵权责任法》第 41~43 条规定的规则，患者可以向医疗机构要求赔偿，也可以向生产者、销售者要求赔偿。医疗机构赔偿后，属于生产者、销售者责任的，有权向生产者、销售者追偿；如果医疗机构在使用医疗产品中有过失，则医疗机构应当承担最终责任。

因输入不合格的血液造成患者人身损害的，尽管血液是人体组织，不具有物的属性，但其已经脱离人体，是人体的衍生物，具有一定程度的流通性，对其适用严格责任符合侵权责任法归责原则体系。

（四）公平分担损失原则

《侵权责任法》第 24 条规定："受害人和行为人对损害的发生都没有过错的，可以根据实际情况，由双方分担损失。"由于该条款规定在《侵权责任法》的总则部分，根据法律条款适用原则，在分则部分没有特别规定的情况下适用总则部分规定，因此，尽管在第七章没有对该原则加以规定，但该原则同样适用于医疗损害赔偿案件。

第三节　各国或地区医疗损害责任归责原则的比较研究

在了解了我国医疗损害责任制度发展历程以及当前面对的问题后，为了更好地解决医患纠纷，确定医疗损害责任的归责原则，我们应当认真研究国外关于医疗损害责任归责原则的立法，以及这些法律在该国产生的实效，通过比较、分析、归纳、总结，充分借鉴各国立法中的先进之处，才能够在理论和实践上为我国医疗损害责任归责原则作出正确指引，以较好解决当前医患矛盾激烈、医疗纠纷不断问题。

一、法国医疗损害责任归责原则的立法

法国起初因医疗行为产生的纠纷并不由法律来调整，而是属于道德范畴，这样的情况直到近代才发生改变。法国在医疗损害责任的相关规定上有其特殊之处，其责任分为“国家赔偿责任和民事赔偿责任”①，其中公立医院承担国家赔偿而私立医院则承担司法责任，但无论怎样的赔偿责任，都实行的是过错责任原则。医疗过错在法国的损害责任制度当中是判定是否承担责任的关键因素。另外在法国的医疗损害责任制度当中过错形态的分类是非常值得我们借鉴的，他们将过错分为医疗科学上的过错和医疗伦理上的过错。其中医疗科学上的过错是指医疗机构及其医护人员在“病情的检验诊断、治疗方法的选择，治疗措施的执行以及病情发展过程的追踪或术后照护”等行为中，存有不符合当时医疗技术水平的行为。医疗伦理过错是指医疗机构及其医护人员在医疗过程中，有“未对病患充分告知或者说明其病情，未提供病患及时有用的医疗建议，未保守与病情有关的各种秘密，或未取得病患同意即采取某种医疗措施或停止继续治疗”等情形，而违反了医师在医疗职业伦理上应当遵循的准则，又具体分为医疗资讯上的过错和病患同意的过错。

法国公立医院和私立医院不同的赔偿制度和将过错分为医学技术上的过错和医疗伦理上过错的做法是值得我们借鉴的。在市场经济条件下，我国也出现了为数不少的私立医院，例如全国各地都有主要以盈利为目的的整形美容医院，笔者认为，区分公立医院和私立医院不同责任的做法，对我们调整医患纠纷、处理不同目的的医疗行为有着重要意义。

---

① 杨立新：《论医疗损害责任的规则原则及体系》，《中国政法大学学报》2009年第2期，第65页。

二、德国医疗损害责任归责原则的立法

在研究德国的医疗损害责任制度的时候，我们发现在德国医院与患者自行协商和向医生联合会请求调解也是解决医疗纠纷的重要方式。患者与医院之间出现了医疗纠纷，首先通过协商，如果协商不成，患者一方可以向医生联合会请求，由医生联合会对医疗纠纷作出鉴定，并进行调解。这种处理医患纠纷的方式有两大优点，一是调解并不收取当事人的费用，二是调解时间较短，通常在一年内能够把纠纷调解完毕。笔者认为，这种解决纠纷方式，有利于及时处理纠纷，维护当事人的合法权益，对医患关系的良好解决有着重要的作用。

德国对于医疗纠纷的处理尚无专门的法律规定，面对医疗纠纷时，他们主要依据民法典中关于服务合同的规定和侵权责任主要是雇主责任的规定来处理。德国《民法典》第 823 条侵权行为的损害赔偿义务中规定，“（1）因故意或者过失不法侵害他人生命、身体、健康、自由、所有权或者其他权利者，对他人因此而产生的损害负赔偿义务；（2）违反以保护他人为目的的法律者，负相同的义务。如果根据法律的内容并无过失也可能违反此种法律的，仅在有过失的情况下，负赔偿义务”。由此可知，在按照侵权责任来处理医疗损害时，德国采用的是过错责任原则。在德国的立法当中，对过失和因果关系作出认定时，并不是完全由原告方举证，而是采用“表见证明”规则，使原告的举证责任予以减轻或者进行转换。表见证明规则，又称为“大概的证明”，系指依据经验法则，有特定之事实，即发生特定典型结果者，则于出现该特定结果时，法官在不排除其他可能性的情形下，得推论有该特定事实存在。“表见证明”规则源自英美法上的“事实本身说明过失”原则，最初只适用于侵权行为诉讼，以解决被害人对故意过失举证困难的问题，其后扩张至因果关系证明领域。同时，德国实务创设重大医疗瑕疵原则，认为“医师有重大医疗瑕疵的情形，病人就其所受损害与该医疗瑕疵间因果关系的举证责任，为减轻或转换，而由

医师反证其重大医疗瑕疵与病人之损害无关”①。由此可见，德国医疗损害责任的归责原则为过错责任原则，在特定情况下，实行举证责任减轻或者转换，以缓和受害人的举证责任，而由医疗机构及医务人员承担举证责任，以平衡医患之间的诉讼利益关系和医疗信息不对称的实际状况。

在德国的立法及司法实践中，“表见证明”规则对于合理地调整过错责任原则下举证责任的分配有着重要作用，能够使患者和医疗机构在诉讼中处于比较公平的地位。重大医疗瑕疵原则对于规范医疗机构及其医务人员的医疗行为，使他们尽到自己应尽的注意义务也有着重要作用。德国的上述独特的制度设计对于我们如何构建自己的归责原则体系是值得借鉴的。

三、日本医疗损害责任归责原则的立法

日本处理医疗纠纷主要是以违反契约的债务不履行和民法中一般侵权损害赔偿责任的相关规定为依据。《日本民法典》第709条规定，因故意或过失侵害他人权利时，负因此而产生损害的赔偿责任。可见日本在处理医疗纠纷时采用的是过错责任之归责原则。在过错责任的归责原则之下，有“大致推定”规则作为解决医疗纠纷的一套制度。

“大致推定”规则，指在侵权行为损害赔偿中，如依一般情况判断可认为“非因过失损害不致发生”，此时若原告能证明损害已发生及有所谓“非因过失损害不致发生”的情形存在，则可大概推定被告有过失，在这样的情形下，被告必须就其行为无过失或者不存在疑点举出证据，否则将面临败诉的判决。“大致推定”原则的目的在于减轻被害人的举证负担，其主要用于过失的证明，也有用于因果关系存在的证明。“大致推定”原则的地位，居于“事实本身说明过失”原则和“表见证明”理论两者之间，就其效力而言，近乎“表见证明”理论，但就推定的对象来看，又偏

① 朱柏林、詹森林等：《医疗过失举证责任之比较》，台湾元照出版公司2008年版，第60页。

向于过失的存否，较接近“事实本身说明过失”原则。由于日本实务见解所建立的“大致推定”原则，大多运用于过失的认定，较少运用于推定加害行为与损害之间的因果关系，因此也有学者称之为“过失的大致推定”原则。

日本罪判昭和32年（1957）5月10日和最判昭和39年（1964）7月28日两个判决①中，虽然未明确提出“大致推定”之用语，但就其内容来看，“大致推定”已经在审判中得到了应用。该两案例均系接受医师注射后引起患者注射部位化脓伤害之损害赔偿事件，前者在判决中指出：“注射液之不良或注射筒的消毒不完全，均足以成为诊疗行为之不良后果，即使原告仅能推断其中之一为果实，亦不能认为其关于过失之认定不明或不确定。”后者则认为，“这些消毒的不完全（指原审判决所推断感染葡萄状球菌之三种可能原因：施行手术者之手指或在患者注射部之消毒不完全）都是足以成为诊疗行为（即麻醉注射）的过失，鉴于医师诊疗行为之特殊性，纵使无法具体确定其中何者消毒不完全，但也不能据以认定过失之事实不完全”。上述两判决所作的这种选择性的事实认定，虽然具有多重选择之任何一个事实都未能达到足以形成确实心证之证明程度，但因为有注射后化脓这种客观现象的经验原则存在，故承认化脓之结果与上述“某一个”过失行为间应具有因果关系。

综上，我们可以看到，日本在医疗损害责任方面是采用了过错责任的归责原则，并学习了德国的“表见证明”规则和英美的“事实本身说明过失”原则，形成了自己的“大致推定”规则来调整举证责任分配，并平衡患者和医疗机构在诉讼中的不平等。

四、美国医疗损害责任归责原则的立法

20世纪70年代，在美国医疗损害赔偿费用的不断飙升引发了美国医

① 最判昭和32年5月10日判决，民集第11卷第5号，第715页。
最判昭和39年7月28日判决，民集第18卷第6号，第1241页。

疗事业以及医疗损害责任的改革。时至今日，美国依旧在探讨新的医改方案。美国的医疗损害责任采用过失责任主义，即医务人员未尽注意义务致使患者发生损害，需负损害赔偿责任。在美国的侵权行为法当中值得我们借鉴的是“事实本身说明过失原则”（Res Ipsa L，oquitur），该词来源于罗马法，原为“事实说明自己”的意思。这一规则规定在1986年4月《美国侵权行为法第二次重述》第328条，事实本身说明过失原则的成立要件有三个：“（1）该事件必须属于若无过失通常即不会发生者（2）包括原告及第三人在内的其他归责原因，均须已为证据所充分排除（3）过失发生在被告对于原告的义务范围内。”

美国目前已有34个州将“事实本身说明过失原则”成功地运用于医疗损害赔偿诉讼以减轻原告的举证负担。以加利福尼亚州为例，该州法院首次将这一原则运用于医疗损害赔偿诉讼是在1916年的Myer v. Mcnutt Hospital一案中。在此之前，法官判断医师是否有过失时，往往因为考虑到医学科学并非“精密的科学”，不可能精确地理解人体构造，且医疗行为纵使已尽最大注意义务，也可能产生不好的结果，因此拒绝将这一原则适用于医疗损害赔偿诉讼案件。但是随着医师与患者之间存在的举证责任分配不公平问题日趋严重，法院基于利益衡平之考量，逐渐改变态度，倾向于在医疗诉讼中使用这一原则。

五、对各国或地区医疗损害责任归责原则的比较分析

以上几个国家对于医疗损害责任的规定，在归责原则方面都采用了过错责任的原则，在具体的规则制度上又有着他们的特殊之处，法国公立医院和私立医院不同的赔偿制度，德国的解决医患纠纷的多种方式以及“表见证明”规则，日本的“大致推定”原则和美国的“事实本身说明过失”原则，对我国医疗损害责任制度的良好设计都有着重要的启发和指引。比较以上各国或地区医疗损害责任的归责原则，可以得出以下结论：

第一，各国或地区医疗损害责任的基本归责原则是过错责任原则，一般不适用无过错责任原则。

第二，在某些医疗损害责任案件中适用过错推定原则，但均须明确规定，而不是一律适用过错推定原则。例如，在法国，除了医疗科学过错应当适用过错责任原则外，医疗伦理过错实行过错推定原则，无论是医疗资讯过错还是患者同意过错，都可以因医疗机构未履行告知义务而直接推定医疗机构的过失，承担损害赔偿责任。

第三，即使在对医疗损害责任适用过错责任原则的情况下，通过证据规则确定举证责任缓和，仍然可以甚至应当减轻受害患者一方的举证责任，还明确规定在某些情况下可以在原告证明一定的程度之后，推定医疗机构的过错和因果关系，据此确定侵权责任。可以确定的是，各国或地区的侵权法确实没有规定直接推定医疗机构过错和因果关系规则的先例。

第四节　我国多元化医疗损害责任归责原则的优势及缺陷

一、我国医疗损害责任归责原则的多元化选择

《侵权责任法》确立了我国的医疗损害责任的归责原则为过错责任原则、过错推定原则、无过错责任原则共同适用，即目前我国的医疗损害责任适用多元化的归责体系。笔者认为，这种多元化归责体系是科学的、必需的，是符合我国国情的。原因有三：

其一，从医疗损害责任的内容来看，医疗损害责任有因违反医护人员职业道德方面产生的责任，有直接因医疗技术本身而产生的责任，也有因医疗产品如医疗器械、血液制品等使用方面产生的责任，这些责任在过错证明的难度上存在着较大的不同，在性质认定上也存在着很大的差异。如果试图简单地将一种归责原则适用于所有的医疗损害责任，明显是不合理的，在实践中也是很难行得通的。所以，对医疗损害责任应当进行类型化的区分，针对不同的损害责任适用不同的归责原则，从而统一规制医疗损

害责任的归责原则体系。①

其二，从医疗损害归责原则多元化的价值上来看，适用归责原则的根本目的就在于平衡患者利益与医疗机构利益之间的关系。如果一律实行传统的过错责任，实行“谁主张，谁举证”，那么将由非专业的患者去承担专业性、技术性极强的医疗过错举证责任，其最终结果就是患者举证不能，虽遭受损害却无法获得公力救济。② 而如果一律使用无过错责任原则，这在医疗保险体系还不完善的中国，又难免会在无形中增加医疗成本，日久天长，医方和患方都必将不堪重负；将来还会导致大量的医生护理人员不敢从事医生这个职业，长此以往，医疗科学的发展脚步将终止，整个医疗行业将逐渐萎缩，最终受损害的依然还是患者。所以不能单一地将过错责任原则或无过错责任归责原则统一适用于全部的医疗损害责任中，而必须区分医疗损害责任类型，采用多元化的归责原则体系。

其三，从现有的法律规定来看，《侵权责任法》将“医疗损害责任”作为独立的一章作出明确的规定，基本上结束了之前医疗损害责任的法律适用杂乱无章的局面，使今后解决医疗损害纠纷的法律适用得到了统一。这无疑是科学的，也是先进的，也为在此章之下进行医疗损害多元归责原则的创立提供了立法技术上的条件，使我们具备了这样一个多元归责原则存在的成文法土壤。

二、我国多元化医疗损害责任归责原则的缺陷

虽然《侵权责任法》确立了我国医疗损害责任的多元化归责体系，并原则上确定了过错责任原则适用于医疗技术损害，过错推定原则适用于医疗伦理损害，无过错责任原则适用于医疗产品损害的归责原则，但在不同类型医疗损害责任适用不同归责原则的具体实践中，却存在着一定的适用

① 夏路：《论医疗损害责任归责原则》，华东政法大学 2010 年硕士学位论文，第 23 页。

② 曹艳林：《医疗侵权立法国外做法可借鉴》，《健康报》2009 年第 10 期，第 2 版。

缺陷：

（一）缺乏涉及医疗意外的归责原则

医疗意外是指医疗工作者在进行医疗诊断行为和医疗护理的过程中，因为不能克服的原因，对患者造成不能预料和不能防范的不良后果。对不能预见的要求不止要求行为对引起行为造成的结果不能预料，而且限于其实际能力和进行医疗行为时所存在的客观条件在进行行为操作时也是不可能预见的。一般来讲，医疗意外的发生都比较突然，超出人们以常规认识所能接受的范围，况且多数意外结果都比较严重。这就难免导致患者及其家属因为没有心理准备对此结果难以接受，因此纠纷的发生不可避免。例如，大家都知道每个人体质是不同的，对有些药物的反应程度不一样，拿大家熟悉的抗生素来讲，医学规定在普通的抗生素中青霉素和头孢类在注射前需做皮试，因为对其他抗生素过敏的人很少，但也不排除有，因此，在医疗行为中就会有特殊体质的人因对医学上没规定做皮试的抗生素过敏甚至死亡，这就属于因个别体质导致的医疗损害。侵权法没有涉及医疗意外的法律责任承担，在《侵权责任法》体系中提到公平责任原则，虽然公平责任原则不是一种独立的责任归责原则，但是它在处理这种双方都无过错的纠纷中起到了不可取代的地位。依据公平责任，对这种情况可以让医疗机构给予患者“补偿”，而不是“赔偿”，从而更好地维护社会正义。无论应该采用何种归责原则，对于这种在现实生活中经常出现的情况，法律应当予以明确。

（二）医疗伦理损害适用过错推定责任原则的缺陷

医疗伦理损害其实主要是指违反医疗伦理的消极的不作为情形，其归责原则适用过错推定责任原则。但《侵权责任法》在第 58 条中规定的三种过错推定的情形却并非如此。立法者的意图应该是针对第 54 条一般过错责任下患者方举证困难的问题，以第 58 条规定三种过错推定的情形来予以缓解，从而使患者方不至于因过错责任的举证门槛过高而承受过大的负担。但是，第58条第（一）项违反法律法规和诊疗规范的规定，却在实际上涵盖了医疗技术损害内容，而这一款却适用了过错推定责任原则。这就导致因医疗技术导致的病患损害，既可能应用过错责任原则，又可能应用过错推定责任原则，这在实践中非常容易造成混乱。而法律规定违反第58条第（二）项和第（三）项的，直接推定医疗机构存在过失，承担赔偿责任，但是在实践中如果医方隐匿、拒绝提供或伪造、篡改或者销毁纠纷有关的病历资料的，对医方过错的认定并不需要再进行推定，而是直接确定即可。如果此时再依照过错推定责任由医方进行举证责任倒置，反倒增加诉讼程序，浪费诉讼成本，因此医疗伦理损害适用过错推定责任原则并不科学。

三、我国多元化医疗损害责任归责原则的完善

《侵权责任法》确立了我国医疗损害责任多元化的归责体系，笔者认为，是科学的、必需的，是符合我国国情的，虽然其存在一定的缺陷，但我们可以根据医疗损害的致害原因、医患双方控制风险的能力和患者举证能力的高低，结合医疗损害责任的科学分类，重新划分新的不同的医疗损害归责原则，以促其完善。

（一）医疗技术损害责任应适用过错责任原则

2002年4月1日后至2010年《侵权责任法》实施前医疗侵权的归责原则是“举证责任倒置”。这种制度体现了法律对弱势群体的保护，降低了患者败诉的风险，但也产生了许多问题。第一，医疗纠纷数量增多。据调查，《最高人民法院关于民事诉讼证据的若干规定》加速了医疗纠纷案件数量的增长，2002年该类案件比2001年增长了150%，2007年更是比七年前增长了16.8倍，年增长超过43%。① 可见，过错推定原则大大提高了

① 北京市海淀区人民法院课题组吕京生：《关于医疗纠纷案件法律适用情况的调研报告》，《法律适用》2008年第7期，第48页。

患者胜诉的概率，患者愿意选择诉讼的方式解决纠纷，但这大大增加了司法成本。第二，医学科学受阻。医学科学的发展和实践经验的积累是不可分的，过错推定原则即采用举证责任倒置原则使得医务人员采取“防御性治疗”手段，用各种客观检查证据以保证自己无过失，对有利于诊疗方式的完善和进步但却有可能产生损害后果的诊疗行为不敢试用等，这不仅增加了患者的经济负担，而且会阻滞医学科学的进步。

通过域外比较发现，各国都将医疗过错责任原则作为医疗侵权诉讼的归责原则，“过错推定原则”只有极少数情况下适用，纵观我国医疗损害案件，“过错推定原则”时期医患关系不是放松反而更加紧张的客观情势，将医疗损害责任规定为一般的“过错责任原则”更为合理。各个国家和地区立法机关对无过错归责原则或者过错推定归责原则的使用非常谨慎，其一般都在民事实体法中加以明确规定。《侵权责任法》是实体法，它明确规定了三种情况下的过错推定原则，所以就目前来说，对于其他情形均应适用过错责任原则。

（二）医疗伦理损害责任主要适用过错责任原则，以过错推定为补充

医疗伦理损害主要是指违反医疗伦理的消极的不作为或乱作为情形。结合我国现阶段的国情，并参考国际上对医疗伦理道德的规定，笔者认为，医疗伦理应当主要包括五类：告知义务、保密义务、制作和保管义务、转诊义务及紧急救助义务。

1. 告知义务

告知义务是指必须让患者或其近亲属知道和疾病有关的信息，了解将采取的医疗措施，明确医疗行为将产生的后果，从而自己决定是否采取医疗行为。医师履行说明义务是对患者人格给予的最大尊重，是患者自我决定权的基础。

2. 保密义务

有人认为隐私权被侵犯与医疗行为无直接关系。但我们这里所指的

“隐私权”虽源于民法上的“隐私权”，但又与其不同，重点针对医疗过程中患者特有的隐私，主要是其疾病、身体健康状况的情况，这些基本上都是在医疗行为中被医师获得，且多是患者主动向医师提供以有利于疾病治疗，因此这种隐私与医疗行为有着直接联系。一旦患者隐私被泄露，造成的后果往往比普通情况严重很多，将会给其正常生活，与社会接触，尤其是就业造成极大的不利，从而造成患者甚至家人巨大的精神痛苦。

3. 制作及保管义务

医疗机构及其医务人员在医疗过程中，按法律规定或诊疗规范制作并妥善保管患者病历资料是医方的法定义务。但医方隐匿、拒绝提供或伪造、篡改、销毁与纠纷有关的病历资料，使患者在医疗纠纷中无法举证或举证不利，将会使患者直接承担败诉，无法得到司法救济的后果。

4. 转诊义务

医务人员在发现自己的技术水平或现有的医疗条件无法使患者的病情得到有效治疗时，应当及时主动提出并积极配合患者转诊，以便患者获得有效治疗。尤其是在我国这样一个医疗技术、医疗设备、医疗水平都极为参差不齐的国家，不能为了医疗费用等方面的一己私利，拖延、限制、禁止病人转诊。因此，明确医方的转诊义务，其重要性不言而喻，这也是对患者尽最大的忠实义务，否则，因延误诊治时机而给患者造成损害的，医方必须承担相应的侵权责任。

5. 紧急救助义务

医疗机构及其医务人员的紧急救助义务源于医疗行为的终极目的——救死扶伤。在患者病情严重急需迅速救助时，医方因患者无力及时缴纳医疗费用或其他主客观原因，拒绝对其进行及时、有效治疗，从而导致患者严重损害，甚至死亡的，医方应当承担相应的侵权责任。

以上五类医疗义务，基本可以涵盖现代医疗过程中因违反医疗伦理责任而导致医疗损害的情形。但是医疗伦理责任本身是个开放性的概念，笔者相信随着社会的发展和医疗保护的必要，一些符合标准的其他医疗义务也会逐渐被填充进此概念之中。

综上，笔者认为，在实践中这五类医疗伦理损害责任适用的归责原则应当以过错责任为原则，以过错推定原则为补充。因为医疗损害的致害原因、举证责任的难易、医疗风险的控制是划分过错责任和过错推定责任的基本标准。而如何确定并举证医疗技术方面的过错，是医疗损害责任中举证责任最大的难点。事实上，病患很少有能力对高度专业、高度复杂的医疗技术进行取证。而医疗伦理性的过错并非由医疗技术而起，只是和医疗行为相关，其中绝大部分是不作为或乱作为，是一种违反积极作为义务的过错。在现实的医疗活动中，医务人员所尽伦理责任具体体现在将患者的诊断、治疗、护理等相关信息详细地记载在患者的病历上，包括告知义务、转诊义务、求助义务等医疗行为应否履行、是否履行等也都可以通过病历资料充分体现。因此，一旦发生医疗损害，患者完全可以依据病历资料来追究医方违反医疗伦理的责任，即使病历资料被伪造、篡改或者销毁，医方对此承担责任的义务却不会改变。而这些在患者的举证能力上是完全可以实现的。

但是，如果医方的行为违反了相应法律法规、诊疗规范等对其应尽的医疗伦理具体情形的规定，为了最大限度地保护患者的利益，则可以直接进行过错推定，进行举证责任的倒置。原因在于医方违反相关规定的行为，本身过错的可能性极大，因此由医务人员承担举证责任的负担是符合举证责任分配的，也充分地平衡了病患双方的利益。

四、医疗产品损害责任仍适用无过错责任原则

《中华人民共和国产品质量法》第 2 条对“产品”的概念作了明确规定，而药品、医疗器械等医疗产品完全符合产品的定义。我国《中华人民共和国药品管理法》明确规定血液制品是药品，因此，血液制品也是产品的一种。根据《产品质量法》第 43 条之规定，因缺陷产品造成损害的，产品的生产者和销售者承担无过错责任。事实上，在我国，医疗机构也是销售者的一员。医疗药品、医疗器械、血液制品等产品都是医疗活动的辅助用品，其价格已经含在医疗费中，因此，这些医疗产品造成的损害责

任，实际上也是产品责任，医院必须承担无过错责任。

至于对输血导致的医疗损害，笔者认为，也应适用无过错责任，这完全是从保护患者利益和对医疗风险控制的角度来考虑的。我国现阶段发生的大量因输血感染病毒的案件是由于医方从不合格的血站采血或者是医方没有对血液进行充分的检查，这些几乎都是因为医疗机构没有尽到高度的注意义务而导致的损害。而实际上，医疗机构是有能力，也是有技术条件监控血液质量问题的。医务机构及其医务人员在采血、供血、输血的过程中，只有对每一个环节都尽到充分的注意义务，才能保证所提供血液的安全。因此，医疗产品损害适用无过错责任来对医疗机构予以规制，希望能对其起到虽然间接但足够的警示作用。

综上，医疗损害责任的归责原则内部是有机统一的。几种归责原则各司其职，各自承担着对不同部分的规制，但又共同配合，对医疗损害进行完整的救济，平衡医方和患方的利益关系，实现社会和谐稳定。

第八章　医疗损害的举证责任

第一节　举证责任分配的基本法理

一般认为，举证责任有两层含义，即行为意义上的举证责任和结果意义上的举证责任。行为意义上的举证责任简称行为责任，是指当事人对主张的事实有提供证据加以证明的责任；结果意义上的举证责任简称结果责任，是指在案件事实经证明处于真伪不明时不利诉讼后果由哪一方当事人承担。举证责任在根本上要解决案件事实真伪不明、法院又不能拒绝裁判时如何分配不利后果的问题，因此，举证责任的本质是结果责任。在分配上，行为责任是纯粹的诉讼法上的问题。为了便于查明案件事实，行为责任是当事人双方均需要履行的法律义务，法院可以要求当事人就相关事实提供证据。但结果责任则不同，结果责任决定着不利诉讼结果的归属，只能分配于一方。通常说的举证责任的分配，就是结果责任的分配。结果责任分配给哪一方当事人，哪一方当事人的行为责任实际上也要比对方重一些。

由于结果责任具有极其重要的实体法意义，直接关系到实体法的立法目的能否在诉讼中实现，因此实体法必然对举证责任给予关注。正因如此，举证责任本质上是个“两栖”问题，它横跨民事实体法和民事诉讼法两大法域……从本质上说，在双方当事人之间分配举证责任，是民事实体法与民事诉讼法在诉讼中的适用问题，换句话说，举证责任是民事诉讼法与民事实体法的结合问题。

举证责任分配的基本规则是"谁主张，谁举证"。《民事诉讼法》第64条第1款规定："当事人对自己提出的主张，有责任提供证据。"这即是对"谁主张，谁举证"的规定。例外规则是举证责任倒置。所谓举证责任倒置，是指一方当事人提出的主张不由其提供证据加以证明，而是由对方当事人承担举证责任。通俗地说，即谁主张，谁之对方承担举证责任。就具体案件而言，在主张事实为事实构成情况下（主张单一事实除外），举证责任倒置在其内容上通常不应当是全部倒置，而只能是部分倒置。实践中存在着所谓举证责任倒置即相关主张所涉及的事实要件全部倒置的认识，这显然是不正确的。由于举证责任倒置属于例外规则，且对于当事人利害甚大，一般而言，对可适用举证责任倒置的情况应尽可能在立法上作出明确的规定，仅在个别的情况下可由法官通过审判裁量加以确定。

第二节　医疗损害举证责任的变化

一、医疗损害举证责任的第一次变化

医疗损害举证责任分配可以分为三个阶段。2002年4月1日开始实施的《最高人民法院关于民事诉讼证据的若干规定》（以下称为《证据规定》），以此为界，在《证据规定》实施之前，医疗损害与其他一般侵权损害举证责任一样，实行"谁主张，谁举证"，由原告对医疗行为、患者的损害、医疗过错和医疗行为与患者的损害之间的因果关系加以证明，其中任何一个要件不能证明，原告都无法得到赔偿。在这期间患者因自身知识水平有限，在医疗活动中可能会因麻醉等原因而导致其不清楚被实施的医疗行为，许多情况下医方掌握着记载患者病情的病历资料以及患者离证据较远等因素的限制，患方在提供证据证明医疗过错以及医疗行为与患者的损害之间因果关系时存在困难，患方常因不能完成举证责任而承担不利的后果。患者通过诉讼途径寻求救济的大门被堵死，他们势必寻求其他途

径解决问题，这将会造成社会矛盾的进一步恶化和扩大。鉴于这种情况，最高人民法院在《证据规定》中把医疗纠纷列入举证责任倒置之列，即对医疗过错和因果关系的举证责任从患者承担转变为医方承担。变化的目的是为了更好地实现法律追求公平公正的价值，让举证能力较弱和距离证据较远的患方在遭受损害之后，能够不再像举证责任倒置规定实施之前因为举证能力的限制而不能获得赔偿。在对过错和因果关系实施举证责任倒置的情况下，患者的权利有了有力的法律保障。

二、医疗损害举证责任倒置的争议

（一）举证责任的意义

最高人民法院之所以对医疗过错和医疗损害因果关系实行举证责任倒置，主要是基于以下三点：首先，患方的医学知识非常有限，并且在治疗过程中也是处于被动服从的地位；医疗机构则通过检查、化验等诊疗手段掌握和了解患者的生理、病理状况，制定治疗方案，熟悉治疗过程。如患者因手术治疗过错造成损害的，其在手术过程中一直处于麻醉的状态，对医疗过程是不可能知道的。因此，依据公平和诚实原则，应当由医疗机构承担举证责任。其次，按照举证责任的实质分配标准，举证责任应当由距离证据最近，或者控制证据的一方当事人承担。诊疗过程中的检查、化验、病程记录都由医疗机构实施、制作或掌握，由此医疗机构控制了证据源。且医方理解这些专业性资料的内容，而患方要理解这些资料还需聘请专业人员予以解读。所以不管是事实上还是知识水平上，医方都是距离证据最近的一方，应该由医方承担举证责任符合举证责任分配的实质标准。最后，对因果关系和医疗过失的认定，涉及医学领域中的专门问题，一般都要通过鉴定才能认定。因此，在这样的情形下，医疗机构需要做的不过是申请鉴定、启动鉴定程序，并没有过分加重医方的负担。

（二）举证责任倒置的局限性

在医疗事故争议诉讼中实行举证责任倒置，给患者诉讼带来了较为有利的条件，患者将不会因无法搜集证据而处于投诉无门的境地，患者的生命和身体健康权利在更大程度上得到了法律的切实保护；同时医院也被迫把此视作对自己行为的限制，及时更新观念、完善制度、规范管理，从而促进医院的服务质量、技术水平、操作规范程度的提高，不断得到社会广大人民群众的认可。但也不可否认，医疗行为必然伴随着风险，举证责任倒置增加了医院的赔偿责任，导致防御性医疗行为的出现。为此，应该对医疗侵权赔偿的风险建立分散机制。按照国外许多国家的做法，医疗事故的善后处理主要依靠医疗保险制度。中国人民保险公司已经于2000年推出了医疗责任险，并与许多医疗单位签订了保险合同，部分地分担了医疗单位的医疗责任风险。面对这种良好局面，医疗机构应加强与患者的沟通、对话，把精力放到完善医院管理和医疗质量的监控上，加强医务人员的责任心，以患者为本，堵住医院管理上的漏洞；提高医务人员的职业素质，不断提高医疗水平，减少医疗事故的发生，并以此为契机，促进医疗事业和医学科学进步的健康发展，实现患者与医院的双赢。①

最高人民法院之所以规定在因医疗行为所引起的侵权纠纷中施行举证责任倒置，是考虑到此类法律关系的特殊性，其目的是更好地体现公平原则和诚实原则。但是，在实践中，存在着多种可造成医疗机构举证不能的情形。首先，医学科学自身的发展造成了医疗机构举证不能。众所周知，医学是一门专业性很强的学科，临床医学又具有复杂的多变性、局限性，还有许多不解之谜。再加上医学的特殊性、风险性和人体的差异性，在医疗诊治过程中对某疾病的治疗所产生的不良反应，不是可以用简单的对与错来回答的。其次，因患者的原因造成了医疗机构的举证不能。原则如下：

第一，医生不掌握患者来就诊前的情况。如一些特殊疾病不做CT、核磁共振等检查则无法确诊。如若患者稍有症状就进行全面检查又存在加重

① 李黎民、田迪：《论医疗侵权诉讼中的举证责任分配》，《经济与法》2010年第2期，第120~121页。

患者费用负担的问题。

第二，患者拒绝治疗和隐瞒病史产生的后果无法举证。例如，一个9岁的孩子由母亲带去医院看病，其母称孩子食物中毒，医生检查完了，开了一些抗生素，短时内治好了。一年后，其母状告医院一年前用抗生素致使孩子耳聋。其实该儿童是先天性耳聋，因为就诊时一直是母亲陈述病史，医生从没想到孩子是聋儿。加上孩子看的是急诊，也没有检查听力，而听力是要经过耳科检查的，不是急诊的检查项目，在这种情况下，医疗机构要提供自己无过错的证据是很难的。

第三，医生不掌握患者出院后的情况。出院后病人使用何种药物治疗，产生何种疾病又到何处就诊，对其疾病后果的发生有无影响，这些医院无法监控，当然也就无法举证。

三、《侵权责任法》中有关医疗损害举证责任的分配

（一）一般情况下实行过错责任原则，采取“谁主张，谁举证”

《侵权责任法》第54条是对一般医疗损害责任的规定，《侵权责任法》第54条规定由患者承担举证责任。根据《侵权责任法》第54条的规定，患者在诊疗活动中受到损害，医疗机构及其医务人员有过错的，由医疗机构承担赔偿责任。这一条确定了医疗损害赔偿的归责原则是过错责任原则，过错责任原则的举证责任分配应当是“谁主张，谁举证”，也就是说患者一方对于违法行为、医疗过错、损害后果、因果关系都负有举证责任。因此，对于医疗产品损害之外一般的医疗损害赔偿纠纷案件，除了《侵权责任法》第58条的规定情形推定医疗机构有过错外，医疗机构是否有医疗过错以及医疗行为与损害后果之间是否有因果关系，均应由患者举证。关于《侵权责任法》第57条关于“医务人员在诊疗活动中未尽到与当时的医疗水平相应的诊疗义务”的规定，是“医疗过错”内容的具体化。根据“谁主张，谁举证”的原则，一般而言“医务人员在诊疗活动中未尽到与当时的医疗水平相应的诊疗义务”应当由患者一方承担举证责任。

（二）例外情况实行举证责任倒置

基于医疗行为具有极强的专业性，患者一方完成上述举证责任的方法往往是通过申请相关鉴定，因此，《侵权责任法》实施后，申请鉴定的义务由医疗机构转移到了患者一方。但是，在医疗损害赔偿纠纷案件中，大量的医学资料都由医疗机构掌握，鉴定过程中也需要以这些医学资料作为检材，所以医疗机构同样负有提交医学资料的义务。

《侵权责任法》第58条规定："患者有损害，因下列情形之一的，推定医疗机构有过错：（一）违反法律、行政法规、规章以及其他有关诊疗规范的规定；（二）隐匿或者拒绝提供与纠纷有关的病历资料；（三）伪造、篡改或者销毁病历资料。"在此三种情况下，举证责任的分配与《最高人民法院关于民事诉讼证据的若干规定》相同，适用举证责任倒置的分配原则，该原则主要适用医学伦理医疗损害纠纷，如果医疗机构及其医务人员在对患者进行治疗时，给患者造成损害，具备第58条规定的情形的，直接推定医疗机构存在过错。患者只需要对存在这种违反法规、隐匿、销毁、伪造、篡改、拒绝提供病历的事实进行举证，医方进行反证。具体见表8-1①：

表8-1　**《侵权责任法》第58条涉及举证、鉴定、责任的关系**

《侵权责任法》第58条情形	证据与举证	过错	因果关系及原因力	损害后果及程度	责任
违反法规（明显）	患者举证 医方反证	可直接认定	需鉴定	需鉴定	原因力责任
违反法规（不明显）	患者举证 医方反证	需鉴定	需鉴定	需鉴定	原因力责任

① 黄诒娜：《浅论医疗侵权举证责任相关问题》，《经济与法》2011年第2期，第114页。

续表

《侵权责任法》第58条情形	证据与举证	过错	因果关系及原因力	损害后果及程度	责任
隐匿或拒绝提供病历	患者表明该病历应当存在	可直接认定	无法鉴定	需鉴定	举证不能全部责任
伪造、篡改病历	患者申请文书鉴定	可直接认定	无法鉴定	需鉴定	举证不能全部责任
销毁病历	患者举证存在并销毁事实	可直接认定	无法鉴定	需鉴定	举证不能全部责任

四、关于医疗伦理损害责任案件举证责任的具体配置

医疗伦理损害责任应当包含侵犯患者知情权，侵犯患者同意权，未经患者同意公开其病历资料而侵犯患者的个人信息权，侵犯患者个人隐私权以及过度医疗而侵犯患者财产权、生命健康权等5种情形。关于医疗伦理损害责任的归责原则，《侵权责任法》第55条、第62条、第63条的规定体现的是过错原则。

（一）侵犯患者知情权、同意权的医疗损害赔偿的举证责任分配

《侵权责任法》第55条规定："医务人员在诊疗活动中应当向患者说明病情和医疗措施。需要实施手术、特殊检查、特殊治疗的，医务人员应当及时向患者说明医疗风险、替代医疗方案等情况，并取得其书面同意；不宜向患者说明的，应当向患者的近亲属说明，并取得其书面同意。医务人员未尽到前款义务，造成患者损害的，医疗机构应当承担赔偿责任。"上述条文的内容并没有关于过错推定的规定。此外，对患者的告知义务，本身就是医疗卫生法律、行政法规、规章以及其他有关诊疗规范的重要内容。违反告知义务，就是违反上述法律及诊疗规范，同时也是医疗机构的

一种医疗过错。因此，《侵权责任法》第55条的规定与《侵权责任法》第54条及第58条第（一）项的规定存在着重叠的部分。由此，我们可以看出，《侵权责任法》第55条规定的医疗过错的情形是可以被《侵权责任法》第54条或第58条第（一）项所包括的，《侵权责任法》对医疗机构的告知义务及违反告知义务的损害赔偿责任单独规定，只不过是为了特别强调医疗机构的告知义务。当然，对于《侵权责任法》规定的知情权、同意权的医疗损害赔偿的举证责任分配，也并非任何情况下都由患者举证全部法律事实，有两种情况由医疗机构承担举证责任：（1）对于医务人员履行了向患者一方说明病情、医疗措施、医疗风险、替代医疗方案的义务，应当由医疗机构承担举证责任；（2）对于第56条规定的患者生命垂危、无法取得患者一方意见的情形，应当由医疗机构承担举证责任。

（二）侵犯患者隐私权的举证责任分配

患者个人信息包括患者的身份信息、家庭信息、身体信息和疾病诊疗信息。患者个人信息集中记载于医疗机构的病历和其他相关医疗文件中。医疗机构及其医务人员有为患者个人信息保密的义务，未经患者同意，违反相关法律规定，将患者提供给医疗机构及其医务人员的个人信息非法向他人提供的行为，即属于泄露患者个人信息的行为，侵犯了患者的隐私权。为此，《侵权责任法》第62条规定，医疗机构及其医务人员应当对患者的隐私保密。泄露患者隐私或者未经患者同意公开其病历资料，造成患者损害的，应当承担侵权责任。

从民法的角度看，隐私权属于人格权的一种，人格权是一种绝对权，义务主体是不确定的，即除了权利主体之外的任何人都是义务主体，都不得侵犯权利人依法享有的该项权利，权利人无须借助于其他任何人的行为就可以实现的权利。正因为患者病历中的客观部分涉及患者的隐私内容，患者对这些隐私内容享有进行支配的具体人格权——隐私权。因此，未经患者本人同意和许可，患者病历中的客观部分不得随意公开，即使医疗机构使用属于医疗机构享有的病历中的主观部分，也应当注意对病历中客观部分的保密，不得随意将患者的资讯向患者之外的第三方公开。2014 年 1 月 1 日正式施行的《医疗机构病历管理规定》第 6 条规定，医疗机构及其医务人员应当严格保护患者隐私，禁止以非医疗教学、研究目的泄露患者的病历资料。这也体现了对患者病历中隐私的保护。因科研、教学需要查阅病历的，需经患者就诊的医疗机构有关部门同意后查阅，阅后应当立即归还，不得泄露患者隐私。并且规定了患者本人或其代理人、死亡患者近亲属或其代理人、保险机构、公检法机关工作人员申请复印病历时需要提交的法律文件和需要履行的法律手续。

不过，因泄露患者个人信息而侵犯患者隐私权的医疗损害诉讼的举证责任分配，应当采用“谁主张，谁举证”的原则，因为侵犯患者个人隐私的行为与患者以外公民隐私权被侵犯的行为无异，普通的侵犯隐私权的行为采过错责任原则，由受害者承担举证责任。

（三）因过度医疗侵犯患者财产权、生命健康权的举证责任分配

过度医疗包括过度检查、过度治疗、过度康复三个方面。《侵权责任法》第 63 条仅仅对过度检查进行规制是不够全面的。目前引起患者医疗费用上涨，增加患方就医负担的，不仅仅是过度检查的问题，还有过度治疗、过度康复的问题，甚至过度治疗的危害比过度检查的危害还要大。因为过度检查仅仅是做了不必要的检查，仅仅是增加了患者的经济负担。但是，任何治疗（无论是药物还是手术）都存在不同程度的副作用，因而，过度治疗除了增加患者的经济负担之外，还可能危害患者的健康。

过度医疗是医疗机构及其医务人员置患者的个人利益和医疗执业伦理道德于不顾，片面追求小团体甚至是医务人员个人利益的行为，因而侵犯了患者的财产权益和患者的生命健康权利，应当受到法律的追究。

因过度医疗侵犯患者财产权和生命健康权的诉讼，与一般的侵犯公民财产权和人身权的诉讼无异，一般的侵犯公民财产权和人身权的诉讼的举证责任分配采用“谁主张，谁举证”原则，因此，因过度医疗侵犯患者财

产权、生命健康权的诉讼的举证责任分配也应当采用“谁主张，谁举证”原则，而不能使用举证责任倒置，由医疗机构举证。

（四）关于医疗产品损害责任案件举证责任的具体配置

医疗产品损害责任实行的是无过错责任，因此，患者只需对医疗损害、产品缺陷以及因果关系举证，而不必证明医疗机构或医疗产品生产者的过错。医疗机构对《侵权责任法》及《产品质量法》规定的免责事由负有举证责任。

在举证责任分配上，药品、消毒药剂、医疗器械与血液四类医疗用品引起患者人身损害的构成要件，虽然在形式上有相似之处，但是在具体医疗用品侵权纠纷上，有具体的表现形式。药品、消毒药剂、医疗器械需要举证的要素是产品缺陷、损害结果、因果关系；而血液和与血液密切相关的血液用品感染侵权责任需要举证的要素是血液不合格、损害结果、因果关系。举证的内容有所区别，具体举证的要求也有所不同。

在责任主体的认定上，医疗用品引起患者人身损害的责任主体是多样而复杂的，可能涉及药品、消毒药剂、医疗器械的生产者、销售者，销售者还可能不止一个，也可能涉及具体将医疗产品用到患者身上的医疗机构，那么应当由谁来承担责任呢？《侵权责任法》第 59 条规定，“因药品、消毒药剂、医疗器械的缺陷，或者输入不合格血液造成患者损害的，患者可以向生产者或者血液提供机构请求赔偿，也可以向医疗机构请求赔偿。患者向医疗机构请求赔偿医疗机构赔偿后，有权向负有责任的生产者或者血液提供机构追偿”。这条规定确立了医疗产品侵权的无过错责任原则，也确立了医疗机构和医疗产品之间的不真正连带责任。根据这条规定，只要医方给患者输入的血液不合格，无论医方是否存在过错，患者在因此而遭受损害的情况下，其均可以直接要求医方承担赔偿责任。据此，患方应对产品缺陷、损害后果、因果关系承担举证责任，但无需证明医疗产品的生产者、销售者、医疗机构有过错。

如果医疗机构或者医疗产品生产者（或血液提供机构）向患者主张其

不应当承担赔偿责任的，应当就法定免责事由承担举证责任；如果医疗机构向医疗产品生产者或者血液提供机构主张追偿权的，则应就其对医疗产品或血液的缺陷不存在过错承担举证责任。

从上述归责原则的规定也可以看出，虽然《侵权责任法》对医疗损害赔偿纠纷案件的一般举证责任分配规则并未作出明确规定。但是，在医疗损害赔偿纠纷的举证责任方面，《侵权责任法》采取的是由患者一方承担举证责任的立法态度。

第三节　国外医疗损害的举证责任

医疗侵权诉讼中当事人证明能力的强弱显而易见，各国均采用一定的方式加重被告的举证责任，对原告进行救济。①

一、大陆法系国家

德国的“表见证明”理论和日本的“大致推定”理论是大陆法系国家在医疗侵权诉讼中减轻原告举证责任的主要方式，由于“大致推定”理论在日本法中受到重视主要是受德国表见证明的影响，且两者的内涵在本质上相同，限于篇幅，笔者仅分析德国在医疗侵权诉讼中举证责任分配理论。

（一）德国法的“表见证明”原则

“表见证明”最初只适用于解决被害人对故意过失举证难的问题，后来扩张至因果关系证明领域。所谓“表见证明”，是指以具有高度盖然性的经验法则（“定向事实经过”）为基础，从加害的客观的事情抽象地推断出过失的要件事实。“高度盖然性的经验法则”即所谓“定向事实的经

① 杨燕：《医疗侵权诉讼举证责任研究》，《四川理工学院学报（社会科学版）》2011年第26卷第1期，第53~55页。

过”是理解该定义的关键。德国学者普维庭认为，经验规则理论上可以分为四类：生活规律（即自然、思维和检验法则）、经验基本原则、简单的检验规则和纯粹的偏见。① 法官根据生活规律获得的心证是必然的，不可能通过反证推翻，这不属于表见证明的领域。而简单的检验规则以较低的盖然性为标志。不能独立地帮助法官形成完全的心证。纯粹的偏见不具备盖然性，在判决中不应有其位置。因此，可以构成表见证明的经验法则就只有经验基本规则（如果……则大多数情况下是）。

表见证明的本质主要有证明责任说、证明评价说、证明尺度说，其中证明评价说是通说。该说认为，借助具有高度盖然性的经验规则，法官可以对某个生活事实形成完全的心证，表见证明在证明评价的范围内。证明责任的主要功能在于解决当诉讼结束时若某要件事实真伪不明，谁应承担败诉风险的问题。而表见证明则侧重于帮助法官对诉讼过程中的要件事实形成心证，两者的差别是比较明显的。证明尺度说认为表见证明是降低证明尺度的一种手段。证明尺度是证明案件事实应达到的程度，只有当对案件事实的证明达到了法律规定的证明标准，法官方可形成认定某一事实真假的心证，“证明尺度的减弱总是按照法律的规定并建立在实体法的内涵和目的的基础上的，而不是通过表见证明的应用来降低证明尺度”②。

由于表见证明属于证明评价的范畴，因此其并不改变当事人之间举证责任的分配，只是允许法官结合案件情况，根据具有高度盖然性的经验规则推断被告的过失，这种推断仅减轻原告的举证责任，而非举证责任倒置，需要被告承担证明过失不存在的举证责任。据此，若被告提出反证动摇法官的心证，表见证明即丧失其过失推断的效果。

（二）重大医疗过失举证责任的转换

德国联邦最高法院近20年来对于医师执业治疗业务加害于病人的损害

① 汉斯·普维庭：《现代证明责任问题》，吴越译，法律出版社2000年版，第155~160页。

② 龚赛红：《医疗损害赔偿立法研究》，法律出版社2001年版，第291页。

赔偿判例，均认为若医师的治疗行为有重大失误以致造成病人身体健康受伤害者，应由加害人就其失误行为与损害之间无因果关系的事实负举证责任。

适用因果关系举证责任转换的前提是存在重大医疗过失，德国判例以“严重的技术过失”来解释何谓“重大医疗过失”，而原告对存在重大医疗过失承担举证责任。重大医疗过失举证责任的倒置与表见证明的区别在于：表见证明并不转移客观的证明责任，被告只要能够提供反证动摇法官的心证即可；举证责任倒置则要求被告提供本证证明医疗行为与损害之间不具有因果关系方可避免败诉的后果。

二、英美法系国家

英美法系国家将举证责任分为“证据提出责任”和“说服责任”，分别类似于大陆法系国家所称的“主观的举证责任”和“客观的证明责任”，举证责任的分配主要指的是“说服责任”的分配。不同于规范出发型的大陆法系，英美法系事实出发型的诉讼模式并不预先设置举证责任的分配规则，在审判实务中主张综合考量案件的各个因素，个案决定举证责任的分配。美国学者经过总结认为需要考量的因素包括政策、公平、证据所持或证据距离、方便等。涉及医疗侵权诉讼主导举证责任分配的原则为“事实本身说明过失”。

目前，医疗损害案件与美国其他侵权诉讼一样，要求证明下列要素的存在：(1) 存在侵权人对受害一方的义务；(2) 侵权行为人违反了此种义务；(3) 对原告的伤害可能是由于侵权人违反义务而引起；(4) 义务的违反使原告遭受了损害。① 美国法上的医疗侵权责任采取过失责任主义，是指在医疗人员未尽注意义务，导致患者发生损害时，才承担损害赔偿责任。依据民法上的一般举证责任分配原则，原告对于被告的过失，负担证明责任。若无法证明成功，则无法请求赔偿而败诉。然而医疗诉讼因为涉

① 姜柏生：《医疗事故责任研究》，南京大学出版社 2005 年版，第 87 页。

及复杂的医生诊断、医治等行为，其非一般人所能了解；而且在许多手术过程中，病患经常因麻醉而处于无知状态，所以法律要求患者对被告医疗行为之过失承担举证责任，属过于苛刻，显失公平。因而，在美国，越来越多的法院适用“事实说明自己”法则，在原告无法提出直接证据，而以情况证据足以推论被告具有过失及因果关系存在时，改由被告举证该过失及因果关系之推定并非确实，否则应负担损害赔偿责任。“事实说明自己”法则又称为“事实自证”原则。在医疗侵权诉讼中，证明责任分配适用“事实自证”原则，使得证明责任发生转换，加重了医疗机构的证明负担，减轻了患者的证明责任，但这并非对患者证明责任的绝对免除和完全转移，原告仍应在陪审团评议过程中提出事实情况证据。从法理学的角度来看，“事实自证”原则在诉讼上产生的效果是事实推定，即根据经验法则，在已知事实的基础上进行逻辑上的推理演绎，得出待证事实是否真实的结论。

“事实说明自己”原则的成立要件，在英美法学中有两要件说、三要件说和四要件说，其中三要件说较为可采。《美国侵权行为法第二次重述》第 328 条规定，“事实说明自己”原则的成立要件有三：“第一，该事件必须属于若无过失通常即不会发生；第二，包括原告及第三人在内的其他归责原因，均须已为证据所充分排除；第三，事实过失发生在被告对原告的义务范围内。”只有同时具备这三个要件，才能构成该原则，并为司法实践中的具体案件所适用。可见，原告必须举证证明以上三点才能适用“事实自证”原则，从而推定被告具有过失。这样，在“事实自证”原则下，患者对于其在医疗活动中受到的损害，即使无法提出直接证据证明损害由被告医疗机构或者医师的过失行为导致，或无法证明自己的损害后果与医疗行为之间具有因果关系；只要依据事实情况证据，基于普通常识判断，便可推论被告过失存在及医疗行为与损害后果之间存在因果关系，进而由被告承担损害赔偿责任。有学者对于“事实自证”原则在美国医疗过失诉讼适用的情形，举例说：“美国对于医疗过失诉讼有事实推定过失法则这适用多属将异物留置于患者体内或者手术时远离手术部位造成的伤害的情形较多。其他适用的情形有：病人为接受扁桃体切除而接受麻醉时牙齿被击落、拔牙时患者下颚骨断裂、前列腺切除后造成小便失禁及性无能等。"① 这些多是因明显的医疗过失行为导致患者损害的情形。在法治的发展过程中，美国法院适用"事实自证"原则由以上具有明显过失的案件，逐渐扩展适用至复杂的医疗事故，并逐渐以专家证言取代一般人的知识经验。美国学说关于在医疗过失适用"事实自证"原则时陪审团能否采用专家证言推论被告有过失，是存在争议的。支持采用专家证言的理由在于，医疗侵权案件中医疗行为多具有复杂性和固有风险，医学作为一门自然学科，专家对于被告过失可能性的评估应是客观的，须符合医疗过失认定标准并依据医疗习惯来判断。陪审团在事实的认定过程中，由原告提出事实情况证据，辅以专家证言，若能断定医疗机构的医疗行为是导致患者损害发生的可能原因时，原告主张的事实（包括被告的过失和因果关系）即可由陪审团推定为真；除非被告提出充分证据，证明原告受损害的原因并非其过失行为，否则陪审团将作出对被告不利的评价，导致医方败诉并承担赔偿责任。美国多数法院已经承认，病患得利用医学专家证言，在"医学专家的普通常识"与"一般的普通常识"之间，构筑一道桥梁，使陪审团作出推论，被告医师是否具有过失的正确判断。在诉讼中对专家证言的采用，有利于证明案件真实，可以在我国的医疗侵权诉讼中加以参考借鉴。

三、各国医疗损害侵权责任的相通之处

（一）医疗侵权责任的归责原则——过错责任原则

过错责任原则是各国医疗侵权责任的归责原则，过错是认定医疗损害赔偿责任成立与否的核心要件，追究医疗侵权责任的基础是医疗过错。考虑到患者医疗知识的缺乏造成的举证的困难，英美法系国家的"事实本身

① 黄天昭：《医疗纠纷之民事归责原则》，台湾东吴大学法律研究所 1995 年硕士学位论文，第 100~102 页。

说明过失”原则、德国法的“表见证明”原则以及日本的“过失大致推定原则”应运而生，这些原则是为了降低证明的标准，原告只需对被告完成了举证责任，此时医方需要对不存在过失承担举证责任，如果医方使事实处于真伪不明的状态即完成举证责任，那么原告仍应承担败诉的风险。因此，假如要在我国医疗侵权诉讼中借鉴该规则，也只能运用于过失非常明显的案件。另外，我国的审判组织与英美法系的陪审团存在差异，能否移植过失推论规则还要考虑到这一因素。

（二）过错与因果关系要件的证明原则上属于患方

各国在举证责任分配上，对过错和因果关系之证明均原则上赋予患方。只有在存在明显医疗过错或者“重大医疗过失”行为的医疗侵权案件中，才能适用举证责任的转换，如德国的“表见证明”原则和日本的“大致推定”原则，也就是说，举证责任倒置的情形很少见。即便是实行举证责任倒置，当事实处于“真伪不明”的状态时，法官也不必然判定原告胜诉，因为法官仍可以借助专家证言，依据经验法则来推定医方是否存在过错以及应否承担赔偿责任。

第四节 患者的举证责任

根据《侵权责任法》第七章及总则部分的相关规定，在医疗损害赔偿案件中，一般情况下适用过错责任原则，只有在特殊情况下才适用过错推定原则和无过错责任原则。根据过错责任原则，作为原告的患方应当举证证明损害事实、医疗过错和因果关系三个侵权责任的构成要件；在适用过错推定原则时，患方可在符合法定情形时不承担医疗过错的举证责任，但仍需要证明损害事实和因果关系两个构成要件。同样，在适用无过错责任时，患者亦需要举证证明损害事实和因果关系的存在。

一、证明存在医患关系

患方向医疗机构主张权利并要求其承担民事责任的前提条件，是患者曾在该医疗机构就诊，并与医疗机构之间形成了医疗服务合同关系。在一般情况下，患方完成这一举证任务并不难，患者在医疗机构就诊的病历、诊断证明书、交费单、挂号单等诊疗凭证，均可以证明医患之间医疗服务合同关系的存在。然而，在某些特殊情况下，患方的举证则可能面临一定的困难。

第一种情况是患者使用假名就医。当患者患有某些特殊疾病（如性病）或接受美容手术时，患者出于保护个人隐私的考虑不愿使用真名，往往临时编造假名就医。当患者与医疗机构发生医疗争议后，如果医患双方协商不成，患者选择向法院提起诉讼，则必须使用与其身份证件相符的真名，否则其起诉将不予受理。在这种情况下，医疗机构作为被告很可能会以原告姓名与患者姓名不符为由提出抗辩，辩称医疗机构从未为起诉的原告提供过医疗服务，被告与原告之间不存在医疗服务关系。此时，原告应首先举证证明其就是在该医疗机构接受过医疗服务的患者，否则法院将可能会直接驳回原告的起诉。这也是目前倡导看病实名制的原因之一。

第二种情况是患者使用他人姓名就医。这种情况往往发生于被借用姓名者享有医疗保险时。患者为了搭医保便车，以减少医疗费用的支出，在就医时使用他人姓名，甚至在接受手术时亦使用他人姓名。在这种情况下，一旦医患双方发生医疗纠纷，患者不仅难以有效地主张权利，而且还可能面临医保部门的调查，严重时可能会与借用姓名者因合谋骗保而受到法律处罚，甚至被追究刑事责任。

第三种情况是患者利用熟人关系就医。在这种情况下，由于患者与医生之间存在直接或间接的朋友或熟人关系，所以患者很可能没有挂号，医生也没有撰写病历或开具处方，患者也没有在医院购买药物。事后，当患者认为医生的医疗行为存在过错时，却突然发现无法证明其曾在该医院就医，故而无从证明医疗服务合同关系的成立，无法主张权利。

上述三种情况均属违规行为，患者在就医时应当予以避免。如果发生了上述情况，那么患者就应充分举证证明其曾在该医疗机构就医。在现实生活中，患者能够提出的证据主要是证人证言或医疗机构的自认。然而，如果医疗机构拒绝自认，那么患者仅依据证人证言以确定医疗服务合同关系是非常困难的，法庭需要通过对案件的综合分析才能加以确认。

二、证明存在损害后果

医疗损害赔偿系基于患者的生命健康受到损害的客观事实。损害事实的存在是确定医疗机构侵权责任的重要构成要件。无损害即无赔偿。如果医疗机构存在医疗过错，但并没有对患者的生命健康造成任何损害的，则医疗机构不承担损害赔偿责任。

在医疗纠纷案件中，一般情况下，患方证明已发生的医疗损害后果并不难。患者的死亡证明书、诊断证明书、病历记录等均可证明损害后果的存在。但是，对于某些没有发生或尚未发生的损害后果，患方将面临举证的困难。

三、证明医方存在过错

在医疗纠纷案件审理过程中，医患双方争议的焦点，往往是医疗机构及其医务人员的医疗行为是否存在不当或违规之处；如果存在不当或违规之处，则该不当或违规是否与患者的损害后果之间具有因果关系。但是，由于医疗行为本身高度的专业性，普通公众很难就上述问题作出专业判断，即使医疗行业的从业人员也可能因专业不同而无法作出判断。完成该举证责任的最好方式，是申请进行医学专业鉴定。亦有法官认为，如果医疗机构的违规事实十分清楚，具有一般医学科学知识的人都可以确信医疗机构存在过错时，法院可以直接推定医疗机构存在过错。

四、证明存在因果关系

医疗过错造成损害后果的证明，即因果关系的证明，是医疗损害赔偿案件中最重要的环节，但也同时是最困难的证明事项。让对医学并不了解的患者或家属证明因果关系的存在，在一般情况下是非常困难的。

笔者主张，在举证责任分配方面，可采用“谁主张，谁举证”以及特定条件下的举证责任转移方式。在一般情况下，应由患者就医疗机构存在过错承担初步的举证责任。在实践中，该举证责任可以通过提交相关证据或专业鉴定的方式完成。在有证据证明医疗机构存在过错的情况下，因果关系的举证责任则转移至医疗机构，即由医疗机构就其过错与患者损害后果之间没有因果关系承担举证责任。如果医疗机构没有充分的证据证明其过错与患者的损害后果之间没有因果关系，则可推定该因果关系成立，医疗机构应承担医疗侵权责任。

根据目前的法律规定，因果关系的证明应由患方承担。但诚如前述，患方实际上是难以单独完成该项举证责任的。笔者认为，在这种情况下，患方可以通过申请鉴定来完成该项举证责任。

第五节　医方的举证责任

我国医疗损害赔偿案件的举证责任分配规则，可以 2002 年 4 月 1 日为界点进行分析。在此之前，我国法院审理医疗损害赔偿案件适用的是相对严格的“谁主张，谁举证”的一般举证责任规则，患方应就医疗机构存在过错且造成其相应损害后果承担举证责任。在此之后至 2010 年 7 月 1 日《侵权责任法》生效前，根据《证据规则》第 4 条第 1 款第（八）项的规定实行的是举证责任倒置规则，即在医疗侵权案件中，由医疗机构应就其医疗行为不存在过错、医疗行为与损害结果之间不存在因果关系承担举证责任，即实行的是严格的过错推定和因果关系原则。在此过程中，医方的举证责任明显重于患方。然而，随着《侵权责任法》的颁布和实施，这一举证责任的分配原则发生重大变化。由于在一般情况下，医疗损害责任认定实行过错责任原则，而该原则的基本举证规则是“谁主张，谁举证”，因此，患方的举证责任将明显加重。

但是，这并不意味着医方将不承担任何举证责任。例如，《侵权责任法》第 55 条规定了医务人员具有法定告知义务。因此，当患方提出医方未能尽到该项法定义务时，医方将承担其已尽告知义务的举证责任，例如向法庭提供经患者或家属签字同意的手术同意书或类似知情同意文书。

同时，立法者为了平衡医患双方的利益，在《侵权责任法》第 58 条中规定了特定情形下的过错推定原则，即在三种特殊情况下实行过错推定。因此，在医疗损害赔偿纠纷案件中，医方应向法庭提供如下证据：

《侵权责任法》第 58 条规定了特定情形下的过错推定规则，其中第一种情形是指医疗机构存在违反法律、行政法规、规章以及其他有关诊疗规范的规定。有一些人士提出，如果医疗机构存在违反法律、行政法规、规章以及其他有关诊疗规范的规定情形，则可直接认定存在过错而无须进行推定。然而，笔者认为，医务人员有过错与违反法律、行政法规、规章以及其他有关诊疗规范毕竟不是等同的概念。例如，遇有抢救危急患者等特殊情况，医务人员可能采取不太合规范的行为。但如果证明在当时的情况下该行为是合理的，就可以认定医疗机构没有过错。

在医疗损害赔偿案件中，如果患方提供了充分的证据证明医疗机构存在违规之处，则在这种情况下，医疗机构应当反证证明其不存在患方指控之行为，否则法院可推定医疗机构存在过错。《侵权责任法》规定的过错推定，与既往实施的过错推定是有本质区别的。《侵权责任法》规定的过错推定，实行的是“有条件过错推定”原则。根据该原则，法官应当首先推定医疗机构不存在过错，只有在患方提供证据证明医方有违规之处，而且医方不能提供反证证明其不存在违规之处或有法定抗辩事由（如紧急情况下的抢救行为）时，则法官可推定医方存在过错。

那么，医疗机构应提供何种证据证明其不存在违规之处呢？与患方举证同样的道理，医方亦可提出进行医学专业鉴定。当然，这与既往医方提出鉴定申请又有本质区别。以往，医方申请鉴定是在实施“有过错推定”规定情形下作为其举证的方式之一，否则可能因医学专业性导致无法查清事实而承担不利的法律后果。但是，根据《侵权责任法》的规定，医方申请鉴定是欲反证患方证据不成立，是发生在患方已提供证据证明其存在违规行为之后。

在医疗损害赔偿案件诉讼过程中，医疗机构通常是向法院提交患者就诊的病历，以期证明医疗机构的医疗行为不存在过错，患者的损害后果与医疗行为之间不存在因果关系。毫无疑问，病历能够证明医疗机构为患者提供医疗服务的经过。然而，病历本身能否证明医疗机构的医疗行为不存在过错、医疗行为与损害后果之间不存在因果关系呢？

病历仅仅是对患者的疾病发生、发展情况和医务人员对患者的疾病诊断、治疗及护理医疗活动情况的客观记录，只能证明医疗机构为患者治疗的经过。鉴定时，专家们将病历记载的医疗行为与临床诊疗常规相对比，并据此对医疗机构的医疗行为是否违规进行判断。病历本身并不能证明医疗机构的医疗行为不存在过错，也不能证明医疗行为与损害后果之间不存在因果关系。例如：被告医院仅举证原告在其住院就诊的病历及有关的理论知识，该证据仅能证明被告对原告进行治疗的过程及有关的手术记录，而不能确凿地证明被告对原告的治疗行为与所发生的损害后果之间不存在因果关系及不存在过错。人民法院并非专门的医疗机关，也不具有专业的医疗知识，其不能认定被告的医疗行为是否符合治疗的操作规程，被告的医疗行为是否无过错，是否与原告受到的损害有因果关系，有赖于有关机构客观、公正的鉴定

在医疗损害赔偿案件的审理过程中，医患双方均可能引用大量教科书、医学文献作为证据。此类教科书、医学文献能否作为认定事实的依据，主要取决于该证据的关联性。所谓证据的关联性，是指证据与待证的案件事实或其他争议事实具有一定的联系，必须对证明案件事实或其他争议事实有确实的帮助。因此，证据的关联性又可以称为证据的“证明性”。在医疗纠纷案件诉讼过程中，当事人对于对方提供的教科书、医学文献等资料的真实性往往没有异议，而是对其与案件的关联性有异议。

关于教科书的证明效力，人们的观点不尽相同。医学教科书是有关机构专门编写的学生学习用书，其内容涵盖了医学学生应当掌握的基本医学知识，代表了某一领域普遍公认的观点，同时也是医务人员医疗行为的基本指南。因此，教科书可以作为医务人员证明其医疗行为不存在违规之处的初步证据，与待证事实之间具有一定的关联性。之所以称为初步证据，

是因为患者的具体情况千变万化，教科书往往无法充分证明医务人员的具体医疗行为不存在医疗过错，医疗行为是否存在过错尚需要通过专家咨询、医学或法医学鉴定的方式加以确定。另外，由于医学的高度专业性，要求普遍缺乏医学知识的法官就教科书内容与待证事实之间的关联性进行认定也是非常困难的，从而导致法官普遍认为这些证据不具有关联性。导致医院使用教科书证明其不存在医疗过错的另外一个原因，是目前我国缺乏统一诊疗技术操作常规和规范，使得医院无法提供充分的证据证明其医疗行为符合常规和规范。

本书所称医学文献，系指发表在国内外各类医学专业杂志上的医学研究论文、综述、报告等。医学文献与教科书的主要区别在于医学文献的内容多带有研究和探讨性质，并未完全被业界所普遍公认。关于某一问题，不同研究者可以得出不同甚至完全相反的结论。正是由于这一特点，医学文献与案件待证事实之间的关联性较差，其证明力亦较弱。

第六节　对我国目前医疗损害举证责任的思考和建议

一、《侵权责任法》第54条的进步意义

医疗事故争议诉讼中的举证责任倒置制度是司法审判根据医疗事故争议案件中医患双方所处的信息不对称、技术不对称的地位而设立的证据制度，这种制度在一定程度上解决了医疗侵权诉讼中医患双方“诉讼武器不对等”的问题，但也存在着许多弊端。首先，医疗行为必然伴随着风险，举证责任倒置加重了医院的赔偿责任，容易导致医院过度医疗、保守医疗和防御性医疗行为，这从本质上是对患者利益的损害。其次，实践中还存在多种因患者的原因造成医疗机构举证不能的情形，这必然导致医疗机构败诉的结果。

《侵权责任法》的立法通过借鉴德国、法国等国家和地区的医疗损害责任制度，对于一般的医疗损害责任实行过错责任原则，即医疗机构及其

医务人员有过错的，医疗机构才承担赔偿责任，原则上由原告承担过错的举证责任。只在特殊情况下，如医务人员有违规治疗行为或者隐匿、拒绝提供与纠纷有关的医学资料，才适用过错推定责任原则，发生举证责任倒置。

二、在医疗损害责任中采用“谁主张，谁举证”有一定的实际意义

笔者认为，由患者举证医务人员有过错，表面上不利于受害人，实际上配合三种需由医疗机构举证情形的规定，已能保障患者在医疗诉讼中的举证能力。理由如下：

首先，谈谈笔者对我国在医疗侵权领域采用无过失责任观点的看法。这种做法虽然体现侵权责任的补救本质，但在我国目前是不妥当的：一方面，在医疗领域不考虑不可抗力、不考虑医务人员有无过失就要求其承担责任，必然大大加重医疗机构支付保险费的负担并最终转嫁给社会，导致医疗费暴涨。这正是采取该做法的美国目前所面临的窘境。另一方面，无过失责任不考虑过错，客观上纵容了损害的发生。

笔者认为，如果只要发生损害后果，医方就要承担赔偿责任，对医方是不公平的，也不利于医疗科学的发展。所以在医疗侵权中，应当适用过错责任原则。这是我们讨论医疗侵权举证责任问题的前提。而是否由医院一方承担证明医疗行为不存在过错、与损害结果不存在因果联系的举证责任，即是否采用过错推定原则仅是过错原则的具体适用方法。

其次，赞同医疗损害实行举证责任倒置的学者的主要理论点在于医疗行为专业性很强，绝大多数患者或其家属在专业水平和信息能力上与医方存在不对等，并以此得出“患者举证能力弱于医院，理所应当由医院举证”的结论。笔者认为，缺乏相应认识能力和信息处理能力并不等同于举证能力弱。现实中很多患者具备证明医方存在责任事故过错的能力，而且自发地运用，举证能力大大超出理论界的预想。另外，举证能力的不足可以通过其他技术性的制度予以加强。这种情况下，再以此为由实行举证责

任倒置，显然理由不够充分。

再次，实践中可能存在医方举证不能的情形，举证责任倒置可能使医疗机构承担过重的举证压力。一方面，医学科学自身的特点可以造成医方举证不能。医学是一门专业性很强、存在许多未知的学科，在医疗过程中可能存在很多不可预知的疾病变化和转归，加上患者个人体质的特殊性，很多病情转化很难切实地记录于纸上，甚至在探索性治疗中出现的不同结果更是无法记录或解释，要求医方全面记录这些情况是不现实的。另一方面，因患者的原因可以造成医方的举证不能。这方面包括：（1）患者拒绝治疗或隐瞒病史，如患者及家属不同意某一医疗行为，不配合进行特殊检查，不如实向医师陈述或隐瞒病情，在此种情况下，医师不能强迫其签字，即使在有第三人在场的情况下，也不能形成有效的病历记录或手术同意书等医疗文书，致使医方难以举证；（2）患者出院后的情况医方无法掌控，医师不能掌握对疾病的转化和其他医疗机构的后续治疗手段，自然也无法举证；（3）门诊病历、影像诊查资料（X 线片、CT 片等），患者可以带走或者保存后拒绝交出，也造成医方难以举证。

最后，过错推定原则虽然在表面上更有利于保护受害人，但在此制度下，为了平衡利益，医疗过程中相关资料的采集、记录、保管均由医方保管。虽然《医疗事故处理条例》规定了患者可以复印和复制客观性的病历资料，但《医疗事故处理条例》不允许患者复制一些主观性的病历资料（死亡病例讨论记录、疑难病例讨论记录、上级医师查房记录、会诊意见、病程记录），患者常常无法判断医疗机构提供的病历的真伪。相反，《侵权责任法》采用过错责任原则，可以较好地解决以上问题：规定患者有权复印和复制所有医疗文书档案，扩大了患者获取证据的范围；规定三种需由医疗机构举证的情形，要求（某种程度上是迫使）医疗机构妥善保管和积极配合：配合《医疗事故处理条例》第 10 条的规定，可以最大程度保障患者的举证能力。另外，改变目前医疗侵权举证责任倒置制度，不会出现因患者的原因造成举证不能的情形，真正做到“诉讼武器平等”。

三、完善我国医疗侵权举证责任分配的建议

当然，《侵权责任法》关于医疗侵权举证责任的规定仍非十全十美。新的举证责任分配规定给患方带来的弊端和不利，立法部门应尽快完善现有举证责任分配制度的不足。笔者认为可以从以下几个方面改进：

（一）完善专家证人制度

专家证人制度是指由一方当事人委托的具有相应专业知识和实践经验的专家，就某些专门性问题，在法庭上运用专业知识发表意见，作出推论或结论的一项法律活动。从专家证据的功能来看，专家证据能扩大法官的感知能力，帮助法院查明有关事项的因果关系，进行事实认定。

医疗纠纷中的专家证人制度在我国又称专家说明制度，其本质属于一种专家的顾问意见，形式上表现为当事人举证责任的转移，是当事人对自己不懂的专门性问题，经人民法院批准，将证明责任委托给专家。利用具有专门知识的人可以对争议进行咨询以确定医疗机构有无责任及责任大小，并可以对病历及个人保留资料进行审查以发现证据，这样做不仅患者及家属不再因为不懂医学而担忧，医疗机构也可避免过去在庭审中解释有关专门性医学问题时因其当事人的身份使其说明的可信度大打折扣的问题。专家说明制度对现有的证人证言和鉴定结论将是有力的补充，认真研究和恰当运用专家说明制度将大大地减轻诉讼压力，提高审判效率。我国未在《侵权责任法》第七章中规定专家证人制度是个缺陷，在将来的《侵权责任法》修改中，有必要加入专家证人的规定。

（二）完善举证责任缓和制度

举证责任缓和就是在法律规定的情况下，在原告存在技术或者其他方面的障碍无法达到法律要求的证明标准时，适当降低原告的举证证明标准，在原告证明达到该标准时，视为其已经完成举证责任，实行举证责任转换，由被告承担举证责任。《侵权责任法》规定医疗损害患者承担完全

举证责任，导致患方举证困难，降低了其在医疗侵权诉讼中的地位和胜诉可能，鉴于此缺陷和不足，必须辅之以因果关系举证责任缓和的办法，将举证责任转由医疗机构承担，平衡医患间举证能力不平等的局面。①

虽然《侵权责任法》第54条的规定将行为违法、损害事实、因果关系和过错四个要件的举证责任都交给了受害患者一方，但是在某些情况下，通过证据规则确定举证责任缓和，仍然可以甚至应当减轻受害患者一方的举证责任，还可以明确规定在某些情况下在原告证明一定的程度之后，推定医疗机构的过错和因果关系，据此确定侵权责任。因此，司法解释应当规定原告在证明医疗过失或者因果关系上具有可能性，因受客观局限无法完成高度盖然性的证明标准的，视为其已经完成举证责任，实行举证责任转换，由医疗机构举证证明自己不存在医疗过失、自己的医疗行为与损害结果之间没有因果关系，能够证明的，不构成医疗损害责任；不能够证明的，确认成立过错要件和因果关系要件，构成医疗损害责任。

（三）建立医疗责任保险制度和医疗赔偿基金制度

笔者认为，可以通过行业协会的形式，建立医疗赔偿基金。由医疗机构及医疗相关行业（如药厂和医疗器械生产厂商等）以交纳一定资金的形式筹集基金。医疗事故发生以后，在医疗保险不赔付或赔付不足的情况下，最终由行业协会在限定的赔偿额度内对受害方进行赔偿。这样既解决了受害方的损失赔偿问题，又分散了医疗风险，可以起到保护人权与促进医学发展的双重目的。探索适合中国国情的医疗责任保险制度，分摊风险责任，实行政府、医疗机构和医务人员三方统筹募集风险基金，并将其纳入社会强制保险中，更好地保障患者的获赔能力。且同时为规避投保风险，保险人可对医疗机构与医务人员实行严格的资格准入限定，将出险较多的医疗机构和业务水平低、责任心差的医务人员排除在外，从而杜绝保

---

① 胡琳：《论医疗侵权责任的归责原则及举证责任分配》，载《经济与法》2011年第3期，第121页。

险中逆向选择的出现与道德风险的发生。

总之，医疗纠纷和医患矛盾是社会问题，不能期待一个《侵权责任法》就能把所有医疗纠纷都解决掉，其仅仅能解决责任的合理界定问题，界定清楚之后还要通过其他相关的制度去配套实施。要真正解决医疗纠纷，除了完善相关法律制度外，还要抓紧深化医药卫生体制改革，其中最关键的是不断增加基本医疗事业的经济投入，为群众享有基本医疗保健提供经济支撑和保障。

第九章　医疗损害的抗辩事由

抗辩事由是指被告针对原告的诉讼请求而提出的证明原告的诉讼请求不成立或不完全成立的事实。在侵权法中，抗辩事由是针对承担民事责任的请求而提出来的，所以，又称为免责事由或减轻责任事由。所谓医疗损害责任抗辩事由，系指在医疗损害责任纠纷中，被告医疗机构就其医疗行为不构成民事侵权，不应承担民事责任而提出的事实。医疗损害责任抗辩事由与一般民事侵权的抗辩事由基本相同，但又有其特点。

第一节　《侵权责任法》与《医疗事故处理条例》关于抗辩事由的不同规定

《侵权责任法》第60条规定，“患者有损害，因下列情形之一的，医疗机构不承担赔偿责任：（一）患者或者其近亲属不配合医疗机构进行符合诊疗规范的诊疗；（二）医务人员在抢救生命垂危的患者等紧急情况下已经尽到合理诊疗义务；（三）限于当时的医疗水平难以诊疗。前款第一项情形中，医疗机构及其医务人员也有过错的，应当承担相应的赔偿责任”。国务院于2002年颁布的《医疗事故处理条例》第33条规定了六种不构成医疗事故的情形，“有以下情形之一，不属于医疗事故：（一）在紧急情况下为抢救垂危患者生命而采取紧急医学措施造成的不良后果的；（二）在医疗活动中由于患者病情异常或者患者体质特殊而发生医疗意外的；（三）在现有的医学科学技术条件下，发生无法预料或不能防范的不良后果的；（四）无过错输血感染造成不良后果的；（五）因患方原因延误诊疗导致不良后果的；（六）因不可抗力造成不良后果的”。

《侵权责任法》第 60 条规定了医疗机构的三种抗辩事由，毫无疑问，这对医疗机构来说是件好事，因为在当前医疗纠纷中，存在一些患者“无理取闹的现象”，有了这三种抗辩事由，医疗机构可以直接用法律的明确规定来拒绝患方的不正当要求。但是对于很多熟知《医疗事故处理条例》的医务管理人员来说，《侵权责任法》第 60 条规定的抗辩事由太少了，不能够充分保护医疗机构的合法权利，不能够促使医务人员放心大胆地实施医疗措施，因为《医疗事故处理条例》第 33 条规定了六种医疗机构免责情形。但是，我们在深入研究《侵权责任法》第 60 条的规定后认为，《侵权责任法》第 60 条规定的三种抗辩事由与《医疗事故处理条例》第 33 条所规定的六种抗辩事由其实是一致的，甚至在某些方面免责范围更为宽泛，只是表述的方法不一样而已。具体见表 9-1：

表 9-1　《侵权责任法》与《医疗事故处理条例》关于抗辩事由的不同规定

《侵权责任法》	《医疗事故处理条例》	说　明
第 60 条（一）患者或者其近亲属不配合医疗机构进行符合诊疗规范的诊疗	第 33 条（五）因患方原因延误诊疗导致不良后果的	前者比后者主体更清晰，内容更具体
第 60 条（二）医务人员在抢救生命垂危的患者等紧急情况下已尽到合理诊疗义务	第 33 条（一）在紧急情况下为抢救垂危患者生命而采取紧急医学措施造成的不良后果的	都是紧急情况下，前者强调合理的注意义务
第 60 条（三）限于当时的医疗水平难以诊疗	第 33 条（二）在诊疗活动中由于患者病情异常或者患者体质特殊而发生医疗意外的 第 33 条（三）在现有的医学科学技术条件下，发生无法预料或不能防范的不良后果的	《侵权责任法》强调当时的医疗水平，而《医疗事故处理条例》强调现有的科学技条件，显然前者比后者的范围小

续表

《侵权责任法》	《医疗事故处理条例》	说　明
第 59 条。输入不合格血液造成患者损害的，患者可以向生产者或者血液提供机构请求赔偿	第 33 条（四）无过错输血感染造成的不良后果的	前者采用无过错责任原则，后者强调不属于医疗事故
第 29 条。因不可抗力造成的损害	第 33 条（五）因不可抗力造成不良后果的	都强调不可抗力是可以避免责任

实际上，无论是《侵权责任法》第 60 条的规定，还是《医疗事故处理条例》第 33 条的规定，都属于医疗损害赔偿诉讼中医疗机构的抗辩事由。这些抗辩事由一旦成立，将从根本上阻却医疗损害责任某一构成要件的成立或应该减轻医疗损害责任，即抗辩事由一旦成立，医疗机构的行为就不构成医疗损害责任或应该减轻责任。法律之所以对该抗辩事由作出明确列举性规定，并不是因为在该情况下医疗机构即使构成了医疗损害责任也可以免责，而是在该抗辩事由成立的情况下，医疗机构根本就不具有责任或应减轻责任。因此，即使没有《侵权责任法》第 60 条的规定或《医疗事故处理条例》第 33 条的规定，但是在实际诊疗活动中，医疗机构仍可以通过证明存在这些情况，而主张自己不具备医疗损害责任构成要件中的违法行为要件或者因果关系要件，进而证明自己没有医疗损害责任或应减轻责任。对于医疗机构来说，即使无法律的明确规定，在这些情况下，其也没有责任或应减轻责任。现在法律作了明确规定，只是起强调、注意、重申的作用，一方面可以鼓励医务人员积极治病救人，消除其后顾之忧；另一方面打击一些患者无理取闹，对这些“社会不能承受之痛”的医闹情况，医疗机构可以用法律的明确规定拒绝其不正当要求。①

① 刘鑫、孙东东、陈特：《医疗损害赔偿诉讼实务》，中国法制出版社 2012 年版，第 73～74 页。

第二节　医疗损害责任免责事由的立法解读

一、《侵权责任法》规定的免责事由更有普适性

我国《侵权责任法》颁布之前，在医疗纠纷处理的实践中，医方主张免责的，主要援引《民法通则》和《医疗事故处理条例》的有关规定。《民法通则》中的免责事由是对所有过错侵权责任普遍适用的一般规则，而《医疗事故处理条例》第33条规定的则是不构成医疗事故的六种情形。这就存在以下问题：其一，医疗事故的认定不能等同于医疗损害责任的认定，因而从严格意义上来讲，《医疗事故处理条例》第33条并不能等同于医疗损害责任的免责事由。其二，根据《医疗事故处理条例》不属于医疗事故的，医疗机构就不负赔偿责任，但是虽不构成医疗事故但医方亦有过错的，医方是否承担损害赔偿责任仍有争议。其三，《医疗事故处理条例》适用于医疗事故争议的案件，而如果患者没有申请医疗事故鉴定，仅主张人身损害赔偿的，那么《医疗事故处理条例》是否还适用仍不明确。《侵权责任法》则很好地解决了上述问题：其一，该法第60条明确指出了医疗机构不承担责任免责事由。其二，在侵权中医疗机构免责的规定是基于过错责任原则确定医疗机构损害赔偿责任的有无和大小。只要有过错，即使不构成医疗事故也应承担相应的损害赔偿责任，这显然更具合理性。其三，该法第七章适用于一切医疗损害纠纷案件，是否申请了医疗事故鉴定不影响该法的适用，因而更具有普适性。

二、《侵权责任法》规定的免责事由更加合理

《侵权责任法》规定了医疗损害责任的三项免责事由，符合三项免责事由之一的，应当免除医疗机构的赔偿责任。

（一）患者或者其近亲属不配合医疗机构进行符合诊疗规范的诊疗

在诊疗护理过程中，医务人员对患者进行诊疗护理，必须得到患者及其家属的配合，否则会出现不利于治疗的后果。如果由于患者及其家属的原因而延误治疗，造成患者的人身损害后果，说明受害患者一方在主观上有过错。按照过错责任原则，如果损害后果完全是由于患者及其家属延误治疗造成的，就证明医疗机构对损害的发生没有过错，应免除医疗机构的赔偿责任。具体要求是：

1. 医疗机构及其医务人员的诊疗行为符合诊疗规范

医疗机构及其医务人员的诊疗活动必须符合诊疗规范，是要求患者及其近亲属予以配合的条件。如果医疗机构及其医务人员实施的诊疗活动以及提出的诊疗措施明显不符合诊疗规范，或者违反法律规定，就不存在患者及其近亲属不予配合的问题，而是医疗机构及其医务人员的诊疗行为有过错，不能予以免责。例如，非教学医院组织见习医生观摩人工流产手术，或者进行非必要的脱衣检查，患者予以拒绝，均为医疗机构及其医务人员有过错，造成患者损害的，医疗机构不能免责。

2. 患者或者其近亲属不配合诊疗活动

配合治疗活动是指患者及其近亲属按照医疗机构及其医务人员的要求实施相应的行为。如果医疗机构及其医务人员提出的诊疗活动需要患者及其近亲属予以配合，但患者及其近亲属不实施要求的相应行为的，就是不配合诊疗活动。例如，医疗机构及其医务人员在诊疗活动中要求患者提供相应的病史资料，患者认为没有必要或者涉及自身的隐私而不予提供，致使医务人员无法进行诊疗活动的，就是不配合诊疗活动。需要手术治疗的患者，医生告知患者在术中如果失血过多需要输血，患者基于信仰或者其他原因拒不同意输血，致使手术无法进行，造成损害的，医疗机构及其医务人员不具有过失，也不应当承担责任。

3. 患者或者其近亲属不配合诊疗造成损害后果

如果仅仅有不配合诊疗活动的行为，以及医疗机构的诊疗活动不符合诊疗规范，但是没有造成患者损害，那么不存在侵权责任的问题。如果造成患者损害，且患者或者近亲属不配合诊疗活动之间具有因果关系的，才可能构成适用《侵权责任法》第60条第（一）项规定的免责事由。

医疗机构主张适用“患者或者其近亲属不配合医疗机构进行符合诊疗规范的诊疗”作为免责事由时，如果受害患者及其近亲属主张医疗机构及其医务人员对于损害的发生也有过错的，应当依照《侵权责任法》第26条规定进行过失相抵。具体方法是，根据双方的过错程度和原因力程度确定医疗机构一方承担相应的赔偿责任。①

4. 拒不配合诊疗的主体是患者或者其近亲属②

《侵权责任法》将“因患方原因延误治疗导致不良后果的”修改为“患者或者近亲属不配合医疗机构进行符合诊疗规范的诊疗”，使行为主体的范围、行为方式更明确。

（二）医务人员在抢救生命垂危的患者等紧急情况下已经尽到合理诊疗义务

在抢救生命垂危的患者等紧急情况下，为了挽救患者生命，对紧急措施可能出现的不良后果不再考虑，两相衡量，抢救生命是第一位的，只要医务人员已经尽到合理诊疗义务的，即使造成不良后果，对患者的身体有一定的损害，也不认为构成医疗损害责任。这是因为，患者处于生命垂危状态，医疗机构基于救死扶伤的目的而从事的救助行为是符合社会整体利益的行为，对此应当给予鼓励而不应设置过多限制。同样，患者处于生命垂危状态，医务人员根本没有过多的时间去精心准备可用到的各种医疗器械，安排危急病床，组织手术小组，进行专家会诊，抢救行为具有急迫性，很难要求医务人员对诊疗活动作出全面的、非常准确的判断，只能在

① 杨立新：《医疗损害责任法》，法律出版社2012年版，第112~114页。

② 刘鑫、孙东东、陈特：《医疗损害赔偿诉讼实务》，中国法制出版社2012年版，第76页。

最短的时间里，采取最大可能救活患者的措施，医务人员因而可能会出现轻微的过失，也可能未尽到与当时医疗水平相应的诊疗义务。对此，医疗机构不承担赔偿责任。例如，在抢救“非典”患者的生命时，其实都预料到大剂量注射激素类药物会有副作用，但舍此没有别的医疗措施可用，对造成的后遗症等，医疗机构不承担责任。

适用这个免责事由，应当具有以下三个要件：第一，须是在抢救生命垂危的患者的紧急情况下。不在这种情况下，不适用这个免责事由。第二，医务人员已经尽到了合理的注意义务。尽到合理注意义务，是指医疗机构及其医务人员已经尽到了一个合理的、谨慎的人应尽的注意义务。尽到了合理注意义务，但没有尽到当时的医疗水平的诊疗义务，也不认为具有过错。第三，造成损害后果别无选择。换言之，在紧急救治时，没有其他更好的救助措施可以实施。如果有其他可以选择的更好救助措施，而医疗机构及其医务人员没有采用，则具有过失，应当承担责任。

（三）限于当时的医疗水平难以诊疗的

在人类社会发展过程中，人类对于自己的认识是不断发展的，直至今天也不能全部认识自己。因此，医疗技术和医学水平总是有局限性。正因为如此，限于当时的医疗水平难以诊疗的病症，医务人员没有治愈，是正常的。《侵权责任法》一方面将当时的医疗水平作为确定医疗技术过错的标准，另一方面将限于当时的医疗水平难以诊疗作为免责事由，对这个问题作出了合理的规定。对此，应当注意这一条文的“当时的医疗水平”与《侵权责任法》第57条规定的内容完全一致。

但在《医疗事故处理条例》中表述的“现有的科学技术条件”的范围太大，可以理解为当今世界范围内的医学科学技术条件，而不同国家、同一国家不同地区之间医学科技条件相差很大。《侵权责任法》使用“当时的”则限于医疗纠纷发生时、发生地，更为明确、合适。同时对于某项先进“医学科学技术”的“知道”，并不代表对这项技术的“掌握”，也不代表“医疗水平”因此而改变。所以用“医疗水平”代替“医学科学技术条件”则考虑到了医务人员的科学技术水平、医院的设施、诊疗条件等多方面因素，更为周全。

适用这一免责事由的要件有两个：第一，判断是否适用这一免责事由标准为是否尽到当时的医疗水平。对此，必须与当时的医学水平相区别，不能采用当时的医学科学水平，也不能采用当时的医学科学技术水平作为标准。在当时的医疗水平条件下，也就是在全国范围内当时的条件下平均医疗水平，是同级医院能够达到的医疗水平。当时的临床医疗水平如此，当时的同级医疗机构的临床医疗水平如此，限于这个水平，医疗机构对所发生的不良医疗后果无法预料，或者已经预料到了但没有办法避免，因此而造成的不良后果，不构成医疗技术损害责任，医疗机构不承担赔偿责任。第二，“难以诊疗”既包括难以治疗，也包括难以治愈。例如，当时对“非典”的治疗，基本上属于难以治疗；对大多数肿瘤而言，基本上属于难以治愈。限于当时的医疗水平，这些疾病难以治疗或者难以治愈的，医疗机构都不承担医疗损害责任。

（四）《侵权责任法》规定无过错输血不能免责

《侵权责任法》第59条规定：“因药品、消毒药剂、医疗器械的缺陷，或者输入不合格血液造成患者损害的，患者可向生产者或者血液提供机构请求赔偿，也可以向医疗机构请求赔偿。患者向医疗机构请求赔偿的，医疗机构赔偿后，有权向负有责任的生产者或者血液提供机构追偿。”

无过错输血，医疗机构能否免责的问题，争议较大，集中体现在血液是否为“产品”的问题上，即血液是否属于“产品”是讨论无过错责任原则能否适用的逻辑起点，进而决定医疗机构是否免责。笔者认为，无论是从国外立法还是《产品质量法》中关于“产品”的界定来看，血液都难以被认定为“产品”。其实，对于无过错输血，医疗机构能否免责不必纠结于血液是否是“产品”，而应该转换视角回归到医患关系本身来，即充分考虑医患双方的实际能力和利益，依据公平正义的法律精神，决定特定情况下如何合理地确定双方权利义务的分配。由于“窗口期”等问题，无过错输血给患者造成损害的风险是客观存在的，而如果仅将这种风险加之于患者承担，显然是不公平的。对于无过错输血感染这一不可预料的风险，血液提供者更有控制风险、承担风险和分散风险的能力。可见，医疗机构对患者的安全保障之义务是不可推卸的，无过错输血作为免责事由当然不具有合理性。即在当时的科技水平条件下，即使某一缺陷尚不能被发现，生产者仍要对此缺陷产品所导致的损害负责。①《侵权责任法》明确规定了医方无过错输血的无过错责任，这对于加强医疗机构的安全保障义务，维护患者的合法权益和维护公平正义无疑具有积极的意义。

第三节　一般抗辩事由

医疗损害责任的一般抗辩事由，系指并不专属医疗损害责任抗辩的、其他民事侵权责任均可适用的其他事由。根据《侵权责任法》第27条与第30条的规定，此类抗辩事由包括患者故意、第三人过错、不可抗力和正当防卫。

一、受害人故意造成自己损害

《侵权责任法》第27条规定："损害是因受害人故意造成的，行为人不承担责任。"作为一般的免责事由，受害人的故意是指受害人明知自己的行为会发生损害自己的后果，而希望或放任此种结果发生。受害患者对损害的发生具有故意，表明受害患者的行为是损害发生的唯一原因，从而应使医疗机构免责。在过错责任原则适用范围内，如果受害患者具有故意，而医疗机构及其医务人员只有轻微过失，医疗机构也可以免责。在医疗产品损害责任适用无过错责任原则时，只要受害患者故意造成损害，加害人即可免责。应当强调的是，在对患者进行的正常的诊疗活动中，患者

① 周海洋：《医疗事故法定免责事由之分析》，《科技信息》2002年第6期，第202页。

故意造成自己损害，如患者不堪忍受病痛，跳楼自杀，如果医疗机构及其医务人员不存在违反安全保障义务的过失，则不承担侵权责任。

《侵权责任法》第27条没有规定受害人的重大过失为免责事由。但是，在适用过错责任原则的情况下，当受害人重大过失是损害发生的全部原因时，应当免除行为人的责任。医疗损害责任适用过错责任原则，对此也应当适用。受害患者的重大过失是指受害患者对于自己的人身和财产安全毫不顾及，极不注意，以致造成了自身的损害。在这种情况下，如果仍然责令医疗机构承担侵权责任是不公平的。尽管《侵权责任法》对受害人重大过失是否构成免责事由没有明文规定，因此学界对于受害人的这种过错是否构成免责事由有不同的看法，但从《侵权责任法》和有关单行法规的规定来看，如果损害完全由受害患者的重大过失所致，医疗机构及其医务人员对损害的发生没有任何过错，就不承担民事责任，这种重大过失应当作为免责事由，但其前提必须是医疗机构及其医务人员没有过错。如果医疗机构及其医务人员具有过错，应按照过失相抵规则处理。以下两个案例具有一定的代表性：

案例9.1①：

王某因肝癌晚期被收至某医院，由于疾病使其疼痛难忍，从医院病房的楼上跳楼自杀身亡。死亡后家属认为医院没有提供应有的服务致使王某死亡，给家属造成了巨大的精神痛苦和一定的经济损失，请求法院判令被告医院赔偿原告经济损失8000元、精神损失50000元。法院审理认为，医院在治疗王某的手段上并无不妥，况且，王某作为一个有完全民事行为能力的人，无须对其进行人身监护，其死亡原因是跳楼自杀，并非医院治疗护理中的过错所致，故医院不应对其死亡承担赔偿责任，因此，上诉人的上诉请求，法院不予支持。

---

① 高雪娟：《论医疗损害抗辩事由的应用》，《医学与哲学》2015年第5期，第6~7页。

案例9.2①：

2001年5月8日，患者张某因患精神分裂症到河南某医院住院治疗，同年9月10日，家人接到医院的通知，说张某用绳子在病房的窗户上上吊，经抢救无效死亡。事发后双方就赔偿问题没有达成一致，其家人将医院诉至法院，索赔20万元。法院认为，张某的自杀身亡有主观和客观两方面的原因。客观原因是医院的管理不力。但一个人想死，他人无论如何防范都不能阻拦，因此，原告结果的出现全部苛求被告承担责任是不公平的。因此在责任分摊上，被告对张某的自杀承担40%的赔偿责任。最后法院根据《民法通则》、《关于确定民事侵权精神损害赔偿责任若干问题的解释》的有关规定，法院判令被告付给原告83000元、丧葬费2688元、精神损害抚慰金3000元。

二、第三人原因造成患者损害

《侵权责任法》第28条规定了第三人原因的一般规则："损害是因第三人造成的，第三人应当承担侵权责任。"第三人原因是指除受害人和加害人之外的第三人对受害人损害的发生具有全部因果关系的情形。医疗损害责任的第三人原因的特点是：

（一）造成患者损害的主体是第三人

第三人是侵权行为主体，造成患者损害的过错不属于医疗机构及其医务人员或受害患者中的任何一方。同时，该第三人不能被认定属于医疗机构及其医务人员一方或属于受害患者的利害关系一方。例如，缺陷医疗产品造成患者损害，医疗机构不得以第三人的原因造成损害而主张免除其责任。

① 陈彦青：《医疗专家民生免责制度研究》，湖南大学2010年硕士学位论文，第18页。

（二）第三人与医疗机构及其医务人员或受害患者没有过错联系

如果第三人和医疗机构及其医务人员之间基于共同的意思联络（如第三人为被告的帮助人）而致患者损害，将作为共同侵权行为人而对受害患者负连带责任。如果第三人与受害患者有共同过错，则构成过失相抵。

（三）第三人原因是免除医疗机构责任的依据

第三人原因是免除医疗机构责任的依据。第三人原因作为免责事由，第三人的过错行为是损害发生的全部原因，医疗机构对此没有过错的，应当免责，由第三人承担责任。①

案例 9.3②：

徐某与其妻胡某结婚后长期感情不和，便向胡某提出离婚，遭到拒绝。1995 年 10 月 3 日，徐某被胡某娘家数人打伤，被送进遵义市某医院住院治疗。次日上午 11 时许，胡某带着一瓶饮料来到病房“看望”徐某。正当徐某受宠若惊时，胡某却将“饮料”瓶中的浓硫酸倒向徐某面部，徐某被严重烧伤。后经遵义市中级人民法院法医鉴定，徐某面颈部被硫酸烧伤后左耳已经萎缩，左面部疤痕面积达 80% 以上，颈部及右面部形成大片疤痕。法医鉴定结论为：徐某所受伤情为重伤，伤残等级为四级。烧伤治愈后，徐某并没有起诉胡某，而是将遵义市某医院告上法庭。徐某认为医院有义务对病员的生命财产安全给予特殊的保护，也应当预见到病员有遭受外来侵害的可能性。然而，由于医院方面存在疏漏，未能采取有效措施保障他的人身安全，导致其在住院期间遭到他人严重伤害，因此，医院应当对自己受到的

① 陈志华：《医疗损害责任深度解释与实务指南》，法律出版社 2010 年版，第 115 页。

② 陈怡如：《我国医疗损害责任的免责事由研究》，辽宁师范大学 2018 年硕士学位论文，第 32 页。

伤害承担责任。徐某要求医院赔偿其经济及精神损失34万元。

2002年3月18日，贵州省遵义市人民法院公开审理了本案。经法院审理查明，犯罪嫌疑人胡某到病房时正值探视高峰期。法院认为，基于胡某为患者妻子这一特殊身份，医院管理者（病房门卫或保安）没有正当理由拒绝她的探视请求，也没有理由对探视亲属的物品进行安全检查，更不能在妻子探望丈夫时进行监视。在本案中，医院已尽到了其应尽的安全保障义务，不存在过错，对于患者所受到的伤害，理应由行为人承担。因此，法院驳回了原告的诉讼请求。

三、不可抗力

所谓不可抗力，是指人力所不可抗拒的力量，包括自然原因（如地震、台风、洪水、海啸）和社会原因（如战争）等。我国《民法通则》第153条规定，本法所称的“不可抗力”，是指不能预见、不能避免并不能克服的客观情况。《民法通则》第107条规定，因不可抗力不能履行合同或者造成他人损害的，不承担民事责任，法律另有规定的除外。

《合同法》第117条规定：“因不可抗力不能履行合同的，根据不可抗力的影响，部分或者全部免除责任，但法律另有规定的除外。当事人迟延履行后发生不可抗力的，不能免除责任。本法所称不可抗力，是指不能预见、不能避免并不能克服的客观情况。”《医疗事故处理条例》第33条第（六）项规定：“因不可抗力造成不良后果的，不属于医疗事故。”《侵权责任法》第29条规定：“因不可抗力造成他人损害的，不承担责任。法律另有规定的，依照其规定。”

鉴于不可抗力的发生不为人们的意志所支配，因此，如果患者所受损害确系不可抗力因素所致，则可免除医疗机构的民事责任。但是，在医疗损害案件的司法实践中，医疗机构以不可抗力作为其免责或减轻责任抗辩事由获得成功的几率并不高，且经常混淆了不可抗力与意外事件（医疗意外）之间的区别。

四、正当防卫

所谓正当防卫，系指当公共利益、他人或本人的人身或其他利益受到不法侵害时，行为人所采取的一种防卫措施。我国《民事通则》第128条规定："因正当防卫造成损害的，不承担民事责任。"《侵权责任法》第30条规定："因正当防卫造成损害的，不承担责任。正当防卫超过必要的限度，造成不应有的损害的，正当防卫人应当承担适当的责任。"

在医疗损害赔偿案件中，医疗机构极少以正当防卫作为抗辩事由。但是，当医务人员受到来自患方的不法侵害时，如患者或者家属因医疗纠纷而实施伤害行为时，医务人员可以依法行使正当防卫的权利。

第四节 其他抗辩理由

一、并发症的概述

我国现行的法律法规和医学书籍没有对"并发症"这一重要概念作出明确的定义，对其内涵和外延的认识还是比较模糊。

（一）并发症的概念

人们对并发症是否免责的观点分歧主要源于对并发症概念的理解不同。如何科学地定义并发症这一概念是研究并发症相关法律问题的基础。根据世界公认的权威——《MexIiam—Webster医学辞典》的解释，所谓"并发症"（complication），是指在某种原发疾病或症状（condition）发展进程中发生的，由于原发疾病或症状，或其他独立原因所导致的继发疾病或症状。这一定义揭示了并发症的发生原因，对于如何认识并发症有着重要的指导意义。从并发症的定义可以看出，并发症的发生原因是多方面的：可能是因为原发疾病所导致，例如慢性糖尿病导致视网膜病变，肠梗阻导致小肠坏死等；也可能是因为诊断、治疗措施方法所导致，如食管胃肠合术后出现吻合口瘘，甲状腺手术导致喉返神经损伤等；还可能是不当的医疗行为所导致，如处理肩难产时手法不当可能会造成新生儿臂丛神经损伤。

（二）并发症的特点

1. 可预见性

从临床实践来看，绝大部分并发症是可以预见的。可预见性是并发症的一个重要特征，同时也是并发症与医疗意外的主要区别，因为后者常常是难以预见的，当然这种区别是相对的。

2. 发生不确定性

并发症是否发生，与现代医学科学技术发展水平、医务人员的诊疗水平、医疗条件、患者的自身体质及地域等诸多因素密切相关，这也正是并发症较之医疗意外更为复杂的原因之一。

3. 相对可避免性

并发症并非完全不可避免。随着医学科学技术的发展，人们对疾病的认识程度提高，愈来愈多的并发症通过医务人员的积极努力得以避免，使患者得以康复或病情得到缓解，这也是医学科学追求的终极目标。正是因为这一特点，国外有学者甚至将并发症归入“可防范风险”（Norreally Prevented Risks）之列。

正是由于并发症的相对可预见性、不确定性和相对可避免性，引申出了临床发生并发症是否属于医疗事故以及医务人员是否承担责任的问题。

（三）并发症的归责与免责

目前，我国法律对医疗损害的归责采用过错责任原则，即医疗机构及其医务人员只有在医疗损害的发生存在医疗过错的情况下才承担民事责任，无过错即无责任。医疗过错是指医务人员主观上存在过失（包括疏忽大意和过于自信两种形式），客观上实施了违反医疗卫生管理法律法规及诊疗护理技术操作常规或规范的行为，主观的过失是通过客观的行为表现出来的。从行为人应对他人尽到注意义务的角度分析，医疗过失是指医务人员在为患者诊疗护理过程中未能履行或适当履行其应尽的注意义务。临床医务人员的注意义务包括结果预见义务和结果回避义务。前者指医务人员应对将发生的损害后果有预见的义务；而后者是指医务人员有采取措施避免这种损害后果发生的义务。如果应当预见损害发生而没有预见或已经预见而没有采用有效措施加以避免损害发生，就可认定医务人员存在医疗过失，当然难以避免的损害情形除外。因此，在判断医务人员是否应对患者并发症的发生承担责任时，应注意研究其是否对这种并发症的发生尽到了应尽的注意义务，包括结果预见义务和结果回避义务。具体可从以下四个方面加以分析：

1. 医务人员是否尽到风险预见义务

正如上述，并发症一般情况下是可以预见的，如股骨远端骨折可能会导致股动脉损伤，食管癌切除术并食管胃吻合术后可能会发生吻合口瘘，甲状腺手术可能会损伤喉返神经等。如果应当预见而未能预见到并发症的发生，则说明医务人员未能尽到结果预见义务而构成医疗过失。

案例 9.4：

2000 年 8 月 9 日，彭某先兆早产住进合肥某医院待产，妇产科医生对其先予观察。其间，彭某及家人曾提出行剖宫产，因剖宫产指征不明确，故此请求没有被采纳。同年 8 月 10 日，彭某在生产过程中发生肩难产，产科医生采取产钳术助产，因产伤造成女婴右臂丛神经受损。事后，医患双方发生纠纷，医疗事故技术鉴定结论认为不属于医疗事故。但鉴定分析认为，医方存在对孕妇 86kg、腹围+宫高 155cm 等项指标提示胎儿较大认识不足，造成对胎儿体重估计存在误差。法医学鉴定结论认为，根据被鉴定人女婴母亲产前检查，入院检查时的体重、身高、腹围、宫高及产程等情况，提示胎儿较大，若接产人员能正确估计胎儿体重，采取剖宫产术结束分娩，则可以避免被鉴定人右臂丛神经受损的严重后果。鉴于医院未能尽到风险预见义务，法院判决医院承担部分责任，赔偿原告8.6万元。

2. 医务人员是否尽到风险告知义务

《执业医师法》第26条规定，医师应当如实向患者或者其家属介绍病情。《医疗事故处理条例》第11条规定，在医疗活动中，医疗机构及其医务人员应当将患者的病情、医疗措施、医疗风险等如实告知患者。上述法律条款规定了医务人员的告知义务。如果医务人员未能向患者或家属告知其治疗措施可能带来的医疗风险，则可以认定其违反了法定的告知义务而构成医疗过失。

案例9.5①：

某年轻女性患者因左眼复发性结膜囊肿到上海某医院接受手术治疗，出院时发现左眼无法睁开，经再次手术治疗仅略有好转。经当地医疗事故鉴定委员会鉴定认为医院的诊断和治疗并无不当，左眼上睑下垂属术后并发症，故不属医疗事故。患者不服，向当地法院提起诉讼，认为医院未在手术前告知可能引起后遗症，请求法院判令医院承担过错赔偿责任，赔偿包括精神损失费在内的各项损失共计25万元。法院审理后认为，鉴定部门的结论不能证明医院有过错，故一审判决驳回其起诉。患者向当地中级人民法院提起上诉。中院经审理认为，在医疗关系中患者享有两项基本权利：(1) 充分了解医疗活动所含风险的权利；(2) 获得适当、合理治疗的权利。医院相应负有两项义务：(1) 详尽告知患者手术及特殊治疗的风险，并征得患者对该治疗手段的同意；(2) 进行适当、合理的治疗。被告医院术前与患者家属谈话笔录只对术后肿瘤界限不清、分离困难，术中出血，术后感染，术后睑球粘连，误伤眼球内其他组织等可能发生的问题加以说明，并

① 陈志华：《医疗损害责任深度释解与实务指南》，法律出版社2010年版，第127页。

未将术后可能发生上睑提肌断裂的并发症告知患者。因此，该医院未完全明示术后风险，致使患者丧失了选择手术与否的机会，并造成严重后果，应承担民事侵权责任。但由于患者的损害状态系多种因素造成，如自身病因导致了手术和手术并发症，她也在客观上选择了手术，因此，法院认为医院应承担80%的赔偿责任，改判医院赔偿患者医疗费、误工费、残疾者生活补助费、车旅费、精神损失费共计6万余元。

3. 医务人员是否尽到风险回避义务

医务人员是否尽到风险回避义务，即医务人员采取了相应的诊疗措施以尽可能避免并发症的发生，也即是否履行了结果回避义务。并发症的相对可避免性决定了在一定的条件下，只要医务人员加以充分地注意并采取积极有效的防范措施，并发症在一定程度上是可以避免的。例如在剖宫产手术中，手术医生应特别注意防止损伤患者的输尿管。再如，在甲状腺切除手术中，经常发生喉返神经损伤，其发生率约为0.5%，大多数是因手术处理甲状腺之时，不慎将喉返神经切断、缝扎或挫夹、牵拉造成永久性或暂时性损伤所致。少数也可由血肿或瘢痕组织压迫或牵拉而发生。因此，在进行手术时，要求手术医生对甲状腺周围的神经予以充分地注意，以避免造成神经损伤。据报道①，北京某医院由于耳鼻咽喉—头颈外科医师非常熟悉颈部和甲状腺的解剖，因此他们在行甲状腺肿瘤手术时，喉返神经损伤和甲状旁腺功能损伤的发生率几乎为零。但是，应当注意的是，并发症的可避免性是相对的，在临床实践中，有时即使医务人员对并发症予以充分的注意并采取预防措施仍难以避免并发症的发生。例如，如果甲状腺肿物与周围神经粘连非常密切，则在切除过程中将难以避免神经损伤的发生。还有，在腹肠手术后出现的肠粘连等并发症则是临床难以避免

① 李挺：《论医疗损害责任抗辩事由及其法律完善》，《法学论坛》2011年第7期，第116~121页。

的。在上述情况下，只要医务人员能够证明其在手术中严格遵守了技术操作规范，并对不良后果的发生给予了充分的注意，那么即使发生了并发症，医务人员因对其发生不存在过失而无须承担责任。

4. 医务人员是否尽到医疗救治义务

在并发症发生后，医务人员应采取积极的治疗措施以防止损害后果的扩大。还是以甲状腺喉返神经损伤为例，因切断、缝扎导致的喉返神经损伤属永久性损害，而因挫夹、牵拉、血肿压迫所致者多为暂时性的，经过适当的理疗等及时处理后，一般可以在3~6个月内逐渐恢复。因此，对于后者，医务人员应当采取积极有效的治疗措施，以最大限度地减少并发症的损害后果。

案例9.6①：

某女性患者因食管癌于2000年4月20日入住山东某市医院。经术前常规检查后，于同年4月26日行经左胸中段食管癌切除并颈部食管、胃吻合术。术后采取胸腔闭式引流等措施。5月2日查体发现患者“右肺呼吸音粗，左肺呼吸音弱”。当日申请胸部透视，并于次日进行检查，发现“左胸腔大量积液”，但经治医生未进行任何处理。5月4日，行B超检查，显示患者“左胸腔大量积液”。结合其他检查，经治医生认为患者已出现吻合口瘘，开始进行相应地处理。但是，患者病情持续恶化，最终因抢救无效于2000年7月21日死亡。患者家属认为医院工作人员在患者手术后，护理不周，引流管引流不畅，未能引出胸腔内的积液，引起感染，造成吻合口瘘，并直接导致患者死亡。医院认为其不存在医疗过错。医患双方就此发生争议，患者家属向当地人民法院提起诉讼，要求医院承担过错责任，赔偿经济及精神损失近40万元。

① 李丽娟、徐静涛、陈莉坚等：《甲状腺手术医疗损害鉴定10例分析》，《中国司法鉴定》2019年第3期，第27~28页。

法院在审理过程中，根据原告方的申请，委托北京某司法鉴定机构对本案进行了法医学鉴定。鉴定意见认为，吻合口瘘是食管癌切除术后常见的并发症，其发生原因是多方面的。尽管人们进行了大量的研究以防止吻合口瘘的发生，如采用吻合器等，但是仍然难以完全避免。吻合口瘘一旦形成，治疗上非常困难，死亡率很高。但是，如果能够早期发现，治愈的可能性将有一定程度的提高。医院对患者的诊断、手术治疗没有原则的错误，但是对于其吻合口瘘的发现有延迟，此为医院医疗行为中的缺陷。由于吻合口瘘发现延迟使得治疗不及时，导致病情没有得到及时控制，从而丧失了吻合口瘘得以及早治疗的机会。从临床资料来推测，患者死于肿瘤转移、恶病质合并感染导致多器官功能衰竭。在死亡结果中，肿瘤转移是主要因素，感染为次要辅助因素，感染本身仅仅是加速恶病质的发生，加快死亡进程。法院根据法医学鉴定意见，认为医院存在一定的医疗缺陷，且该缺陷与患者死亡具有一定的联系，应承担相应的民事责任。同时法院还认为，由于医院的医疗缺陷与患者死亡之间的联系是间接的，因此医院只承担次要责任。法院判决被告医院向原告患者家属赔偿医疗费、护理费、丧葬费、死亡补偿费等合计人民币35000余元。

因此，医务人员是否应对并发症的发生承担责任，判断的主要依据是其是否履行了应尽的注意义务，是否严格遵守了诊疗护理技术操作规范或常规。医务人员对并发症承担责任的前提是医疗过错或过失的存在。如果并发症的发生是在现有医学科学技术条件下不能防范或难以避免的，那么医务人员是不承担过错责任的。从这一点来讲，《医疗事故处理条例》第33条已有明确的规定，尽管该条款并未直接使用“并发症”这一术语。

二、医疗意外归责与免责

与医疗意外相关的民法概念是意外事件，医疗意外应属于民法中意外事件的一种。所谓意外事件，是指非因当事人故意或过失而偶然发生的事件。对于意外事件，我国没有相关规定，没有将其确定为免责事由，但在《医疗事故处理条例》中，将医疗意外造成患者损害后果排除在医疗事故以外。《医疗事故处理条例》第33条第（二）项规定，在医疗活动中由于患者病情异常或者患者体质特殊而发生医疗意外的，不属于医疗事故。但是，医疗意外并非医疗机构的绝对免责事由。如果医务人员在医疗意外发生后救治措施不力，则应承担相应的民事赔偿责任。

作为免责事由的意外事件，应具备如下条件：（1）意外事件必须是不可预见的。例如，青霉素皮试阴性的患者突然发生了过敏反应，而这是医务人员事先不可预见的。需要注意的是，医疗意外与并发症的区别之一，即是其不可预见性，而后者一般是可以预见的。（2）损害的发生须归因于行为人自身以外的原因，且行为人已尽到充分的注意义务。（3）必须是偶然发生的事故，并不包括第三人的行为。意外事件作为免责事由，仅适用过错责任。

在因医疗意外而引发的医疗损害赔偿纠纷案件中，医疗机构如欲以医疗意外进行免责抗辩，则应证明两个事实：（1）医疗损害的发生归因于医疗机构和医务人员自身以外的原因，即非医疗过失所致，而是由于患者自身体质或病情的原因；（2）医疗机构和医务人员已经尽到了他们应当和能够尽到的注意义务，不存在医疗过错。如果医疗机构不能证明其已履行了应尽的注意义务，则应根据其过失的大小承担相应的法律责任。

案例9.7①：

广西某医院在给一位患者注射青霉素注射液时，医务人员先对其过敏史进行了皮试，直到过了规定的时间没有发现过敏症状后，才给患者注射。注射后，又在注射室观察了10分钟。患者在回家3小时后发生过敏，因抢救不及时死亡。死者家属要求追究医院的医疗损害责

① 宋会臻：《难以避免的医疗意外与对策》，《中国误诊学杂志》2009年第9期，第2028~2029页。

任，法院判决驳回诉讼请求。这种青霉素的延缓过敏现象是极为罕见的，是患者体质特殊，因而属于医院免责的事由。

第五节　完善我国医疗损害责任免责事由的立法建议

《侵权责任法》对医疗损害免责事由虽有规定，但规定的内容还不够全面、细致。笔者对其完善提出以下建议：

一、立法应当增订患者自甘风险作为医疗损害责任免责事由的规定

自甘风险是指知道风险而自愿冒险，发生损害后果应当自负的规则。作为一种免责事由，自甘风险主要适用于体育运动等一些高风险领域内侵权责任的认定。其免责的机理在于，在一些高风险领域，损害的发生是一种客观存在的潜在风险，在被告没有违反注意义务的情况下，原告只能自己承担风险转化为现实所带来的损害。自甘冒风险与受害人同意似乎相似，其实不然。自甘风险为过失侵权的免责事由，而受害人同意则是故意侵权的免责事由。自甘风险的本质是冒险性，即一旦可能发生的风险转化为现实损害时，如果被告没有过失，原告甘愿自负损害后果；而受害人同意的本质是知情同意，即受害人在明知损害的性质和内容时而同意损害则后果自负。在理论上，医疗行为包括临床性医疗行为、实验性医疗行为、诊疗目的性行为、非诊疗目的性行为四种类型。自甘风险主要适用于实验性医疗行为，与一般的医疗活动相比，实验性治疗兼具医疗与科研的性质，实验性治疗是医疗技术发展和成熟的基本方式和必经途径，而且对于某些患者而言还可能是一线生机。所以，基于医疗治病救人、服务社会的宗旨和追求身体健康利益的考虑，正当的实验性治疗，特别是科技含量高的实验性治疗应当为法律所保护和鼓励。在医疗机构或科研单位已经明确向患者说明医疗性质以及可能出现的后

果的情况下，如果患者同意接受治疗，视为同意承受该种不确定的风险，医疗机构可以免责。笔者认为，法律对于实验性治疗的保护与限制目的是一致的，都是为了提高医疗水平，解除患者的病痛，进而造福全社会。自甘风险作为医疗机构的免责事由既使医患双方利益平衡，也是对患者个人利益与社会整体利益的协调。①

二、立法应当增订医疗意外作为医疗损害责任免责事由的规定

通常认为，医疗意外是指在医务人员诊疗过程中，由于无法抗拒的原因，导致患者出现难以预料和难以防范的不良后果。医疗意外也是医疗损害结果发生的原因，但医疗损害的发生不是出于医务人员的故意或过失，而是由于不能预见的原因所引起。即医务人员对其诊疗行为发生损害的结果不但未预见到，而且根据其实际能力和当时的具体条件，在行为当时也不可能预见。医疗意外有两个特征：一是医疗人员尽到了充分的注意义务，严格按照操作规程操作，在诊疗过程中没有过失，但由于患者的病情异常或体质特殊等其他原因而发生了损害后果；二是损害后果的发生属于医疗单位或医务人员不能预见和难以防范的。《医疗事故处理条例》第33条的规定，“在医疗活动中由于患者病情异常或者患者体质特殊而发生医疗意外的不属于医疗事故”，实际上肯定了医疗意外属于医疗损害责任的免责事由。但这一规定的表述并不严谨，因为导致医疗意外发生的不能预见的因素是多方面的，患者病情异常或特异体质只是其中一部分。某些疾病的诊断、治疗措施中带有不同程度的危险性，如实施麻醉、内窥镜检查，即使按规程操作也可能发生损害。医疗意外因为具有阻却患者的损害结果与医务人员的诊疗行为之间因果关系的作用，应当属于医疗损害责任的免责事由。《侵权责任法》没有规定医疗意外属于免责事由，应当说是一种缺憾。在适用医疗意外作为免责事由时，应当着重审查以下几点：一

---

① 单丽雪：《论医疗损害责任的免责事由——兼评〈侵权责任法〉第60条》，《渤海大学学报》2012年第3期，第43~44页。

是医务人员在诊疗活动中是否按规程操作，是否符合医疗诊疗的要求；二是医务人员是否已尽谨慎注意义务；三是医务人员对损害的发生能否预见和防范。

第十章 医疗事故鉴定与司法鉴定

第一节 概 述

2002年9月《医疗事故处理条例》正式施行，对医疗纠纷的行政处理、医疗事故鉴定的组织机构及鉴定持续等作出了具体规定。2003年1月《关于参照〈医疗事故处理条例〉审理医疗纠纷民事案件的通知》，对医疗纠纷诉讼中涉及的医学专门问题的鉴定作出了规定，即《医疗事故处理条例》施行后发生的医疗事故引起的医疗赔偿纠纷，诉到法院的，参照《医疗事故处理条例》的有关规定办理，人民法院在民事审判中，根据当事人的申请或者依职权决定进行医疗事故司法鉴定的，交由《医疗事故处理条例》所规定的医学会组织鉴定。因医疗事故以外的原因引起的其他医疗赔偿纠纷需要进行司法鉴定的，按照《人民法院对外委托司法鉴定管理规定》组织鉴定。因此，我国医疗纠纷、医疗事故争议以及医疗损害赔偿案件的技术鉴定存在着两种不同的技术鉴定体制，一是医学会组织的专家鉴定组形式的医疗事故技术鉴定，二是通过司法鉴定部门进行的因果关系的法医学司法技术鉴定。

第二节　医学会医疗事故鉴定与法医学司法鉴定的概况

一、医疗事故鉴定

《医疗事故处理条例》第三章对医疗事故的技术鉴定专门制定了相关的规定。其中对技术鉴定的启动规定："卫生行政部门接到医疗机构关于重大医疗过失行为的报告或者医疗事故争议当事人要求处理医疗事故争议的申请后，对需要进行医疗事故技术鉴定的，应当交由负责医疗事故技术鉴定工作的医学会组织鉴定；医患双方协商解决医疗事故争议，需要进行医疗事故技术鉴定的，由双方当事人共同委托负责医疗事故技术鉴定工作的医学会组织鉴定。"为此，卫生部为规范医疗事故技术鉴定工作，确保医疗事故技术鉴定工作的有序进行，于 2002 年 7 月 19 日特地发布了《医疗事故技术鉴定暂行办法》，对涉及医疗事故技术鉴定的鉴定主体（设区的市级和省、自治区、直辖市直接管辖的县市级地方医学会负责组织的专家组）、鉴定的提起与受理、鉴定的程序、医疗事故的认定、分级与责任划分原则、鉴定书的制作以及卫生行政部门的审核等都作了较为详细的规定。这些显然规定了医学会组织的医疗事故专家鉴定为卫生行政处理医疗事故或医疗事故争议服务的基本性质。其鉴定结论是卫生行政部门行使行政管理职能对医疗事故或医疗事故争议当事双方进行调解，对发生医疗事故的医疗机构及其医务人员进行行政处理的重要依据。

医疗事故鉴定具有如下特点：（1）鉴定主体只能是特定的主体，即各级医学会组织的鉴定专家组，其他任何卫生行政机构或医院、医学院校无权组织或进行医疗事故鉴定；（2）医疗事故鉴定是医学会接受当事人、卫生行政机关或法院的委托后被动启动的，医学会没有权利主动启动医疗事故鉴定；（3）医疗事故鉴定具有很强的专业性，必须由具有一定资质的相关医学学科专家运用丰富的医学知识和临床经验，对专门性问题进行分析评判并得出相应的结论；(4) 医疗事故鉴定带有很强的行政色彩，主要目的是为医疗机构和卫生行政部门解决和处理医疗纠纷提供依据和方法。

最高人民法院于 2003 年 1 月 6 日发布的《关于参照〈医疗事故处理条例〉审理医疗纠纷民事案件的通知》引起了医疗事故卫生行政处理与医疗损害赔偿司法民事诉讼的混淆。实际上，按照该通知的精神以及最高人民法院民事审判庭负责人的解释，当以医疗事故损害赔偿为案由起诉，当事人双方同意共同委托医学会做医疗事故技术鉴定时，医疗侵权损害的民事诉讼案件应当提交当地的医学会组织专家进行医疗事故技术鉴定。

二、司法鉴定

按照《中华人民共和国民事诉讼法》、《中华人民共和国刑事诉讼法》与《中华人民共和国行政诉讼法》的有关规定，司法鉴定是指在诉讼过程中对案件中的专门性问题，由司法机关指派或当事人委托，聘请具有专门知识的人对专门性问题作出判断的一种活动。或者说司法鉴定是司法鉴定人接受司法机关、仲裁机构或当事人的委托，依照法律规定的条件和程序，运用专门知识或者技能对诉讼、仲裁等活动中所涉及的某些专门性问题进行检验、判定的活动。司法鉴定属于科学实证活动，其鉴定结论作为法定证据之一，对案件的裁决具有重要乃至决定性的影响，是司法活动的重要组成部分。司法鉴定主要有法医、物证、声像资料等类别。医疗人身损害赔偿案件涉及的是诉讼中的医疗活动有无过失，以及与患者不良医疗后果之间有无因果关系等医学性的专门问题，所以医疗损害赔偿案件的司法鉴定，尤其是法医病理学与临床法医学鉴定专业性很强。医疗损害赔偿案件的法医学司法鉴定的根本任务是为司法机关审理医疗人身损害案件提供科学证据。

其鉴定主体是具有鉴定资格的法医学司法鉴定机构和法医学司法鉴定人。司法鉴定的主体不仅体现在具体实施鉴定的人员应该是具有法医学鉴定资质的鉴定人员，而且还应该体现在鉴定的具体操作上，应该应用法医学有关的理论与技术去检验、分析与作出结论。这样做的结果不能体现法医学司法鉴定的特点以及其与一般医学技术鉴定的区别。正确的做法是法医学司法鉴定人以法医学的观点、立场、理论与技术，检验、分析医疗损害赔偿案件所涉及的医学事实，在鉴定中注意听取并尊重临床专家的意见，但不盲从，应完全独立地去分析判断案件涉及的医疗机构及其医务人员有无医疗过错，医疗过错与不良医疗后果之间有无因果关系以及其责任参与度，伤残等级等司法鉴定需要解决的问题。由于历史的原因，我国的司法鉴定机构尚不统一，他们分别隶属于公安、检察、法院、司法、高等院校等系统，目前也尚无统一的司法鉴定工作细则。这些无疑影响了我国司法鉴定工作的开展与进一步发展。因此，司法鉴定体制的改革已是大势所趋。但是，多年来他们为我国法治建设与进步作出的成绩与贡献，是有目共睹的。无论哪个系统的司法鉴定机构和鉴定人，其鉴定原则都是共通的。所以，不以追究医疗事故责任为目的，而以提请医疗人身损害赔偿为案由的民事诉讼案件，特别是那些已经被医学会的医疗事故技术鉴定为不属于医疗事故而又存在医疗过错的案件，为了使受到损害的当事人能够按照民法原则得到应有的赔偿，法医学司法鉴定能够更好地适应司法诉讼的要求，当事人或司法机关应该委托具有司法鉴定资质的法医学司法鉴定机构对医疗损害赔偿案件涉及的技术问题作法医学司法技术鉴定。

第三节 医疗事故鉴定与司法鉴定的关系

一、医疗事故鉴定与司法鉴定的联系

医学会组织的医疗事故或医疗事故争议的医学技术鉴定与司法技术鉴定两者之间的相同点在于：它们的本质都是对医疗过程中医疗行为与患者不良医疗后果的因果关系进行分析技术鉴定；目的都是为有关部门对医疗纠纷、医疗事故争议或医疗损害赔偿案件的处理提供科学依据；鉴定的程序基本相同，即受理有关单位的委托，了解并掌握有关事实和当事双方的意见后，依据客观事实，用科学的理论，针对委托要求逐一分析，最后提

出鉴定意见或结论；鉴定的原则一致，即都要求鉴定人在鉴定时“坚持实行实事求是的科学态度，做到事实清楚、定性准确、责任明确”；鉴定书的书写形式与内容大致相同；鉴定人都要求是医学领域的高级技术人员；对鉴定人的回避制度相同等。

二、医疗事故鉴定与司法鉴定的区别

（一）鉴定的性质、目的与任务不同

根据《医疗事故处理条例》第 27 条“专家鉴定组……独立进行医疗事故技术鉴定，对医疗事故进行鉴别和判定，为处理医疗事故争议提供医学依据”，这里明确规定了医学会组织的专家组的医疗事故技术鉴定为卫生行政部门处理医疗事故或医疗事故争议服务，是提供医学依据的医学技术鉴定的基本性质和根本目的。因此，它的首要任务是鉴定医患双方争议涉及的医疗行为是否构成医疗事故。确定构成医疗事故后才鉴定事故的等级、医方的责任程度等。这种医学技术鉴定所依据的主要是国务院为正确处理医疗事故所制定的行政法规——《医疗事故处理条例》，以及与其相配套的《医疗事故技术鉴定暂行办法》、卫生部门的行政管理规章、技术规范和常规等。

而按照司法鉴定的概念，医疗纠纷或者医疗损害赔偿案件的（法医学）司法鉴定指的是（法医学）司法鉴定机构和（法医学）司法鉴定人。根据司法鉴定的委托，运用医学和法医学的理论与技术，对有关材料进行检验、分析鉴定，为医疗纠纷或医疗损害赔偿案件的司法审理提供诉讼证据。因此，它的性质是以科学技术手段核实并提供法律证据，为司法机关裁决医疗人身损害赔偿案件服务的一种诉讼活动。它并不刻意鉴定医患双方纠纷涉及的医学事实是否构成医疗事故，而首先鉴定有无医疗过失，如存在医疗过失，则鉴定其与患者的人身损害之间有无因果关系，以及与司法裁判相关的医疗过失的责任程度、患者人身损害的等级或程度等，以及其他与司法诉讼裁判有关的问题。这种（法医学）司法鉴定所依据的主要

法律、法规是根据《中华人民共和国立法法》制定的《中华人民共和国民事诉讼法》、《中华人民共和国民法通则》、《中华人民共和国刑事诉讼法》等国家基本法律、法规，以及最高人民法院所发布的有关司法解释，卫生部门的行政管理规章、技术规范和常规等。

（二）鉴定机构或鉴定人（鉴定主体）的法律属性与地位不同

按照《医疗事故处理条例》和《医疗事故技术鉴定暂行办法》的规定，医疗事故技术鉴定的鉴定机构是“设区的市级和省、自治区、直辖市直接管辖的县（市）级地方医学会负责组织的专家组”。负责技术鉴定的组织和日常工作的是医学会设立的医疗事故技术鉴定办公室，该办公室的负责人由医学会任命。该办公室的工作对医学会负责，医学会又对它的领导机关即卫生行政部门负责。因此，医学会及其下属的医疗事故技术鉴定办公室在医疗事故的技术鉴定中，不可能完全做到与当地的卫生行政部门完全分开，独立进行鉴定。参加医疗事故技术鉴定的相关专业的专家，由医学会工作人员依据《医疗事故处理条例》及《医疗事故技术鉴定暂行办法》规定，对具备条件的专家进行审核，医学会所设立的专家库必须由具备下列条件的医疗卫生专业技术人员组成：（1）要具有良好的业务素质和职业品德；（2）受聘于医疗卫生机构或者医学教学、科研机构，并担任相应专业高级技术职务 3 年以上；（3）健康状况能够胜任医疗事故技术鉴定工作。另外，符合第（1）项、第（3）项的规定条件，并具备高级技术任职资格的法医也可以受聘进入专家库。需要鉴定时，由医患双方从专家库内随机抽取专家先组成“专家鉴定组”，然后再组织鉴定。在特殊情况下，医学会根据医疗事故技术鉴定工作的需要，可以组织医患双方在其他医学会建立的专家库中随机抽取相关专业的专家参加鉴定或者函件咨询，在专家组成员专业分配方面，规定了医疗事故争议涉及多学科专业的，其中主要学科专业的专家不得少于专家鉴定组成员的 1/2。

我国目前司法技术鉴定机构和鉴定人大多隶属于司法机关，少数隶属于教育部、卫生部或司法部属高等院校的有关鉴定机构，以及由司法行政机关核准登记并取得面向社会从事司法鉴定服务资格的机构。司法鉴定人必须通过司法部分的审查，才能取得司法鉴定人资格证书和执业证书。司法鉴定人的科学地位是具有专门技术的自然人，其法律地位是接受委托鉴定的诉讼活动的参与人。司法鉴定机构以及司法鉴定人只对委托其做司法鉴定的司法、仲裁机关和律师事务所，以及客观事实与司法公正负责，他们处于医疗纠纷、医疗事故或医疗事故争议以及医疗损害赔偿诉讼纠纷之外，是与当事双方没有直接利害关系冲突的中立的第三者。这些特点决定了他们在鉴定时容易做到客观、真实和公正。因此，在实际工作中也容易得到当事人（尤其是患方）的信任和欢迎。

（三）鉴定程序的启动方式不同

按照《医疗事故处理条例》和《医疗事故技术鉴定暂行办法》的有关规定，医疗事故技术鉴定程序的启动有三种方式：（1）卫生行政部门移交鉴定，此适用于医疗机构发生重大医疗过失行为，或者医患双方的任何一方当事人要求卫生行政部门处理医疗事故争议，而卫生行政部门审查后认为需要做技术鉴定；（2）当事医患双方对争议的事实或原因不能达成共识，而同意共同委托鉴定；（3）以医疗事故损害赔偿为案由的民事诉讼案件时，由当事人协商一致或者不一致时由司法机关决定。

按照《中华人民共和国民事诉讼法》、《中华人民共和国刑事诉讼法》及有关规定，医疗纠纷或医疗人身损害赔偿案件的司法鉴定程序的启动方式有三种。（1）司法机关（公安、人民检察院和人民法院）在诉讼的不同阶段，根据医疗人身损害赔偿案件审理的要求，可以依法直接决定并委托本系统司法鉴定机构鉴定；或者根据诉讼当事人、辩护人或代理人的申请，决定司法鉴定的委托。此时，如果司法机关委托社会司法鉴定机构鉴定，应当由其内设的司法鉴定机构（如司法技术处）选择委托登记在册的、有司法鉴定资格的司法鉴定机构。（2）《中华人民共和国仲裁法》是我国现行法律中唯一有赋予当事人选任鉴定人权利规定的法律，因此，面向社会服务的司法鉴定机构还可以接受仲裁机构或者当事人约定后提交的鉴定委托。(3) 负有举证责任的当事人可以单独直接委托司法鉴定机构鉴定，此时最好通过律师事务所出具申请司法鉴定的委托书。但这种委托方式在我国当今司法鉴定体制尚不统一，机制不够完善，以致当事人申请司法鉴定常会遇到不应有的困难的情况下，显得尤为重要。否则，医疗人身损害赔偿或医疗事故争议的司法救助这条最后的途径，将会变得不畅通。

(四) 鉴定的负责制不同

《医疗事故处理条例》第25条规定："专家鉴定组进行医疗事故……抽取法医参加专家鉴定组。"《医疗事故技术鉴定暂行办法》第17条规定："医学会应当根据医疗事故……专家鉴定组成员的二分之一。"在这样的集体负责制和专家鉴定组的组成规定下，鉴定结论的得出及其是否正确，由参加鉴定的专家们集体负责。专家个人虽然会在鉴定结论上签名，但是鉴定书文稿由专家鉴定组组长签发。而且正式向委托单位或当事人出具的鉴定书上，只盖有"医学会医疗事故技术鉴定专用章"，没有鉴定专家的个人签名。众所周知，在科学技术领域是不能简单地以多数或少数来作为判断是非的根据的。

按照2005年2月28日全国人民代表大会常务委员会通过的《全国人大常委会关于司法鉴定管理问题的决定》，司法鉴定实行的是鉴定人负责制。尽管有的鉴定人从属于某司法机关或司法鉴定机构，但是，在法律意义上他们是自然人。鉴定实行独立鉴定原则，即鉴定人在不受任何个人或组织干扰的情况下，根据对鉴定客体检验的结果，独立地分析判断形成概念，得出结论，鉴定时只忠于法律、忠于事实、忠于科学、忠于鉴定人职责，不考虑本机关职能和利益。司法机关和鉴定机构的领导人也不能将其意见强加给鉴定人。鉴定人独立承担鉴定结论的技术和法律责任。鉴定结论的得出，也不实行像上述医学会专家鉴定时那样的少数服从多数的合议制。为了确保鉴定质量，实行鉴定人、复核人、签发人三级审核负责制。检验鉴定由两名以上的鉴定人参加，采用第一鉴定人负责制，即第一鉴定人对鉴定结论或意见的准确性负主要责任，其他鉴定人负次要责任；具有学科带头人的高级专业技术人员作为复核人，承担复核的责任；主管业务的行政负责人作为签发人，承担鉴定文书的签发责任。鉴定书上的鉴定机构的鉴定专用章，只是表示鉴定人所在的司法机关或鉴定机构。鉴于这种鉴定人的个人负责制，受理医疗人身损害赔偿案件技术鉴定的法医学司法鉴定人，在鉴定时必然要采取十分认真负责的态度，花费较多的时间与精力去全面熟悉鉴定客体（尸体、活体、书证、物证等），查阅有关文献，咨询有关专家，然后独立地应用医学和法医学的理论，准确、客观、公正和科学地分析，得出鉴定结论。

（五）鉴定书内容重点不同

前已述及，鉴定的目的就是要解决行政处理和司法裁判过程中的一些疑难专业问题。在一般的诉讼中，法官可以比较明确地向鉴定人提出鉴定需要解决的问题，司法鉴定机构的鉴定人员由于具有专门的鉴定知识和经验，又有法律知识，长期与司法人员接触，因而比较容易理解法官所提出的鉴定目的，从而能够有针对性地完成鉴定任务，弥补法官在审判案件中医学专业知识不足的缺陷，尽可能令案件裁判科学、公正。

在涉及民事赔偿的医疗纠纷诉讼案件中，如果当事人没有特别强调违约问题，目前一般是将医疗损害事件当作侵权纠纷来处理。因此，法官需要解决的问题是医疗损害事件是否符合侵权责任构成的四个要件，即损害行为、损害结果、损害行为与损害结果之间是否具有因果关系以及医疗行为本身是否具有过错。而其中后两个要件由于医疗行为的特殊性和专业性，法官难以判断，即使医疗机构对这两个问题进行举证，法官也难以从医疗机构提供的证据中作出正确的判断。因此，法官更多地需要专业鉴定机构来解决这些问题。司法鉴定正是满足了法官的这一要求，在鉴定中的主要任务是确定医疗机构在提供医疗服务过程中是否存在过失或过错以及过失或过错与患者目前状况（死亡或医疗损害后果）的因果关系，从而在出现患者死亡或医疗损害时为法院确定医方的责任及责任大小提供依据。

（六）监督鉴定的力度不同

无论是医疗事故的医学会专家组技术鉴定，还是医疗损害赔偿案件的法医学司法鉴定，由于可能存在鉴定人的思想品德、职业道德、技术理论水平以及经验等差别，都不能保证鉴定的绝对正确。因此，鉴定应该受到一定方式的监督。按照《最高人民法院关于民事诉讼证据的若干规定》，对鉴定的开庭“质证”就是监督与检验鉴定的一种很好的方式。诉讼中对证据的质证具有以下重要作用：（1）质证是实现证据功能的必然要求，当事人对任何提供给法庭或在法庭上出示的证据，都享有发表意见、作出表态、予以质疑的权利；（2）质证是当事人为保证审判公正，使法官不能凭借自己的好恶或从某种利益出发来对是非问题加以判断，而是以某种特定化的、能反映客观公正的准则来解决纠纷，从而维护司法公正的诉讼权利；（3）质证时不仅当事人，而且法官都可以向鉴定人质询，因此质证是法院在法庭上审查、认定证据效力的具有关键作用的法定方式。所以，《中华人民共和国民事诉讼法》第68条规定：“证据应当在法庭上出示，并由当事人互相质证。”我国现行质证制度的内容和特点确定了诉讼当事人之间在诉讼过程中的平等地位以及诉讼权利与义务的平等性，也确立了法官在诉讼中的中立地位，体现了司法审判的公正。诉讼当事人应当充分认识到证据（尤其是技术鉴定）质证的重要性，充分运用自己要求证据质证的合法诉讼权利，以确保和维护司法审判的公正。医疗事故或者医疗人身损害赔偿案件的技术鉴定作为一种重要的民事诉讼证据自然应当无例外地经过质证。所以，《民事诉讼法》的第78条同时规定：“当事人对鉴定意见有异议或者人民法院认为鉴定人有必要出庭的鉴定人应当出庭作证。”质证时，应当围绕鉴定的客观性、关联性和合法性对鉴定人进行质询。除了应该询问鉴定程序、鉴定资格等一般性问题外，特别要注意鉴定结论有无客观的事实作为分析鉴定的基础，有无相应的法律法规、规章或技术常规以及理论依据支持。

医学会组织的医疗事故或医疗事故争议技术鉴定的临床医学专家们，

通常不会愿意出庭接受当事人对鉴定涉及的技术问题的质询；他们参加的鉴定实行的是集体负责的合议制，鉴定书上没有他们个人的签名；《医疗事故处理条例》中也没有要求鉴定人出庭质证的规定。所以，各地几乎看不到医学会参加鉴定的临床医学专家出庭接受质证。这样，他们的鉴定不能依法接受诉讼当事人和法庭的审查与监督，不能自然地作为认定案件事实的依据。

在司法鉴定实践中，鉴定人出庭接受质询，回答鉴定过程中有关技术性的问题，已较为普遍。司法鉴定人并不是自发地乐于出庭质证，其中相关法规的制定功不可没。2005 年 2 月 28 日第十届全国人民代表大会常务委员会第十四次会议通过的全国人大常委会《全国人大常委会关于司法鉴定管理问题的决定》规定，在出现争议鉴定结论时，鉴定人必须根据法官的要求出庭作证，否则承担相应的法律后果。《司法鉴定人登记管理办法》则明确了对应当出庭而拒不出庭的鉴定人制裁和惩罚措施。《司法鉴定人登记管理办法》第 22 条第（六）项规定，司法鉴定人应当依法出庭作证，回答与鉴定有关的询问。该办法第 30 条规定："司法鉴定人有下列情形之一的，由省级司法行政机关给予停止执业三个月以上一年以下的处罚；情节严重的，撤销登记；构成犯罪的，依法追究刑事责任：（一）因严重不负责任给当事人合法权益造成重大损失的；（二）具有本办法第二十九规定的情形之一并造成严重后果的；（三）提供虚假证明文件或者采取其他欺诈手段，骗取登记的；（四）经人民法院依法通知，非法定事由拒绝出庭作证的；（五）故意做虚假鉴定的；（六）法律、法规规定的其他情形。"以上规定对司法鉴定人出庭作证的义务给予了法律上的强制，保证了鉴定人出庭作证，在诉讼中确实收到很好的效果，改变了以往司法鉴定人不出庭的做法。因此，在调查中大部分司法鉴定专家认为医学鉴定专家也应当出庭质证。

（七）鉴定机构的资质和效力

医疗事故技术鉴定分为首次鉴定和再次鉴定，根据规定，这两种鉴定的鉴定机构均是医疗机构所在地负责首次医疗事故技术鉴定工作的医学会。《医疗事故技术鉴定暂行办法》第40条规定："任何一方当事人对首次医疗事故技术鉴定结论不服的，可以自收到首次医疗事故技术鉴定书之日起15日内，向原受理医疗事故争议处理申请的卫生行政部门提出再次鉴定的申请，或由双方当事人共同委托省、自治区、直辖市医学会组织再次鉴定。"必要时，对疑难、复杂并在全国有重大影响的医疗事故争议，省级卫生行政部门可以商请中华医学会组织医疗事故技术鉴定。这样就形成了医疗事故鉴定的三级鉴定体系，其中第一级为设区的市级和省、自治区、直辖市直接管辖的县（市）级地方医学会，第二级为省、自治区、直辖市医学会，第三级为中华医学会。并且《医疗事故技术鉴定暂行办法》规定，县级以上地方人民政府卫生行政部门对发生医疗事故的医疗机构和医务人员进行行政处理时，应当以最后的医疗事故技术鉴定结论作为处理依据，表明在卫生行政处理中，鉴定结论是有效力等级的。这样的鉴定级别设置有一定的积极意义，它为合理利用鉴定资源、提高医疗事故鉴定效率提供了有利条件，并为医患双方在认为医疗事故鉴定出现不当结论时提供了简单、直接的救济措施，使医患双方在认为医疗事故鉴定存在偏差的情况下可选择进一步鉴定的途径。但这种设置又带来了其他的问题，在医疗事故鉴定中，不同级别的医学会可能会出具不同的鉴定结论。如何评判这些不同结论，是否下级医学会必须承担出具不同鉴定结论的责任，都是在现实工作中比较棘手的问题。

为了打破某些地区存在的地方保护主义，充分发挥权威专家的作用，2005年初全国人大常委会通过的《全国人大常委会关于司法鉴定管理问题的决定》中明确指出司法技术鉴定没有上下级之分，不受地理区划的限制，可以跨地域接受司法技术鉴定的委托。它可以打破某些地方仍然存在的地方保护主义，充分应用和发挥权威司法鉴定机构和权威司法鉴定人的技术优势，更有利于确保司法鉴定的科学性、公正性和接受监督性。因为某一个地方的法医司法鉴定机构及其鉴定人也有可能与当地的医疗机构及其医务人员保持着某种不同程度上的利害关系，在鉴定过程中可能会使鉴定结论丧失其本身的客观公正性。异地的鉴定机构和鉴定人员，就能少受这些干扰，相对独立、客观公正地从事鉴定。

两种鉴定机构的比较见表10-1：

表10-1　**两种鉴定机构的比较**

医学会鉴定	法医鉴定
主要为行政处理服务	为法庭审判服务
严格按《医疗事故处理条例》规定执行	按《民法》规定执行，兼顾《医疗事故处理条例》
卫生行政部门、双方当事人、司法机关启动	司法机关（法院、检察院、公安）启动
隶属卫生行政部门管理	隶属司法机关
鉴定书分析科学性较差，不适合法官判案	鉴定书分析科学性较好，适合法官判案
注重行政责任	着眼于民事赔偿
以医学专家意见为主	对医学专家的意见权衡后作出自己的鉴定意见
鉴定书只盖医学会的专用章，不出庭质证	实行鉴定人负责制，出庭质证

三、医疗事故技术鉴定与司法鉴定的优劣分析

（一）医疗事故技术鉴定的优劣分析

1. 医疗事故鉴定的优势

医疗事故技术鉴定由医疗卫生行政部门或医学会负责组织，在人员上具备临床医师的执业资格和高级职称，具备丰富的临床工作经验，具有科学性的优势。

2. 医疗事故鉴定存在的问题

（1）医疗事故技术鉴定，缺乏必要的监督机制。

《医疗事故处理条例》第 25 条规定，专家鉴定组进行医疗事故技术鉴定，实行合议制；《医疗事故处理条例》第 31 条规定，鉴定结论以专家鉴定组成员的过半数通过。在实践中，鉴定结论作出后，鉴定专家不在鉴定结论上签名，只盖医学会的专用章，理论上形成的鉴定结论只反映了多数人的意见，否定了少数人的意见，可是这有悖于我国三大基本诉讼法的规定，形式上不合法，同时也淡化了鉴定人的个人责任。《医疗事故技术鉴定暂行办法》中并未规定由谁来对鉴定结果负法律责任。如果鉴定结果真的有问题由医学会还是鉴定组专家负责，法律并未明确规定。

鉴定结论是民事诉讼中法定证据之一。《中华人民共和国民事诉讼法》第 68 条规定："证据应当在法庭上出示，并由当事人互相质证。"《全国人大常委会关于司法鉴定管理问题的决定》第 11 条规定，"在诉讼中，当事人对鉴定意见有异议的，经人民法院依法通知，鉴定人应当出庭作证"。但在《医疗事故处理条例》中没有要求鉴定人出庭质证，由于医疗事故鉴定实行合议制，鉴定专家都没有在鉴定书上签名，应该由谁担任出庭质证的专家，是鉴定组组长还是大家推选的专家代表，法律没有规定，法院也很难确定，法庭对鉴定书的内容需要质询时，只能以向医学会发咨询函的形式进行，鉴定专家组的专家都是兼职的，在鉴定完毕后又回到各自的工作岗位，医学会很难找到一个愿意对鉴定书作出解释的专家，往往只能简单重复鉴定书的内容以回复法院，法官缺乏获得专家意见的有效途径。所以鉴定结论的质证、认证过程无法得到鉴定人或其他医学专家专业意见的辅助，其正确性难以保障。

（2）医学会的行政色彩较浓，不利于鉴定结果的公正性。

我国目前的医学会虽然是社会团体组织，但仍然具有半官方性质。但鉴于医学会的性质和特点，其中立性和独立性事实上难以保障。《中华医学会章程》第 2 条规定，"中华医学会是全国医学科学技术工作者自愿结成并依法登记的全国性、学术性、非营利性社会组织。"各级医学会是中华医学的下设机构，归中华医学会和各级卫生行政部门双重管理。表面上看，医学会是经民政部门登记的一个社会组织，是一个按照章程开展活动的非营利性社会组织，与卫生行政部门和医疗机构没有必然的联系和利害关系，具有独立性和中立性。但实际上，由医学会组织医疗事故鉴定专家进行鉴定，其中立性和独立性并未得到真正的保障，主要表现在以下几个方面：①医学会具有较强的行业特点。《中华医学会章程》第7条第（十三）项规定医学会的业务范围包括“依法维护会员和医学科技工作者的合法权益”，表明医学会的行业特点是为医疗机构和医务工作者服务的，其职责是维护医疗机构和医务人员的利益。②医学会由卫生行政部门组建，医学会的人员编制由卫生行政部门统一管理，医学会的工作人员大部分来自各医疗机构。③国家每年拨给医学会的运作经费无法维持医学会的正常运作，医学会的经费需要靠很多医疗机构提供赞助。这充分表明了医学会的专家在进行鉴定时难以甚至不可能保持独立和中立。

此外，医学会不过是一个纯行业组织，医学会组成成员有作为单位会员参加的医疗机构、医学院校、医学科研组织，以及作为个人会员参加的医务人员，均没有取得司法鉴定机构的资格。根据司法部颁布的《司法鉴定机构登记管理办法》，鉴定机构只有在取得司法鉴定许可证后才可以进行司法鉴定活动，而医学会在医疗纠纷中的医疗事故鉴定权来自最高人民法院2002年《人民法院对外委托司法鉴定管理规定》的规定，但2005年10月1日全国人大常委会的《全国人大常委会关于司法鉴定管理问题的决定》没有将医学会列入司法鉴定机构管理范围内，医疗事故鉴定专家也没有取得司法鉴定人的资格。医学会作为鉴定的组织者，在错误鉴定的情况下，不受相应的约束和责任追究，同样难以保障医疗事故鉴定的公正。①

（二）司法鉴定机构进行的司法鉴定优劣

1. 司法鉴定机构鉴定的优势

---

① 胡家强、陶振华：《论医疗事故鉴定制度的改革》，《中国卫生法制》2009年第6期，第37~40页。

与医疗事故技术鉴定相比，司法鉴定制度存在程序公正的优势。司法鉴定隶属于司法部，其与医疗行政部门没有直接的关系，又与患者没有密切的关联，这种超脱的中立地位决定了它能够完全站在公正的立场上，对所受理的医疗争端作出公平合理的鉴定。

同时司法鉴定实行鉴定人负责制度，司法鉴定人在鉴定结论上要签全名，对整个司法鉴定过程负责。除此之外，司法鉴定人还有出庭质证的义务。这就要求鉴定的方法、程序经得起推敲、质询，最大限度地保证鉴定的科学性和中立性。因此，在实践中患者更倾向于委托司法鉴定机构进行鉴定。而医务人员倾向于医学会的鉴定。

2. 司法鉴定机构鉴定的劣势

医学是一门经验学科，临床医学内容复杂，性质特殊，加上现行医学分科越来越细，不是专科的医师很难精确评估疾病的演变过程。目前，司法鉴定人员的来源主要包括两类：法医专业的毕业生和临床医生出身且有一定实际工作经验的人员。不可否认，他们对基础医学、临床医学、法医和法医学基本理论有较深的了解，但医学分支众多且精细，仅掌握基础理论知识和技能的法医专业毕业生不一定有能力对某一医学专业分支内的专业性问题进行鉴定，临床医生出身的司法鉴定人也只能是某个领域比较熟悉，不能对所有专业问题都有较深的研究。虽然在实践中很多司法鉴定机构对专业性很强的问题会咨询临床经验丰富的医生，并根据其建议作出鉴定结论。

针对法医鉴定中心参与医疗事故鉴定的情况，全国人大常委会法制工作委员会2005年9月22日曾在《关于对法医类鉴定与医疗事故技术鉴定关系问题的意见》回复卫生部，指出，“医疗事故技术鉴定的组织方式与一般的法医类鉴定有很大的区别，医疗事故技术鉴定的内容也不属于法医类鉴定，但医疗事故技术鉴定中涉及的有关问题，如尸检、伤残等级鉴定等，属于法医类鉴定”。该回复明确法医鉴定在医疗事故鉴定中的作用和地位，但仍然没有明确法医鉴定是否能进行医疗过错鉴定的问题。

四、两种鉴定制度并存在的社会弊端

两种鉴定机制平行存在，从表面上看，似乎为患者寻求权利救济增加了一条途径，而事实上人为地使医患纠纷的解决更加复杂化。当医患双方就同一纠纷分别提出不同的鉴定方式时，法院应该如何处理？只做医疗事故鉴定？只做医疗过错鉴定？两者同时做？还是先做其中的一种再做另一种？而无论做哪一种都可能让未被法院认同的鉴定申请人一方对鉴定结论不信任。

正是由于法律上没有规定不同部门、不同级别的鉴定机构所出具的鉴定结论的效力级别问题，使得医疗纠纷多头鉴定、重复鉴定现象屡见不鲜，加重了医患双方的负担，使诉讼时间延长，不利于对患者的保护，加大了医疗纠纷审理的困难。

第四节　医疗事故鉴定制度的国外经验

一、以英美为代表的普通法系国家

在美国，没有设立医疗鉴定委员会这样的机构，判定医生过错主要通过两种正式渠道进行，一是通过各州的医疗评审与监督委员会，二是通过法院。医疗评审与监督委员会有权批评、处分、取消医生的行医资格，有权要求医生进行额外地训练，参与社区的义务服务，有权暂停、吊销行医执照等。在处理和监督医生方面，虽然他们有着很大的权力，但许多人认为，由于他们与医生在职业方面的联系，他们的公平意识淡漠，在医疗赔偿方面也显得软弱无能。所以，当发生医疗过失时，多数患者倾向于找律师通过法院来赔偿。法院判定医疗责任是以“医疗标准”为基础的。医疗标准并不取决于特别优秀的技能和技术，而是和同行一般所共同拥有的知识、技能水平相联系的。如果患者起诉医生，医院能证明医生所做的和其他大多数医生、医院所做的一样，就没有问题。如果医生没有这样做，医

院也有责任，因为医院有责任使医生都执行同行的标准。① 诉讼中双方均可聘请专家证人对原告的“伤害”进行鉴定。死亡事件中，尸体必须由法医病理学专家进行解剖鉴定。在法庭审判前，为确定事实，法官可要求召开听证会，法官和双方代理人举行会议时患者也可参加，但通常不必参加。在法庭上，双方可提出自己的观点并举证，然后辩论，最后由陪审团作出裁决。在英国，当病人因诊疗与医院发生纠纷而提出赔偿时，法院必须裁决医生是否有过失。提出控告的举证责任则在病人一方，他必须圆满地向法院证明，经过衡量，提出来的伤害、损失或者事故可能是由医生造成的或归因于医生。②

二、以日本、德国为代表的大陆法系国家

在大陆法系国家中，日本无论在法律制度的建设方面还是在医疗纠纷的调处方面，都处于领先地位。目前在日本，医疗事故的解决主要围绕损害赔偿问题，同样伴有道歉、行政处分、刑事处罚等。围绕医疗失误纠纷，解决的主要手段有：当事人之间的对话，法院的调解和诉讼，日本医学协会解决。日本医学协会（简称医学会，Japan Medical Association）建立了自己的“日本医学协会医疗行业责任保险”（简称 JMAI）。日本医生不需要通过法律来办理职业责任保险，日本医学会给其所属会员医生提供职业责任保险，其目的在于保证其会员能进入医疗差错保险覆盖范围，是使病人和医生双方感到公平的一种迅速、有效的争端处理机制。医学会下设调查委员会和鉴定委员会，均由医学专家和律师组成，以协同地方医学会一起出面与病员家属协商解决，如果解决失败，即可通过法院裁决。两个机构分立的原因是为了避免片面性，求得公正的判定。拥有保险的医生，可以口头或书面方式向其所在地的医学会和日本医学会授权机构报告

① 曾婉珊：《医疗事故赔偿责任中美立法比较》，《法律与医学杂志》2007 年第 14 卷第 1 期，第 37 页。

② 牧之：《英国的医疗纠纷处理》，《国际医药卫生导报》2002 年第 6 期，第 5 页。

病人的索赔。当地医学会的赔偿评定委员会召集医学专家和代理人或律师，在听取相关医生和病人的报告以及了解所有相关证据和文件后，对索赔的责任和损害进行评估。随后，索赔评审委员会将所有的相关材料转交主管确定职责与损害责任的审议理事会予以审定。该理事会的 4 名法学专家和 6 名医学专家，必须面对事实予以宣誓，他们绝不会为获取任何利益而与任何索赔案件的审理和公平解决发生冲突。所有提交给理事会和索赔评审委员会的材料都是匿名方式（包括临床医生的姓名、医疗机构的名称以及编写病历人的姓名）。①

德国的医生协会设有医疗事故鉴定委员会，该协会对医生进行管理，代表医生的利益。如果发生了医生责任的争议，病人可以请求该委员会进行鉴定，并且可以进行调解，如果患者能够接受调解和鉴定，则病人不再起诉，病人如果不同意鉴定意见或者调解，甚至认为鉴定结论是偏袒医生的，可以向法院起诉。在德国，每个法院都有一个列表，列出每一个具有某种医疗专科鉴定人资格的医生名单，鉴定时，法官从中选择在这个领域中最为权威的医生为鉴定人。法院有专门审理医生责任案件的合议庭，审理这些案件的法官也就成了这类案件的专家，对鉴定意见能够进行审查，作出自己的判断，因此，鉴定人还存在自己的鉴定能否说服法官的问题。由医生协会作出的鉴定对法官没有约束力。法官如果认可该医生协会的鉴定结论，则确定医生协会中的一个专家写出医生协会的鉴定意见，作为证据使用，由该专家负责任；法官也可以完全抛开医生协会的结论，另外找专家进行鉴定。②

第五节 对医疗损害技术鉴定制度改革的想法

目前医疗事故鉴定和司法鉴定两种鉴定方式都存在自身的优势和弱

① 胡发明：《日本的医疗差错赔偿与法律解决系统》，《医院管理》2002 年第 2 期，第 16 页。

② 杨立新：《医疗损害责任法》，法律出版社 2012 年版，第 159~160 页。

点，在同一案件中，既有医疗事故鉴定又有司法鉴定，这一现象不仅加重了当事人和法院的负担，而且耗时耗力，使法官难以应付，影响鉴定的效率。因此，如何探索出一条适合我国国情、改革幅度较小、比较容易实现的医疗侵权的鉴定之路？笔者的建议如下：

一、建立统一、独立的医疗损害技术鉴定体系

医疗事故鉴定是卫生行政部门决定是否追究医疗机构及其医务人员行政责任的判断依据。在其整个鉴定的程序中有多处不符合诉讼的要求，因此，将医疗事故鉴定从诉讼后的鉴定体系中分离出去，成立独立、统一的医疗损害鉴定体系。

《侵权责任法》第 54 条规定："患者在诊疗活动中受到损害，医疗机构及其医务人员有过错的，由医疗机构承担赔偿责任。"第 57 条规定："医务人员在诊疗活动中未尽到与当时的医疗水平相应的诊疗义务，造成患者损害的，医疗机构应当承担赔偿责任。"上述条款，明确规定了只要医疗行为存在过错，患者存在损害，医疗行为与患者的损伤有因果关系，医院就应承担赔偿责任，并不要求达到医疗事故的程度。因此，与医疗事故鉴定的主要目的相比，司法鉴定制度更符合诉讼规律，更有利于赔偿案件中过错责任认定，有助于法官审理案件、判断事实。因此，未来的医疗损害技术鉴定应统一定位于司法鉴定。将医疗事故鉴定从司法鉴定中分离出去，对目前社会医疗纠纷的司法鉴定在启动程序、鉴定人及鉴定标准等方面进行改革。

首先，对目前司法机构鉴定医疗损害的人员进行改革。《司法鉴定程序通则》第 19 条规定："司法鉴定机构对同一鉴定事项，应当指定或者选择两名司法鉴定人共同鉴定；对疑难、复杂或者特殊鉴定事项，可以指定或者选择多名司法鉴定人进行鉴定。"鉴于在司法实践中已经出现有医学专家参加司法鉴定，因此可以建立由法医和医学专家组成的医疗损害责任鉴定专家库，在需要进行医疗损害责任鉴定时，由鉴定组织机构根据医疗鉴定所涉及的学科专业确定专家的组成，指定一名医学专家或者一名法

医、两名医学专家共同进行鉴定。如遇到疑难或者特殊的鉴定事项，可以选择多名法医或者医学专家进行鉴定。由医学专家和法医共同进行鉴定，能够最大限度保证鉴定的公正性。因为医学专家的参与可以保证鉴定的专业性、科学性，而法医学专家负责对损害后果进行伤残评定并以专业鉴定人的身份对临床医生的鉴定结论进行辅助和指导，使得法官可以依据鉴定结论明确责任划分。

其次，明确医疗损害责任鉴定的启动主体。从《医疗事故处理条例》有关规定中可以看出医疗事故鉴定的申请主体主要包括卫生行政部门、医患双方、司法机关。通过司法途径解决医疗纠纷时，鉴定程序就发生了变化。我国的诉讼法对鉴定的启动有不同的规定。《中华人民共和国民事诉讼法》第 76 条规定："当事人未申请鉴定人民法院对专门性问题认为需要鉴定的，应当交委托具备资格的鉴定人进行鉴定。"《最高人民法院关于民事诉讼证据的若干规定》第 31 条规定："当事人申请鉴定，应当在人民法院指定期间内提出，并预交鉴定费用。"可见，《中华人民共和国民事诉讼法》以及最高人民法院的司法解释将司法鉴定的启动权赋予人民法院和当事人。在新的医疗损害鉴定中可以将鉴定的启动权赋予人民法院和当事人。在司法实践中，当双方当事人对申请的鉴定机构不能达成一致意见时，可以由人民法院启动鉴定程序。

最后，在首次鉴定后，一方当事人有异议且申请重新鉴定的，法院应严格审查，只有该申请符合民事诉讼法关于重新鉴定条件的才能准许。在通常情况下，重新鉴定的次数亦应予以限制，一般不允许进行第二次重新鉴定。这种由法官决定启动的鉴定制度，使鉴定不受当事人双方利害关系的影响而客观地进行，从而有利于提高鉴定结论的公正性和权威性。从根本上杜绝了目前审判中常见的"重复鉴定"、"多个鉴定之间相互矛盾"的现象，维护了法律的权威。

二、改革医学会鉴定制度，成立诉讼前的庭外医疗纠纷鉴定机构

在医疗事故技术鉴定基础上进行改革，成立一个新的机构"医疗纠纷

调解和鉴定委员会”。它作为非司法性的机构，职责是从调解民事纠纷的角度来调解医疗纠纷，提出解决方案，对医疗过失索赔进行评估，对索赔提供一个没有约束力的咨询意见。医疗纠纷调解和鉴定委员会并不是作出法律判定的机构，只是庭外解决医疗纠纷的机构。

这个机构可以由政府或当地医学会联合设立，接受个人以及医疗机构和卫生行政部门的委托，主要由法学专家、医学专家以及法医构成。考虑到鉴定工作的繁重性和复杂性，建议组织大量的退休人员加入。一方面，这些离休人员经验丰富，时间充裕，工作性质中立，能较好地完成评估工作。另一方面，这些人能远离这些评估现场，减少个人情绪的影响，增强评估的中立性和客观性。鉴定的范围包括：医疗纠纷中医生有无过错，医疗过错在医疗损害后果的责任的大小，是否是医疗事故及事故的等级。

组织形式可以参考日本医学会模式，下设调查委员会和鉴定委员会，调查委员会在听取相关医院和病人的报告以及了解所有相关的材料后将其转交主管审理的鉴定委员会。鉴定委员会根据情况组织专家小组，小组包括医学专家 6 名（医学专家至少有 2 名与涉嫌造成事故的医师从事相同的专科），法学专家 4 名，法医 1 名。通过这种模式的改革，可以从制度上打破医方对鉴定过程及鉴定结论的垄断，使医疗专家对医疗损害的鉴定过程受制于法律人士的评判。同时通过这种制度的改革，在法律人士的判断下，排除一些诉讼意义不大的案件，既节约了司法资源，也减少了医务人员的诉讼压力，使真正需要通过法律程序来解决的案件能充分利用法律的制度优势，真正保护医患双方的利益。①

如上所述，在目前双轨鉴定制度下，医患双方就同一纠纷提出不同的鉴定方式，这不仅会使当事人陷入漫长的鉴定等待，还会增加鉴定成本，使医疗纠纷的解决更加复杂化。因此，建立全面统一的医疗损害责任鉴定制度，将《中华人民共和国侵权责任法》的具体规定落到实处，结束医疗

① 赖红梅：《对当前我国医疗损害技术鉴定的思考》，《中国司法鉴定》2011 年第 3 期，第 23 页。

损害鉴定的双轨制，将复杂化的问题归于简单，这样可以更好地保护患者、医疗机构及医务人员各方的权益，有利于缓解紧张的医患关系，有利于社会的稳定、和谐。

案例 10.1①：

某男，39 岁，个体劳动者。以右上腹疼痛 5 年加重 3 天为主诉就诊于某县级医院，门诊经 B 超检查诊断为“慢性胆囊炎发作、胆囊结石”收住院。住院体检除见上腹压痛、Morphy 征阳性、血压偏高外，心、肺、肝、肾等其他脏器未见特殊。住院第三天在硬膜外麻醉下行“胆囊切除术”，术中顺行切除胆囊后，因见胆囊床太深无法缝扎，止血后创面置明胶海绵止血和引流管引流。术后 5 天开始出现持续性腹痛、腹胀和反复呕吐。再次就诊于该同一医院，经腹部 X 线摄片后诊断为粘连性肠梗阻，于全麻下行剖腹探查+松解分离粘连肠段+空回肠端端吻合术，顺便也切除了阑尾。手术持续 10 小时。据手术记载：腹腔少许渗出液；空肠显著扩张充血、水肿，距屈氏韧带约 140cm 处肠管与原切口粘连紧密，肠内容通过困难；其下肠管与肝、胃、胆囊床紧密粘连成团；因见粘连肠管血运不佳、生机不好，予以切除后行空回肠端端吻合术；横结肠与胃底也粘连成块状，予以松解。术中出血约 1300ml，输血 1600ml。麻醉记录记载：术中有 3 个小时患者血压处于 70~80/40~50mmHg 左右，在此前后还有 4 个小时直至手术结束，患者血压在 80~90/40~55mmHg 波动，手术结束时和回病房后测量并记载血压为 60/45mmHg。术后约一个月出现一过性黑蒙，后视物见双影，视力下降。约半年后诉头晕、步态不稳。眼底检查见双眼视乳头边界欠清，头部 MRI 报告小脑萎缩。患者认为是由于医疗过错引起，以医疗伤害赔偿起诉该医院至当地人民法院。当地人民法院提请省医

① 闵银龙：《医患纠纷司法鉴定理论与疑案评析》，北京大学出版社 2010 年版，第 321 页。

学会进行医疗事故技术鉴定，在其所出具四面纸的鉴定书中，当事人资料、一般情况、诊断治疗概要、双方提供材料的清单、受理后有关程序说明、检查记录等占去了三面半纸，鉴定分析意见及结论全文如下："医院对患者的医疗活动中，两次手术前诊断明确，手术方法正确，无违法违规事实。但第二次手术即肠粘连松解、肠段切除术的时间略长（10小时以上）。患者目前存在小脑萎缩、共济失调。手术及治疗与损害之间无直接关系。小脑萎缩璃慢性损害，是由于长期营养不足及慢性低血压等诸多因素所致，不属于医疗事故。"至于如何看出"手术方法正确"，为什么说"手术与治疗与损害之间无直接关系"以及"长期营养不足及慢性低血压"则无根据可寻。这些涉及有无医疗过失的重要问题概没有充分的事实与理论依据加以说明。因而患方对鉴定结论不服，向中级人民法院提出上诉，要求做司法技术鉴定。

法医学司法鉴定分析认为：①患者第一次就诊时，其慢性胆囊炎处于急性发作期，按照大多数权威文献上所记载胆囊切除的手术原则中，首先要严格掌握手术适应证或手术时机，在胆囊急性炎症或慢性炎症急性发作时，为了避免术中出血过多和损伤胆管，不宜行胆囊切除术，应先行胆囊造瘘取石。②剖腹胆囊切除术是当今腹部手术中最常见且较为安全的手术，手术并发症发生率低，大多应能避免；由于手术局限在右上腹部，很少涉及小肠，又为非污染手术，所以术后早期的粘连性肠梗阻更为罕见；而本例据第二次手术所见，粘连性肠梗阻广泛而严重。③对像本例这样慢性胆囊炎反复发作的患者做手术时，应充分预料到由于反复炎症引起的严重粘连及其给手术带来的困难，对这种"难做的胆囊切除术"，应该根据具体情况采取一些特别的手术方式，可是经治医生没有做好必要的术前准备、术后观察和采用合适的术式。④省医学会鉴定专家特别指出第二次的"剖腹探查+松解分离粘连肠段+空回肠端端吻合术"时间长达10小时以上，但并没有指出存在的问题，而一般这样的手术不需要10个小时的手术时间，出血一般不会达到1300ml，更为重要的是手术期间血压长时间处于休克抑制期和低血压状态，直到手术结束和回到病房后，其血压仍然在60/45mmHg休克抑制期，这样无法排除脑和视神经由于较长时间缺血缺氧引起的损害。⑤根据近期MRI复查的结果，除了小脑萎缩外，同时还存在左大脑额叶白质的腔隙性脑梗死的缺血性脑损害，以及双眼视神经萎缩、黄斑病变等缺血性的形态学和电生理损害的多项指标；无法排除患者术后出现的这些缺血性的大、小脑与眼底损害与上述第二次手术的大出血和较长时间的休克和低血压状态的因果关系。⑥几家医院对患者的身体检查，并没有发现能引起上述大、小脑与眼底缺血性损害的疾病，唯一的早期高血压在住院期间血压一直处于正常或接近正常的范围，“慢性低血压”从何而起？患者一直住院治疗，正常饮食，不断补液，哪来的“慢性营养不良”？因此，临床专家分析的小脑萎缩的原因根本不存在。根据上述既有事实又有理论依据的科学分析，认为先后两次手术的医疗过失造成了患者的损害，鉴于被告医院作为基层医院在技术条件上的客观困难，实事求是地分析医疗过失在不良后果发生中的责任程度为75%左右。该司法鉴定结论被法院采信，被告医院付了适当的赔偿。

第十一章　医疗损害赔偿

医疗损害赔偿纠纷最终要解决的就是如何赔偿的问题。在《中华人民共和国侵权责任法》颁布以前，我国处理医疗纠纷的法律主要分两类：一种是民事基本法及其司法解释，主要有《民法通则》、《最高人民法院关于审理人身损害赔偿案件适用法律若干问题的解释》以及《最高人民法院关于民事诉讼证据的若干规定》；另一种是由我国最高行政机关发布的行政法规，即国务院颁布的《医疗事故处理条例》。这两类法律法规的适用导致医疗纠纷的适用范围、鉴定机制、赔偿等方面出现二元化。如果医疗机构的医疗行为构成医疗事故，则医疗机构应当赔偿的项目和标准参照《医疗事故处理条例》第49条至第52条的规定办理。而如果医疗机构的医疗行为虽然不构成医疗事故，但其医疗行为确有过错，且该过错医疗行为与患者的损害结果之间存在因果关系，则医疗机构应当按照《民法通则》的相关规定承担赔偿责任。在《最高人民法院关于审理人身损害赔偿案件适用法律若干问题的解释》颁布施行之后，实际上就是根据该司法解释的相关规定具体确定相关的赔偿项目和标准。

第一节　《民法通则》中有关人体损害的赔偿

一、人身损害赔偿的项目

根据《最高人民法院关于审理人身损害赔偿案件适用法律若干问题的

解释》第17条、第18条以及《最高人民法院关于确定民事侵权精神损害赔偿责任若干问题的解释》的相关规定，应当根据受害人人身损害的具体情况来确定具体的赔偿项目。

（一）受害人受伤（不构成残疾）时的赔偿项目

受害人遭受人身损害，该伤害尚不构成残疾的，赔偿义务人应当向受害人赔偿因就医治疗支出的各项费用以及因误工减少的收入，具体包括医疗费、误工费、护理费、交通费、住宿费、住院伙食补助费、必要的营养费等。

（二）受害人残疾时的赔偿项目

受害人因伤致残的，赔偿义务人除了应当向受害人赔偿其因就医治疗支出的各项费用以及因误工减少的收入，即医疗费、误工费、护理费、交通费、住宿费、住院伙食补助费、必要的营养费等费用之外，还应当向其支付因增加生活上需要所支出的必要费用以及因丧失劳动能力导致的收入损失，具体包括残疾赔偿金、残疾辅助器具费、被扶养人生活费以及因康复护理、继续治疗实际发生的必要的康复费、护理费、后续治疗费。此外，根据《最高人民法院关于审理人身损害赔偿案件适用法律若干问题的解释》第18条及《最高人民法院关于确定民事侵权精神损害赔偿责任若干问题的解释》的相关规定，受害人还可以向赔偿义务人主张精神损害抚慰金。

（三）受害人死亡的赔偿项目

受害人死亡的，如果在其死亡前进行了抢救治疗，赔偿义务人除了应当根据抢救治疗的具体情况，向赔偿权利人赔偿抢救治疗期间的医疗费、误工费、护理费、交通费、住宿费、住院伙食补助费、必要的营养费等费用之外，还应当向赔偿权利人赔偿丧葬费、被扶养人生活费、死亡补偿费以及受害人亲属办理丧葬事宜支出的交通费、住宿费和误工损失等其他合理费用。此外，根据《最高人民法院关于审理人身损害赔偿案件适用法律若干问题的解释》第 18 条及《最高人民法院关于确定民事侵权精神损害赔偿责任若干问题的解释》的相关规定，受害人还可以向赔偿义务人主张精神损害抚慰金。

二、赔偿的标准

根据《最高人民法院关于审理人身损害赔偿案件适用法律若干问题的解释》第 19 条至第 29 条及《最高人民法院关于确定民事侵权精神损害赔偿责任若干问题的解释》的有关规定，各赔偿项目的具体损害赔偿标准如下：

（一）医疗费

医疗费根据医疗机构出具的医药费、住院费等收款凭证，结合病历和诊断证明等相关证据确定。赔偿义务人对治疗的必要性和合理性有异议的，应当承担相应的举证责任。医疗费的赔偿数额，按照一审法庭辩论终结前实际发生的数目确定。器官功能恢复训练所必要的康复费、适当的整容费以及其他后续治疗费，赔偿权利人可以待实际费用发生后另行起诉。但根据医疗证明或者鉴定结论确定必然发生的费用，可以与已经发生的医疗费一并予以赔偿。

（二）误工费

误工费根据受害人的误工时间和收入状况确定。误工时间根据受害人接受治疗医疗机构出具的证明确定。受害人因伤致残持续误工的，误工时间可以计至定残日前一天。受害人有固定收入的，误工费按照实际减少的收入计算。

受害人无固定收入的，按照其最近三年的平均收入计算；受害人不能举证证明最近三年的平均收入状况的，可以参照受诉法院所在地相同或者相近行业近三年度职工的平均工资计算。

（三）护理费

护理费根据护理人员的收入状况和护理人数、护理期限确定。护理人员有收入的，参照误工费的规定计算；护理人员没有收入或者雇佣护工的，参照当地护工从事同等级别护理的劳务报酬标准计算。护理人员原则上为一人，但医疗机构或者鉴定机构有明确意见的，可以参照确定护理人员人数。护理期限应计算至受害人恢复生活自理能力时止。受害人因残疾不能恢复生活自理能力的，可以根据其年龄、健康状况等因素确定合理的护理期限，但最长不超过二十年。受害人定残后的护理，应当根据其护理依赖程度并结合配制残疾辅助器具的情况确定护理级别。

（四）交通费

交通费根据受害人及其必要的陪护人员因就医或者转院治疗实际发生的费用计算。交通费应当以正式票据为凭，有关凭据应当与就医地点、时间、人数、次数相符合。

（五）住院伙食补助费

住院伙食补助费可以参照当地国家机关一般工作人员的出差伙食补助标准予以确定。受害人确有必要到外地治疗，因客观原因不能住院，受害人本人及其陪护人员实际发生的住宿费和伙食费，其合理部分应予赔偿。

（六）营养费

营养费根据受害人伤残情况参照医疗机构的意见确定。

（七）残疾赔偿金

残疾赔偿金根据受害人丧失劳动能力程度或者伤残等级，按照受诉法院所在地上一年度城镇居民人均可支配收入或者农村居民人均纯收入标准，自定残之日起按 20 年计算。但 60 周岁以上的，年龄每增加 1 岁减少

1 年；75 周岁以上的，按 5 年计算。受害人因伤致残但实际收入没有减少，或者伤残等级较轻但造成职业妨害严重影响其劳动就业的，可以对残疾赔偿金做相应调整。此外，应当注意的是，赔偿权利人举证证明其住所地或者经常居住地城镇居民人均可支配收入或者农村居民人均纯收入高于受诉法院所在地标准，残疾赔偿金可以按照其住所地或者经常居住地的相关标准计算。

（八）残疾辅助器具费

残疾辅助器具费按照普通适用器具的合理费用标准计算。伤情有特殊需要的，可以参照辅助器具配制机构的意见确定相应的合理费用标准。辅助器具的更换周期和赔偿期限参照配制机构的意见确定。

（九）丧葬费

丧葬费按照受诉法院所在地上一年度职工月平均工资标准，以 6 个月总额计算。

（十）被扶养人生活费

被扶养人生活费根据扶养人丧失劳动能力程度，按照受诉法院所在地上一年度城镇居民人均消费性支出和农村居民人均年生活消费支出标准计算。被扶养人为未成年人的，计算至 18 周岁；被扶养人无劳动能力又无其他生活来源的，计算 20 年。但 60 周岁以上的，年龄每增加 1 岁减少 1 年；75 周岁以上的，按 5 年计算。这里的被扶养人，是指受害人依法应当承担扶养义务的未成年人或者丧失劳动能力又无其他生活来源的成年近亲属。被扶养人还有其他扶养人的，赔偿义务人只赔偿受害人依法应当负担的部分。被扶养人有数人的，年赔偿总额累计不超过上一年度城镇居民人均消费性支出额或者农村居民人均年生活消费支出额。

（十一）死亡赔偿金

按照受诉法院所在地上一年度城镇居民人均可支配收入或者农村居民

人均纯收入标准，按20年计算。但60周岁以上的，年龄每增加1岁减少1年；75周岁以上的，按5年计算。但是，需要注意的是，如果赔偿权利人举证证明其住所地或者经常居住地城镇居民人均可支配收入或者农村居民人均纯收入高于受诉法院所在地标准的，死亡赔偿金可以按照其住所地或者经常居住地的相关标准计算。

（十二）精神损害抚慰金

根据《最高人民法院关于确定民事侵权精神损害赔偿责任若干问题的解释》第10条第1款的规定，精神损害的赔偿数额应当根据以下因素确定：一是侵权人的过错程度，法律另有规定的除外；二是侵害的手段、场合、行为方式等具体情节；三是侵权行为所造成的后果；四是侵权人的获利情况；五是侵权人承担责任的经济能力；六是受诉法院所在地平均生活水平。此外，该司法解释第11条还规定，受害人对损害事实和损害后果的发生有过错的，可以根据其过错程度减轻或者免除侵权人的精神损害赔偿责任。

三、司法实践中应当注意的若干问题

根据《最高人民法院关于审理人身损害赔偿案件适用法律若干问题的解释》第35条规定，该解释所称的“城镇居民人均可支配收入”、“农村居民人均纯收入”“城镇居民人均消费性支出”、“农村居民人均年生活消费支出”、“职工平均工资”、“农村居民人均纯收入”，是按照政府统计部门公布的各省、自治区、直辖市以及经济特区和计划单列市上一年度相关统计数据确定的。而“上一年度”，是指一审法庭辩论终结时的上一统计年度。上述规定明确了赔偿标准的地域范围和基准时，在司法实践中具有十分重要的意义。

1. 赔偿标准地域范围的确定

根据上述规定，确定人身损害赔偿标准的地域范围原则上是受诉法院所在地的省、自治区、直辖市，而经济特区和计划单列市则属例外。也就是说，在同一省内，除经济特区和计划单列市之外，各地法院所依据的“城镇居民人均可支配收入”、“农村居民人均纯收入”、“城镇居民人均消费性支出”、“农村居民人均年生活消费支出”、“职工平均工资”、“农村居民人均纯收入”等赔偿标准均是相同的。以广东省为例，除深圳、珠海和汕头这三个特区城市之外，其他各地法院所依据的人身损害赔偿标准均是相同的。

2. 赔偿标准的基准时

根据上述规定，确定人身损害赔偿标准的基准时也就是时点，是一审辩论终结时的上一统计年度。当然，在司法实践中，由于各省、自治区、直辖市的高级人民法院一般不可能在每年的年初就公布该年度的人身损害赔偿标准，这就产生一审法庭辩论终结时，该年度的人身损害赔偿标准还没有公布的情况。对此，司法实践中，当事人会按照上一年度的人身损害赔偿标准来确定诉请的赔偿数额，法院也应当按照上一年度的人身损害赔偿标准作为判案的依据。

3. 残疾赔偿金、死亡赔偿金的性质

司法实践中，常常有人将残疾赔偿金、死亡赔偿金与精神损害抚慰金相混同，认为残疾赔偿金、死亡赔偿金的性质与精神损害抚慰金的性质相同，赔偿义务人在赔偿了残疾赔偿金或者死亡赔偿金后，就无须再赔偿精神损害抚慰金了，反之亦然。实际上，这种理解是错误的。

2001 年 3 月 10 日开始施行的《最高人民法院关于确定民事侵权精神损害赔偿责任若干问题的解释》第 9 条规定：“精神损害抚慰金包括以下方式：（一）致人残疾的，为残疾赔偿金；（二）致人死亡的，为死亡赔偿金；（三）其他损害情形的精神抚慰金。”根据该规定，残疾赔偿金、死亡赔偿金均是精神损害抚慰金的表现形式，它们的性质的确是相同的。但是我们应当注意到，上述规定已经因《最高人民法院关于审理人身损害赔偿案件适用法律若干问题的解释》的施行而失去了效力。

关于残疾赔偿金和死亡赔偿金的性质，2004 年 5 月 1 日开始施行的《最高人民法院关于审理人身损害赔偿案件适用法律若干问题的解释》已经明确将两者定性为财产损害赔偿，而非精神损害赔偿。关于这一点，可以从其相关规定得知。《最高人民法院关于审理人身损害赔偿案件适用法律若干问题的解释》第 31 条规定："人民法院应当按照民法通则第一百三十一条以及本解释第二条的规定，确定第十九条至第二十九条各项财产损失的实际赔偿金额。前款确定的物质损害赔偿金与按照第十八条第一款规定确定的精神损害抚慰金，原则上应当一次性给付。"而该解释"第十九条至第二十九条各项财产损失"中，第 20 条是关于残疾赔偿金计算方法的规定，第 25 条是关于死亡赔偿金计算方法的规定。由此可知，不论是残疾赔偿金还是死亡赔偿金，均属于财产损害赔偿，或者说物质损害赔偿，而绝非精神损害赔偿。

第二节　医疗事故损害赔偿责任的范围

一、《医疗事故处理条例》对医疗事故损害赔偿范围和标准的具体规定

关于医疗事故损害赔偿的范围和标准，《医疗事故处理条例》第 49 条至第 52 条作了较为明确的规定。具体而言，医疗事故赔偿按照下列项目和标准计算：

（一）医疗费

医疗费按照医疗事故对患者造成的人身损害进行治疗所发生的医疗费用计算，凭据支付，但不包括原发病医疗费用。结案后确实需要继续治疗的，按照基本医疗费用支付。

（二）误工费

患者有固定收入的，误工费按照本人因误工减少的固定收入计算，对收入高于医疗事故发生地上一年度职工年平均工资 3 倍以上的，按照 3 倍

计算；无固定收入的，误工费按照医疗事故发生地上一年度职工年平均工资计算。

（三）住院伙食补助费

住院伙食补助费按照医疗事故发生地国家机关一般工作人员的出差伙食补助标准计算。

（四）陪护费

患者住院期间需要专人陪护的，陪护费按照医疗事故发生地上一年度职工年平均工资计算。

（五）残疾生活补助费

残疾生活补助费根据伤残等级，按照医疗事故发生地居民年平均生活费计算，自定残之月起最长赔偿 30 年；但是，60 周岁以上的，不超过 15 年；70 周岁以上的，不超过 5 年。

（六）残疾用具费

因残疾需要配置补偿功能器具的，凭医疗机构证明，按照普及型器具的费用计算。

（七）丧葬费

按照医疗事故发生地规定的丧葬费补助标准计算。

（八）被扶养人生活费

以死者生前或者残疾者丧失劳动能力前实际扶养且没有劳动能力的人为限，按照其户籍所在地或者居所地居民最低生活保障标准计算。对不满 16 周岁的，扶养到 16 周岁。对年满 16 周岁但无劳动能力的，扶养 20 年；但是，60 周岁以上的，不超过 15 年；70 周岁以上的，不超过 5 年。

(九) 交通费

按照患者实际必需的交通费用计算，凭据支付。

(十) 住宿费

按照医疗事故发生地国家机关一般工作人员的出差住宿补助标准计算，凭据支付。

(十一) 精神损害抚慰金

按照医疗事故发生地居民年平均生活费计算。造成患者死亡的，赔偿年限最长不超过6年；造成患者残疾的，赔偿年限最长不超过3年。

医疗事故造成患者死亡的，参加丧葬活动的患者的配偶和直系亲属所需交通费、误工费、住宿费，参照《医疗事故处理条例》第50条的有关规定计算，计算费用的人数不超过2人。

二、《医疗事故处理条例》存在的问题及解决方法

(一)《医疗事故处理条例》存在的问题

《医疗事故处理条例》关于医疗事故损害赔偿项目和标准的相关规定，从司法实践来看，还有许多不足之处，值得探讨和进一步明确。具体而言，表现在三个方面：

1. 有些赔偿项目没有作出规定

例如，《医疗事故处理条例》规定了残疾生活补助费，据此，患者在因医疗事故造成残疾的情况下可以获得相应的赔偿。但由于该条例没有规定死亡赔偿金，使得在患者因医疗事故导致死亡的情况下，患者家属是否应当得到死亡赔偿金，成为争议的一个焦点问题。又如，《医疗事故处理条例》第50条规定，患者住院期间需要专人陪护的，按照医疗事故发生地上一年度职工年平均工资予以支付。但患者出院后的护理费是否应当予

以赔偿的问题，则没有作出规定。

2. 部分赔偿标准没有相应的统计数据

例如，根据《医疗事故处理条例》第50条的相关规定，残疾生活补助费和精神损害抚慰金均按照医疗事故发生地“居民年平均生活费”计算。然而，在司法实践中，由于无法获得相关的统计数据，“居民年平均生活费”已经无法具体确定。在此种情况下，如何确定“居民年平均生活费”就成了尚待解决的问题。

3. 具体赔偿标准不够明确

例如，关于误工费，《医疗事故处理条例》第50条第（二）项规定：“患者有固定收入的，按照本人因误工减少的固定收入计算，对收入高于医疗事故发生地上一年度职工年平均工资3倍以上的，按照3倍计算；无固定收入的，按照医疗事故发生地上一年度职工年平均工资计算。”关于陪护费，该条例第50条第（四）项规定：“患者住院期间需要专人陪护的，按照医疗事故发生地上一年度职工年平均工资计算。”根据上述规定，在确定误工费和陪护费的赔偿数额时，应当首先明确医疗事故发生地上一年度职工年平均工资。然而，这里的医疗事故发生地上一年度职工年平均工资是指事故发生地的省、自治区、直辖市的相应统计数据，还是指事故发生地的市、县、区的统计相应统计数据，则有待进一步明确。此外，这里的医疗事故发生地上一年度职工年平均工资是指医疗事故发生时的上一年度的职工年平均工资还是患方起诉后法庭辩论终结时的上一年度的职工年平均工资，也有待探讨。

（二）相关赔偿标准的确定

1. 赔偿标准地域范围的确定

“医疗事故发生地”应当如何理解？在确定医疗事故损害赔偿的标准时，首先解决的是“医疗事故发生地”的理解问题。因为，《医疗事故处理条例》在确定医疗事故损害赔偿标准时，基本上均将其限于“医疗事故发生地”这一地域范围之内。可见，确定医疗事故发生地对于医疗事故损害赔偿标准的确定非常具有现实的意义。我们认为，医疗事故发生地，一般是指患者就医的医疗机构所在地。因此，相应的赔偿标准，应该是医疗机构所在地的省、自治区、直辖市以及经济特区市的相关统计标准。

2. 赔偿标准基准时的确定

“上一年度”应当如何理解？在确定了赔偿标准的地域范围之后，接下来需要确定的是赔偿标准的基准时问题。例如，根据《医疗事故处理条例》第50条规定，误工费和陪护费的赔偿标准均是医疗事故发生地“上一年度”职工年平均工资。那么，这里的“上一年度”应当是指哪一个时点的上一年度呢？对此，司法实践中有两种意见：一种意见认为，这里的上一年度是指医疗事故发生时的上一年度；另一种意见则认为，应当以一审法庭辩论终结时的上一统计年度作为确定赔偿标准的基准时。例如，《广东省高级人民法院关于审理医疗损害赔偿纠纷案件若干问题的指导意见》第15条就明确规定：“参照最高人民法院《关于审理人身损害赔偿案件适用法律若干问题的解释》第三十五条的规定，《医疗事故处理条例》第五十条所规定的医疗事故赔偿项目的标准应按照政府统计部门公布的各省、自治区、直辖市以及经济特区和计划单列市上一年度相关统计数据确定。‘上一年度’是指一审法庭辩论终结时的上一统计年度。”对于上述两种意见，我们认为，后一种意见是更为妥当的。

3. “居民年平均生活费”的确定

根据《医疗事故处理条例》第50条的相关规定，残疾生活补助费和精神损害抚慰金均按照医疗事故发生地“居民年平均生活费”计算。然而，由于无法获得相关的统计数据，如何确定“居民年平均生活费”标准，成了一个有争议的问题。我们认为，从性质上来看，居民年平均生活费与“城镇居民人均消费性支出”、“农村居民人均年生活消费支出”相类似，因此，可以用“城镇居民人均消费性支出”或“农村居民人均年生活消费支出”替代“居民年平均生活费用”。不过，考虑到随着社会的不断发展，城乡一体化的进程不断推进，如仍区分“城镇居民人均消费性支出”和“农村居民人均年生活消费支出”，则显然与社会发展的趋势不相符。因此，在医疗事故损害赔偿纠纷案件中，可以用《最高人民法院关于审理人身损害赔偿案件适用法律若干问题的解释》中的“城镇居民人均消费性支出”代替“居民年平均生活费用”标准。

4. 死亡赔偿金等《医疗事故处理条例》没有规定的赔偿项目是否应当予以支持

《医疗事故处理条例》中，规定治疗过程中致人死亡构成一级甲等医疗事故的，只能按照规定给予最高不超过6年的精神损害抚慰金，而没有规定赔偿死亡赔偿金，这就形成了法律实施的一个空白。同时，构成一级乙等医疗事故的却可以依照该条例给予30年的残疾生活补助费（按医疗事故发生地居民平均生活费）。这样一来，若按照《医疗事故处理条例》的规定，医疗机构在治疗患者时，因致人死亡无须赔偿死亡赔偿金，就会出现“治伤不如治死”的严重违背常理的现象。《医疗事故处理条例》实施以来，特别是最高人民法院2004年5月1日施行《最高人民法院关于审理人身损害赔偿案件适用法律若干问题的解释》后，对于医疗事故纠纷案件审理实践中是否支持死亡赔偿金的问题产生了极大的分歧。

一种观点倾向于医疗纠纷案件一律适用《医疗事故处理条例》。《医疗事故处理条例》相对于《民法通则》或《最高人民法院关于审理人身损害赔偿案件适用法律若干问题的解释》来说是特别法，医疗纠纷案件应优先适用该条例。同时，医疗机构具有公益性，赔偿数额过高会加大其运行成本。

另一种观点是应适用《民法通则》以及《最高人民法院关于审理人身损害赔偿案件适用法律若干问题的解释》确定的赔偿标准予以赔偿。

由于出现了两种不同的法律适用观点，目前在司法实践中，各地法院审理的结果也大相径庭。有些法院在审理中支持受害者的诉讼请求，按照《最高人民法院关于审理人身损害赔偿案件适用法律若干问题的解释》的规定判决由医疗机构赔偿受害者死亡赔偿金。而有的法院则在审理中严格按照《医疗事故处理条例》的规定驳回了受害者关于死亡赔偿金的诉讼请求，仅仅赔付了最高6年的精神损害抚慰金。面对两种截然不同的判决结果，许多二审法院也极为慎重，采取了模棱两可的态度，大多努力做双方当事人的工作，尽可能地调解成功，以避免出现法律适用不一的问题。同时，一些地方高级人民法院出台了指导意见，以避免出现同一地区同类案件判决结果不一致的情况。

针对以上情况，笔者认为：在医疗事故纠纷中若出现患者死亡的情况，法院在审判实践中应按照《民法通则》与《最高人民法院关于审理人身损害赔偿案件适用法律若干问题的解释》中关于死亡赔偿金的规定办理。主要理由有以下几点：首先，《民法通则》是基本法律，《医疗事故处理条例》是行政法规。其次，《最高人民法院关于审理人身损害赔偿案件适用法律若干问题的解释》出台时间在《关于参照（医疗事故处理条例）审理医疗纠纷民事案件的通知》之后，司法解释的效力也高于通知，况且该解释第 36 条第 2 款特别规定："在本解释公布施行之前已经生效施行的司法解释，其内容与本解释不一致的，以本解释为准。"最后，根据《医疗事故处理条例》第 50 条第（五）项之规定，在患者因医疗事故残疾的情况下，其有权获得残疾生活补助费。而在患者因医疗事故死亡的情况下，该条例则没有关于死亡赔偿金的规定。相比较而言，死亡的损害结果较残疾的损害结果更重，根据"举轻以明重"之当然解释原则，既然患者在因医疗事故而致残的情况下，医疗机构应当向其赔偿残疾生活补助费，则在患者因医疗事故而死亡的情况下，医疗机构也应当向其赔偿死亡赔偿金。

综上，在医疗事故引起的医疗赔偿纠纷案件中，对于"死亡赔偿金"的赔偿问题来说，适用《民法通则》及《最高人民法院关于审理人身损害赔偿案件适用法律若干问题的解释》相关司法解释的有关规定，合乎法理。无论是《医疗事故处理条例》，还是《最高人民法院关于审理人身损害赔偿案件适用法律若干问题的解释》，都强调医疗纠纷赔偿费实行一次性结算。两者的赔偿项目比较具体见表 11-1：

表 11-1　　　医疗事故处理条例与司法解释赔偿项目比较

比较项目	医疗事故赔偿计算公式	司法解释（民法通则）
医药费	医药费=已发生医疗的费用+预期医疗费用	医药费=一审法院辩论终结前实际发生的数额。包括医药费+住院费+后续必然发生的费用，以医疗机构出具的凭据支付
误工费	有固定收入的=误工时间×收入标准 高收入者=误工时间×收入标准(医疗事故发生地上一年度职工平均工资的3倍) 无固定收入者=误工时间×收入标准（医疗事故发生地上一年度职工平均工资）	有固定收入者=实际减少的收入 无固定收入者=最近3年平均收入或同（近）行业职工的平均工资
住院伙食费	住院伙食费=住院时间×医疗事故发生地国家机关一般工作人员出差或是补助标准	住院伙食费=住院时间×医疗纠纷发生地国家机关一般工作人员出差或是补助标准
陪护费	陪护费=护理天数×护理人数×医疗事故发生地上一年度职工年平均工资	陪护费=护理天数×护理人数×护理期限 有收入，参照误工费规定； 无收入或雇工，参照同级别护理劳务费用
伤残补助（残疾赔偿金）	残疾赔偿金=伤残等级×医疗事故发生地的居民平均生活费×赔偿期限（最长30年） 60岁以上不超过15年 70岁以上不超过5年	残疾赔偿金=伤残等级×受诉法院所在地上一年度城镇居民人均可支配收或农村居民人均收入×20年；60岁以上增1减1，75岁赔5年 实际收入不减，或者影响就业，应适当调整残疾赔偿金

续表

比较项目	医疗事故赔偿计算公式	司法解释（民法通则）
残疾用具	残疾用具赔偿金=普及型器具的费用（凭医疗证明）	残疾用具赔偿金=普通适用器具标准；特殊需要、更换周期、赔偿期限，根据配置机构意见
丧葬费	丧葬费=按医疗事故发生地规定的丧葬费补助标准	丧葬费=受诉法院所在地上一年度职工月平均工资标准×6个月
被抚养人生活费	被抚养人生活费=没有劳动能力的被抚养人的人数×当地居民最低生活保障费×抚养年限赔偿20年；不满16周岁的抚养年限=16-实际年龄；60周岁以上的=75-实际年龄	被抚养人生活费=被抚养人的人数×受诉法院所在地上一年度城镇居民人均消费性支出和农村居民人均年生活消费支出标准×抚养年限（未成年至18岁；其他成人20年；60岁以上增1减1；75岁以上5年）
交通费	交通费=实际必需的交通费用单据数额之和。凭据支付	交通费=实际必需的交通费用单据数额之和。凭据支付
住宿费	住宿费=医疗事故发生地国家机关一般工作人员出差补助标准，凭据支付	外地就医不能住院，合理的住宿费
死亡赔偿金	无	死亡赔偿金=受诉法院所在地上一年度城镇居民人均可支配收或农村居民人均收入×20年；60岁以上增1减1，75岁赔5年
精神损害赔偿	精神损害赔偿金（死亡）=医疗事故发生地居民平均生活费×最长6年 精神损害赔偿金（残疾）=医疗事故发生地居民平均生活费×最长3年	按照《最高人民法院关于精神损害赔偿若干问题的解释》规定予以赔偿

续表

比较项目	医疗事故赔偿计算公式	司法解释（民法通则）
处理事故费用	交通费、误工费、住宿费，不超过2人	无

第三节　确定具体赔偿数额时应当考虑的因素

一、事故等级程度

事故等级程度是指在医疗事故成立的前提下，患者在治疗结束以后的健康状态，如死亡、重度残疾、中度残疾、功能障碍程度、轻度残疾或其他人身损害的状态。根据患者健康状态的不同，划分为不同的等级。《医疗事故处理条例》第4条规定："根据对患者人身造成的损害程度，医疗事故分为四级：一级医疗事故：造成患者死亡、重度残疾的；二级医疗事故：造成患者中度残疾、器官组织损伤导致严重功能障碍的；三级医疗事故：造成患者轻度残疾、器官组织损伤导致一般功能障碍的；四级医疗事故：造成患者明显人身损害的其他后果的。具体分级标准由国务院卫生行政部门制定。"而卫生部《医疗事故分级标准（试行）》则将医疗事故等级具体细分为四级十二等，即一级甲等、一级乙等、二级甲等、二级乙等、二级丙等、二级丁等、三级甲等、三级乙等、三级丙等、三级丁等、三级戊等、四级。司法实践中应当注意的是，医疗事故的等级与人身损害的伤残等级是存在一定对应关系的，即《医疗事故分级标准（试行）》中医疗事故一级乙等至三级戊等对应伤残等级一至十级。不同的等级对应不同伤残指数。具体见表11-2①：

① 孔志学：《医疗纠纷与法律处理》，科学出版社2007年版，第74页。

表 11-2　**医疗事故不同等级对应不同的赔偿指数**

	医疗事故等级	伤残等级	伤残赔偿指数
一级	甲等医疗事故		
	乙等医疗事故	一级伤残	100%
	甲等医疗事故	二级伤残	90%
二级	乙等医疗事故	三级伤残	80%
	丙等医疗事故	四级伤残	70%
	丁等医疗事故	五级伤残	60%
	甲等医疗事故	六级伤残	50%
	乙等医疗事故	七级伤残	40%
三级	丙等医疗事故	八级伤残	30%
	丁等医疗事故	九级伤残	20%
	戊等医疗事故	十级伤残	10%
四级医疗事故			

二、事故责任程度

事故责任程度，是指医师的过失行为对患者发生事故的原因力大小及参与程度多少，也即医师的医疗过失对引起患者死亡、残疾、功能障碍所起作用的程度。对于医师的过失行为与患者的损害后果之间只有进行原因力和参与度的分析，才能准确确定责任程度的大小。对于事故责任的程度，按照患者在事故后的损害程度与医方行为之间因果关系的大小，采用国际上通行的“事故参与度原则”进行认定。“参与度”又称“寄予度”，是日本昭和大学部法医学教授、日本赔偿医学会会长渡边富雄主任首先提出，后成为确认人身伤害与伤害因素关系的一个指标。我们目前的医疗技术鉴定应当对损伤中的一因一果、二因一果、多因一果、多因多果和一因多果的损伤用“参与度”理论加以评定。

我国和欧美等国的学者都采用五等级分类标准。第一等级，损伤（医疗过失行为）参与度为100%，即损伤行为直接导致损害后果的发生，患者原有的自身疾病与损害后果无任何因果关系。第二等级，损害后果是患者原有的疾病与损伤行为共同作用的结果，而且损伤是后果发生的主要原因，损伤行为使损害后果易于发生或加重损害后果。原有疾病不易自发急性恶化或随时发作，但因损伤行为的介入，致使损害后果易于或提前发生。损伤参与度为75%。第三等级，损害后果是损伤行为与原有疾病共同作用的结果，二者的作用程度相同，损伤参与度为50%。损伤行为与原有疾病共同协作致使损害后果的发生，单独的原因事实均不能使损害后果发生。第四等级，损害后果是损伤行为与原有疾病共同作用的结果，但患者自身的疾病是主要原因事实，损伤行为是次要的原因事实。损伤参与度为25%。患者自身疾病的程度严重，具有高度或潜在性疾病随时发作的可能性，损伤行为相对一般健康人而言，不会造成明显的损害后果，而对患者而言，却加速损害后果的发生，或使损害后果明显化、公开化。第五等级，损害后果完全是患难者自身疾病所致，与损伤行为无任何因果关系。损伤参与度为0%。患者自身疾病是损害后果发生的直接原因、根本原因，损害与损伤行为无直接的因果关系。损伤参与度为确定多因一果或混合过错的民事责任分担提供了理论依据。

第四节　《侵权责任法》关于医疗损害赔偿范围的规定

《侵权责任法》专门在第七章对“医疗损害责任”作了明确规定，故在该法施行之后，相应的医疗损害赔偿纠纷案件的审判自然应当适用该法。此外，该法第5条明确规定：“其他法律对侵权责任另有特别规定的，依照其规定。”据此，只有全国人大及其常委会制定的法律才能对侵权责任作出特别规定，行政法规及部门规章则无权对侵权责任另作规定。而由于《医疗事故处理条例》是行政法规而非法律，故在《侵权责任法》施行后，该条例第五章“医疗事故的赔偿”的相关规定自然也就不应成为法院审理医疗损害赔偿纠纷案件的法律依据。因此，在《侵权责任法》施行后，医疗损害赔偿纠纷法律适用或者说是赔偿标准将由“二元化”转变为“一元化”。

至于医疗损害赔偿的具体范围，应当适用《侵权责任法》关于人身损害赔偿的相关规定，其中，《侵权责任法》第16条规定：“侵害他人造成人身损害的，应当赔偿医疗费、护理费、交通费等为治疗和康复支出的合理费用，以及因误工减少的收入。造成残疾的，还应当赔偿残疾生活辅助具费和残疾赔偿金。造成死亡的，还应当赔偿丧葬费和死亡赔偿金。”此外，该法第22条规定：“侵害他人人身权益，造成他人严重精神损害的，被侵权人可以请求精神损害赔偿。”应该说，上述两规定还是非常具有概括性的，对于一些损害并未具体列举，特别是被抚养人生活费以及医疗损害中常见的伙食费、营养费等都未提及，这导致在审判实践中极易产生分歧。

第五节 对我国医疗损害赔偿的思考

一、应当限制医疗过失损害赔偿中的精神抚慰金赔偿数额

我国现行人身损害赔偿制度中精神抚慰金赔偿的数额并不高。在最近北京法院判决的严重伤害和死亡的精神损害抚慰金达到30万元人民币。①在医疗过失损害赔偿案件中，基本上还没有判决这样高的精神抚慰金的案件。

我国的精神损害抚慰金，赔偿的是精神痛苦，包括侵权行为发生之后至裁判之时，以及裁判之后仍然存在的精神痛苦和疼痛。在医疗损害赔偿责任中，赔偿受害患者的精神损害抚慰金，其内容也同样如此。在《医疗

① 代瑞婷、石悦：《我国医疗损害赔偿标准问题分析》，《医学与社会》2019年第11期，第129~130页。

事故处理条例》规定的损害赔偿项目和标准中，采取对精神损害抚慰金适当限制的做法是有道理的，但其将精神抚慰金限制在死亡赔偿金和残疾赔偿金上，大大低于一般赔偿标准的做法，是值得研究的。在 2002 年《医疗事故处理条例》出台的时候，《最高人民法院关于确定民事侵权精神损害赔偿责任若干问题的解释》规定，死亡赔偿金和残疾赔偿金是精神抚慰金性质，这和《国家赔偿法》和《消费者权益保护法》的规定是一致的。第 50 条规定精神抚慰金标准，即死亡的赔偿 6 年，残疾的赔偿 3 年，按照当时的立法和司法解释，限制的是精神抚慰金赔偿数额。但是，2003 年《最高人民法院关于审理人身损害赔偿案件适用法律若干问题的解释》将死亡赔偿金和残疾赔偿金确定为财产损害赔偿，因此，这样的限制就受到了各方的强烈质疑。

目前，依照《最高人民法院关于审理人身损害赔偿案件适用法律若干问题的解释》第 18 条规定，在承担了包括死亡赔偿金和残疾赔偿金以及其他财产损失之后，仍然可以请求精神损害抚慰金。对于这个精神损害抚慰金的赔偿，在医疗损害赔偿责任中应当进行限制。笔者认为，可以考虑医疗过失的精神损害抚慰金赔偿的最高额，按照东西部不同地区分别不超过 10 万元至 20 万元人民币，并且不得有例外。这样是因为无论什么样的非财产损害赔偿金都不能减少病人的疼痛和精神痛苦，适当限制这种赔偿无碍大局，而且能够大大减轻医疗机构的赔偿负担，最终会减少全体患者的医疗费用负担，使全体患者受益。

二、应当对医疗过失引起的财产损害赔偿运用原因力规则来合理确定

实事求是地分析医疗过失行为的成因，应当在医疗损害赔偿责任中特别予以适用。对此，《医疗事故处理条例》第 49 条已经作出了明确规定："医疗事故赔偿，应当考虑下列因素，确定具体赔偿数额：（一）医疗事故等级；（二）医疗过失行为在医疗事故损害后果中的责任程度；（三）医疗事故损害后果与患者原有疾病状况之间的关系。"其中第（二）项"医疗

过失行为在损害事故损害后果中的责任程度”以及第（三）项“医疗事故损害后果与患者原有疾病状况之间的关系”，实际上就是原因力规则的适用。

按照原因力规则，凡是与造成损害的违法行为没有原因力的损害后果，行为人都不负担赔偿责任。也就是说，在由几个原因造成一个损害后果的情况下，违法行为人仅对自己的违法行为所引起的具有原因力的损害后果承担赔偿责任。通过这样的限制，也会大大减轻医疗机构的赔偿责任，缓解医疗机构的赔偿压力。

三、应当特别强调定期金赔偿在医疗过失损害赔偿中的应用

在人身损害赔偿制度中，定期金赔偿是一个重要的赔偿方式。① 在我国，对将来的赔偿长期以来通行的是一次性赔偿，并不实行定期金赔偿。在2003年出台的《最高人民法院关于审理人身损害赔偿案件适用法律若干问题的解释》规定了定期金赔偿，并且规定了简要的规则。这是一个重大的进步。不过，在这个规定中，仍然将一次性赔偿作为人身损害赔偿的常态和首选方式，将定期金赔偿作为特殊方式，可以选用。这样的规定，仍然限制定期金赔偿方式的广泛适用。事实上，定期金赔偿才是人身损害赔偿中将来赔偿的常态和首选，而一次性赔偿应当是备选的赔偿方式。

定期金赔偿适用于将来的长期赔偿，例如，对于造成残疾的受害人生活补助费的赔偿和今后医疗费、护理费的赔偿。现在我们实行的是一次性赔偿，就是把将来的多次性给付变为现在的一次性给付。这种做法，一是给加害人以过大的赔偿负担，二是受害人生存期间具有不确定性，而赔偿则为确定性，两者之间的矛盾突出，而适用定期金赔偿的方法就会解决这样的问题。现在，最高人民法院的司法解释已经规定了定期金赔偿的方法，只是没有规定具体办法，在实践中绝大多数法官对其性质和作用认识不足，因而在实践中应用得并不多，尤其是在医疗损害责任中几乎没有适

① 杨立新：《医疗损害责任法》，法律出版社2012年版，第70页。

用。这对医疗机构来说是不利的。

对此，应当采取必要措施，在医疗损害赔偿纠纷案件中广泛使用定期金赔偿，即受害人生存一年，医疗机构就要赔偿一年；受害患者死亡的，医疗机构即停止支付赔偿金。这样的做法，对医疗机构显然是十分有利的。如果再建立医疗过失责任保险制度，将定期金赔偿转由保险公司承担支付义务，就能够将医疗机构从沉重的医疗损害赔偿责任中解救出来，更好地提高医学技术水平，更好地为患者服务。

四、应当借鉴排除间接来源规则，在医疗损害赔偿中实行损益相抵规则

间接来源规则是美国侵权行为法中的重要规则，就是禁止被告引用原告医疗费已有第三方支付而免除自己的赔偿责任。实行这个规则的目的在于使受害人得到更为完善的保护，获得更多的赔偿。美国加利福尼亚州《医疗损害赔偿改革法》明文规定排除适用这一规则，目的恰好相反，就是以受害人受到适当的赔偿为准则，不必要得到更多的赔偿，因而使医疗机构减轻负担，有精力为更多的患者服务。但对付出代价的保险金等不在排除之列，可予以赔偿。

我国的人身损害赔偿没有规定间接来源规则，而损益相抵原则是其相反的规则。因此，排除间接来源规则在某些方面相当于损益相抵原则。例如，受害患者在健康保险中获得了赔偿，是基于同一个事实而取得的赔偿，因此，不能援用间接来源规则主张全额赔偿，而应当在赔偿额中扣除已经取得的赔偿金。因此，在医疗过失损害赔偿中适用限制间接来源规则就相当于在这个领域实行损益相抵原则，其基本后果是一致的。适用这个规则的理由是为了在受害患者得到全额赔偿的前提下，减轻医疗机构的赔偿责任，以有利于让医疗机构有更多的精力为全体患者服务，并且不至于大量增加医疗费用，造福全体患者。

在我国医疗损害责任中，应当严格遵循损害赔偿的补偿性功能，实行损益相抵规则，医疗机构可以引用受害患者已有第三方的赔偿支付而免除

自己相应的赔偿责任。之所以说是相应的赔偿责任，就是因为损益相同的部分才能相抵，超出受益即新生利益的部分，医疗机构仍然应当予以赔偿。

最高人民法院曾讨论过一个司法解释草案，请示的问题是，受害患者曾经买过医疗保险，在某次医疗中受到伤害，构成医疗事故，医院应当全部赔偿，那么，受害患者得到的医疗保险赔偿金是否可以在医疗事故损害赔偿金中损益相抵？多数专家在讨论中都反对实行损益相抵，患者在取得保险金之外，仍然可以请求全部的医疗损害赔偿。这个意见与加利福尼亚州的做法是一致的。笔者赞同这样的意见。这也是实行损益相抵规则的一个例外，理由就是医疗保险是患者自己花钱买来的，不应当损益相抵。

案例 11.1①：

2007 年 5 月 4 日上午，患者张某因妊娠 39 周入住某区妇幼保健院待产。当天上午 10 时至 11 时 15 分行剖官产手术，产出一男婴，手术顺利，母子正常。医生当天给患者灭滴灵、青霉素输液抗炎治疗。第二天，继续给青霉素等抗炎输液治疗，患者一边接受输液，一边与丈夫讲话，身体未有不适。至上午 10 时 30 分换上第三瓶液体之后不久，突然头歪向一侧，脚蹬了几下，牙关紧闭，神志丧失。家属立即叫来医生，给予安定处理后即离开。5~10 分钟后，患者鼻孔流血，医生向院长汇报，因当时医院大多数医生外出旅游，故请外院会诊。外院医生 11 时才到达医院。经抢救无效，于当晚 9 时宣布患者死亡。死者家属当即要求封存病历及输液瓶，但医方只将部分病历封存，对护理记录并未封存，而且封存的输液瓶与原告看到的不一致。之后双方申请进行尸体解剖查明死因。经过 40 多天的等待，尸体解剖结果只出了份病理报告，没有明确死因诊断。后由医患双方委托市医学会鉴定，但由于对鉴定材料的真实性存在分歧，医学会于 2007 年 7 月 13

① 解林林：《医疗损害赔偿制度完善》，广西大学 2016 年硕士学位论文，第 67 页。

日作出终止鉴定的通知。后诉诸法院，经法院委托法医司法鉴定，在咨询了有关病理专家后，最后法医学鉴定结论认为被告医院存在不当，且其与患者的死亡之间有一定的因果关系。为此，原告以“医疗人身损害赔偿纠纷”为由，要求法院适用《民法通则》及《最高人民法院关于人身损害赔偿适用法律的解释》。2008 年 2 月 3 日法院判决被告医院承担 343954. 4 元，即赔偿责任的 80%。

评析：总结本案，一是适用法律得到法院的支持。二是在诉讼程序上绕开了医疗事故技术鉴定。但本案如果以不同的案由来起诉，赔偿的费用差别很大。以医疗事故进行起诉，如果法院采用《医疗事故处理条例》，赔偿的总数为 8. 5 万元；如果以医疗人身损害为由，法院采用《民法通则》及《最高人民法院关于人身损害赔偿适用法律的解释》，赔偿的费用为 34 万元。由此可见案由选择的重要性。

案例 11. 2①：

2004 年 11 月 20 日，32 岁的高某到籍田卫生院诊治，诊断为：右肾多发结石，左输尿管中段结石，双肾积水。次日，籍田卫生院为高某行左输尿管切开取石、右肾探查术。术中医生认为高某右肾巨大、完全无功能，遂切除右肾，术后 16 小时高某无尿，籍田卫生院将高某转入四川省人民医院抢救治疗，2004 年 12 月 26 日出院。住院、门诊、检查各种费用为 35800. 5 元。

2005 年 4 月 27 日，成都医学会鉴定书载明：籍田卫生院在高某术前存在双侧肾损害以及临床检查资料不完整的情况下，行右肾切除术，导致高某术后肾功能衰竭、尿毒症的后果，籍田卫生院违反了诊疗常规，医疗行为存在过失，与高某的损害存在因果关系。其鉴定结论为，本次事故属于二级甲等医疗事故，籍田卫生院承担主要责任。

① 孟强：《医疗损害责任》，法律出版社 2010 年版，第 203 页。

同时，成都医学会根据医疗护理学提出建议：继续血液透析或者肾移植治疗。高某坚持要求继续血液透析治疗，不愿意进行肾移植。鉴定费8000元。

高某的伤情经四川华西法医学鉴定中心鉴定，其结论为：高某劳动能力完全丧失，需要长期透析维持生命，每年的透析费用为60000元，高某目前存在部分护理依赖，血液透析时需要一人护理。鉴定费8000元。

另查明：2004年成都市职工平均工资为14638元，成都市居民人均年消费支出6371元，成都市国家机关一般工作人员出差伙食补助标准省内为10元/天，成都市农村居民最低生活保障为每月210元，成都市最低生活费为600元。高某之父高某2出生于1935年8月9日，其母邱某出生于1941年5月9日，其子王某出生于1995年6月14日，高某2共有子女4人，均成年健在。

2005年9月5日成都市中级人民法院认为籍田卫生院的医疗行为与高某的医疗损害结果存在因果关系，医疗行为存在过失，应该承担主要责任，籍田卫生院承担高某70%的赔偿责任，高某由于存在原发疾病应自行承担30%的责任。根据《民法通则》第106条第2款、第134条，国务院《医疗事故处理条例》第50条规定，判决如下，本判决生效之日起十日内籍田卫生院向高某支付医疗事故赔偿费用1976608元，从2006年起每年6月上旬之内，籍田卫生院向高某支付下一年的续医费42000元，2005年的续医费42000元在判决之日起十日内向高某支付。

具体赔偿费用计算如下（以下是按照《医疗事故处理条例》进行赔偿的）：

项目	具体数据	注释
医药费	35800元+后续的费用（75－32）×6万=2615800元	人的平均年龄是75岁，每年的透析费为6万元

续表

项目	具体数据	注释
误工费	（30×5+7）×（14638÷360）= 6384 元	从损伤到鉴定残疾之日的时间为 5 个月多 7 天，2004 年成都的平均工资为 14638 元
陪护费	35×（14638÷360）= 1423 元	住院时间为 35 天
残疾人生活补助	6371×30 年×90% = 172017 元	二级甲等医疗事故赔偿系数为 90%
被抚养人生活费	父母：（210×5+210×11）/4 孩子：600×6/2 合计 = 2640 元	因为是 4 个子女，父母生活在农村，小孩在城市
精神损害赔偿	6371×3 = 19113 元	医疗事故发生地居民平均生活费×最长 3 年
营养费	10×35 天 = 350 元	
鉴定费	8000+8000 = 16000 元	
共计	2823727×0. 7 = 1976608 元	医院承担 70%的责任

第十二章 医疗产品责任

第一节 医疗产品责任概述

医疗产品损害责任是指医疗机构在医疗过程中使用有缺陷的药品、消毒药剂、医疗器械以及血液及血液制品等医疗产品，因此造成患者人身损害，医疗机构或者医疗产品生产者、销售者应当承担的医疗损害赔偿责任。对于医疗产品责任，我国《侵权责任法》第 59 条规定："因药品、消毒药剂、医疗器械的缺陷，或者输入不合格的血液造成患者损害的，患者可以向生产者或者血液提供机构请求赔偿，也可以向医疗机构请求赔偿。"司法实践中，医患之间因药品、消毒药剂、医疗器械等医疗产品而引发的损害责任纠纷，大体上可以分两类：

一、因给药不当或器械的使用、操作不当导致患者损害而引发的医疗损害责任纠纷

医师开具处方，或者药师根据处方调剂药品，均属于医疗行为。因此，如果医师开具处方或药师调剂药品错误，均属于医疗过失，由此而导致患者损害的自然属于医疗损害责任纠纷案件。医方使用、操作医疗器械有过失导致患者遭受损害，患者因此而要求医方承担损害赔偿责任的，应当属于医疗损害责任纠纷。

二、药品、医疗器械存在缺陷导致患者损害而引发的医疗产品责任纠纷

生产者、销售者因产品缺陷造成他人人身、财产损害而承担的民事责任，一般被称为产品责任。2008 年《民事案件案由规定》将此类案件的案由定为“产品质量损害赔偿纠纷”。[①]《侵权责任法》颁布实施后，此类案件中医方的责任发生了改变。《侵权责任法》第 59 条对此作了明确的规定，故患者可以直接根据该规定主张权利。关于案由，2018 年《民事案件案由规定》中也相应单列了“医疗产品责任纠纷”这一案由。据此，因药品、医疗器械存在缺陷导致患者损害而引发损害赔偿纠纷，案由应定为“医疗产品责任纠纷”。

第二节　医疗机构及其他责任人承担医疗产品责任的形式和诉讼程序

对于医疗机构及其他责任人承担医疗产品责任的形式，《侵权责任法》第 59 条规定：“因药品、消毒药剂、医疗器械的缺陷，或者输入不合格的血液造成患者损害的，患者可以向生产者或者血液提供机构请求赔偿，也可以向医疗机构请求赔偿。患者向医疗机构请求赔偿的，医疗机构赔偿后，有权向负有责任的生产者或者血液提供机构追偿。”

根据《侵权责任法》第 59 条的规定，生产者、医疗机构对患者的责任是基于不同原因产生的，患者对生产者或者医疗机构均享有分别独立的请求权；生产者和医疗机构对于患者受到损害，没有共同的目的，主观上没有联络，也没有共同的行为，生产者、医疗机构均不分比例、份额负全部清偿义务，任意一方清偿了全部责任，患者的权利就全部实现，无权再

① 曹建明：《最高人民法院民事案件案由规定理解与适用》，人民法院出版社 2008 年版，第 145 页。

向另一方主张权利。但生产者和医疗机构之间存在终局责任人，显然，缺陷产品的生产者和医疗机构对受害人承担赔偿责任的形式与不真正连带责任债务（责任）的特征是完全相同的。因此，生产者、医疗机构的责任具有不真正连带责任的性质。

2017 年《最高人民法院关于审理医疗损害责任纠纷案件适用法律若干问题的解释》第 3 条规定："患者因缺陷医疗产品受到损害，起诉部分或者全部医疗产品的生产者、销售者和医疗机构的，应予受理。患者仅起诉医疗产品的生产者、销售者、医疗机构中部分主体，当事人依法申请追加其他主体为共同被告或者第三人的，应予准许。必要时，人民法院可以依法追加相关当事人参加诉讼。患者因输入不合格的血液受到损害提起侵权诉讼的，参照适用前两款规定。"本条是关于如何确定医疗产品缺陷及不合格血液案件当事人的规定。即允许受害人可以选择起诉部分不真正连带责任人，也可以起诉全部不真正连带责任人，在诉讼架构上按照必要的共同诉讼处理。

第三节　关于医疗产品责任案件的举证证明责任分配

《最高人民法院关于审理医疗损害责任纠纷案件适用法律若干问题的解释》第 7 条规定："患者依据侵权责任法第五十九条规定请求赔偿的，应当提交使用医疗产品或者输入血液、受到损害的证据。患者无法提交使用医疗产品或者输入血液与损害之间具有因果关系的证据，依法申请鉴定的，人民法院应予准许。医疗机构，医疗产品的生产者、销售者或者血液提供机构主张不承担责任的，应当对医疗产品不存在缺陷或者血液合格等抗辩事由承担举证证明责任。"

该条的核心内容在于确定医疗产品责任纠纷中患者的举证责任缓和规则，较一般医疗损害责任纠纷作了进一步的缓和。对于该条的具体适用，需要把握以下几个问题：

一、关于患者的举证证明责任

根据规定，患者首先应该证明曾使用过缺陷产品，其次要证明因使用缺陷产品所产生的损害状况，再次要证明使用缺陷产品是损害发生的原因。考虑到医患双方以及医疗产品的生产者、销售者之间的利益平衡，应在他们之间适当分配举证责任，依据有关产品责任构成要件的内容，确立了医疗产品责任的因果关系的事实由患者一方举证的规则，但患者一方可以通过申请鉴定的方式来解决这一专业判断问题。尤其是在患者仅提供使用该产品及受到损害的表面证据不能足以认定该因果关系的存在，如果该因果关系的情形涉及专门性问题的，则其可以通过申请鉴定的方式来解决，从某种意义上讲，这也是对患者举证责任缓和的重要途径。

二、关于医疗产品的生产者、销售者以及医疗机构的举证证明责任

医疗机构，医疗产品的生产者、销售者或者血液提供机构主张医疗产品不存在缺陷或者血液合格等抗辩事由的，应当承担举证证明责任。据此，在医疗产品纠纷中，医疗机构、医疗产品生产者、销售者承担的举证责任如下：

对于医疗产品不存在缺陷的举证证明责任，即应当对医疗产品符合有关国家、行业的强制标准或者不存在危及人身财产安全承担举证证明责任。法定标准是国家和行业对某些产品制定的保障人身和财产安全的专门标准，有法定标准的适用法定标准，没有法定标准的适用一般标准。而在实际中经常适用且极具争议的标准就是所谓的“国家标准、行业标准”。

案例 12.1①：

任某因尿黄、身目黄染 20 天，于 2006 年 4 月 18 日到中山大学附

① 余明永：《医疗损害责任纠纷》，法律出版社 2017 年版，第 274~278 页。

属第三医院住院治疗，入院诊断为病毒性肝炎并自发性腹膜炎。2006年4月19日至30日，中山三院为任某注射了10支批号为06030501的亮菌甲素注射液后，任某于4月30日出现急性肾衰竭。中山三院于5月18日对任某行肾移植术，后任某在中三院接受观察和治疗。2008年1月23日在中山三院死亡。

2006年5月10日，广东省药品检验所对涉案的批号为06030501的亮菌甲素注射液作出鉴定报告，结论为该批号的亮菌甲素注射液含有有毒物质二甘醇，足以危害人体健康。中毒的症状为少尿无尿为特征的急性肾损害或肾衰竭。广东省卫生厅组织省内专家组的病例讨论意见也一致认为任某出现的急性肾衰竭、神经系统损伤与应用“亮菌甲素注射液”有密切关系。各被告也未能提供证据证明任某的原发病亦是其死亡原因之一。

该批号的亮菌甲素注射液系齐齐哈尔第二制药公司生产，由广州金恒源医疗贸易公司以5元/支的价格向齐齐哈尔第二制药公司购买，广东医药保健品有限公司以33元/支的价格向金恒源贸易公司购买后以36元/支的价格售给中山三院，中山三院以46元/支的价格用于患者。金恒源医疗贸易公司、广东医药保健品有限公司均为合法的药品经营企业。本案涉及这样几个问题：

(1) 案由的选择？

(2) 医疗机构与其他责任人能否作为共同的被告？

(3) 医院在医疗产品责任中的法律地位？是否为涉案假药亮菌甲素注射液的销售者？

(4) 缺陷产品销售者承担产品质量损害赔偿责任的归责原则？

(5) 本案各赔偿义务人之间承担赔偿责任的方式？

(6) 在司法实践中，对数个被告对原告的所负债务的性质为不真正连带债务，判决书应当如何表述？

本案中原告以“医疗产品责任纠纷”为案由，将中山大学附属第三医院、广州金恒源医药贸易公司、广东医药保健品有限公司、齐齐哈尔第二制药有限公司都列为被告起诉至法院。

法院认为，医院作为假药的销售者，对于受害者，销售者承担的是无过错责任，销售者不能以自己没有过错对抗受害人，如果缺陷并非由其过错造成的，其可以向生产者进行追责。

法院依照《中华人民共和国民事诉讼法》第64条第1款、第130条、第229条，《侵权责任法》59条，《民法通则》第122条，《关于人身损害赔偿案件适用法律若干问题的解释》第17条第3款、第18~24条、第27~29条之规定，于2008年6月26日判决如下：

（1）齐齐哈尔第二制药有限公司自本判决书发生法律效力之日起三日之内赔偿原告经济损失610819.4元。（2）齐齐哈尔第二制药公司自本判决书发生法律效力之日起三日之内赔偿原告精神损害抚慰金5万元。（3）中山医院三院、广州金恒源医院贸易公司、广东医药保健品有限公司对上述两项承担连带赔偿责任。至于中山三院与齐齐哈尔第二制药公司以及医保公司、金恒源公司之间如何进行追偿，属于各赔偿义务人之间的问题，中三医院不能以此对抗受害人的赔偿请求。驳回原告的其他诉讼请求。

第十三章　几种特殊的医疗损害责任纠纷

第一节　计划生育技术服务引起的损害责任纠纷

一、计划生育技术服务与不当出生、不当生命、不当怀孕之诉

对孕妇进行产前检查、诊断以及实施避孕、节育手术等是计划生育技术服务的重要内容。医方在提供上述诊疗服务时，如果出现失误，则可能引发不当出生、不当生命以及不当怀孕三种新型的诉讼。所谓不当出生之诉是指孕有先天缺陷胎儿的父母，因医疗机构的过错影响其优生优育的选择权，导致缺陷胎儿的出生，父母以医疗机构对该缺陷胎儿的不当出生负有过错为由，请求其承担赔偿责任而提起诉讼。所谓不当怀孕之诉是指夫妻不想生育孩子，但是由于医生节育手术过失、开处方药错误或指导过失等原因使得妻子有了身孕，夫妻因此而以医方为被告提起的损害赔偿诉讼。而所谓不当生命之诉是指父母因在不当出生、不当怀孕的情形下所出生的婴儿而要求医方对其承担损害赔偿责任而以医方为被告提起的诉讼。

二、不当出生、不当生命、不当怀孕之诉的区分

一般认为，不当出生之诉与不当生命之诉的区别主要在于，前者是父

母为原告提起的诉讼，而后者则是残障孩子为原告提起的诉讼。而不当出生、不当生命、不当怀孕的主要区别有以下三点：（1）生育是否出于自愿。不当出生、不当生命出于自愿，但丧失了选择的机会；不当怀孕系父母有避孕行为，但医方之过错致其怀孕。（2）孩子健康与否。不当出生、不当生命系不健全、残障孩子的出生；而不当怀孕，小孩通常为健康出生。（3）医生过失的时间点不同。不当出生、不当生命是受孕后，产前检查、筛查时出现过失；不当怀孕是在实施节育手术或其他节育措施时出现过失。

三、不当出生与不当生命之诉的法律适用

（一）产前诊断与不当出生、不当生命

根据《中华人民共和国母婴保健法》第38条的规定，所谓产前诊断，是指对胎儿进行先天性缺陷和遗传性疾病的诊断。产前诊断的意义在于，通过对胎儿出生前是否具有先天性和遗传性疾病作出诊断，为胎儿宫内治疗及选择性流产创造条件，进而实现保障母亲和婴儿健康以及提高人口素质的目的。关于医方产前诊断义务，《中华人民共和国母婴保健法》已经做了明确的规定，该法第17条规定："经产前检查，医师发现或者怀疑胎儿异常的，应当对孕妇进行产前诊断。"该法第18条规定："经产前诊断，有下列情形之一的，医师应当向夫妻双方说明情况，并提出终止妊娠的医学意见：（一）胎儿患严重遗传疾病的；（二）胎儿有严重缺陷的；（三）因患严重疾病，继续妊娠可能危及孕妇生命安全或者严重危害孕妇健康的。"

（二）不当出生损害赔偿责任的案由选择

在不当出生之诉中，由于医患双方存在医疗服务合同关系，故医方未尽到相应的合同义务而造成患者损失的，患者自然可以以医方构成违约为

由提起违约之诉，要求医方承担违约损害赔偿责任。对此，理论上和实践中并无太大的争议。但问题是，患方能否以医方侵权为由提起侵权之诉，要求医方承担侵权损害赔偿责任。对此，则有不同的观点。①

一种观点认为《中华人民共和国母婴保健法》第 17 条、第 18 条已经为医疗机构设定了单向法定义务，即发现胎儿异常时的诊断义务、向夫妻双方说明情况的告知义务以及提出终止妊娠意见的医学建议义务。在不当出生之诉中，如果医方未履行上述法定义务造成损害，侵犯了受检者的知情选择权，受检者可以因此提起侵权损害赔偿之诉。

另一种观点认为，在不当出生之诉中，由于存在权利客体难以界定，没有相应请求权基础的法律基础障碍，故患方不能以权利侵害为由提起侵权之诉。特别需要指出的是，最高人民法院民一庭的意见指出，医方在产前诊断过程中，由于没有尽到相应的义务导致检查结果失实，使患方生育缺陷婴儿，额外增加抚育、护理及治疗费用，遭受纯粹财产上的损失，构成加害给付，医方应当根据《中华人民共和国合同法》第 107 条规定承担相应的违约损害赔偿责任。患方以侵权为由提起侵权之诉的，因对财产上损害现行法律没有相应的请求权基础规范，故侵权之诉不能成立。

四、不当出生损害赔偿范围的确定

如何确定不当出生损害赔偿的具体范围，是不当出生之诉的关键所在。从维护人的尊严出发，人的出生无法被视为一种“损害”，故不当出生之诉中的“损害”并非指缺陷儿的出生，而应该是父母就缺陷儿的出生所增加的相应的医疗、护理、教育费用。因而，不当出生之诉中损害赔偿范围应当包括：缺陷儿的医疗费、缺陷儿的护理费、缺陷儿的特殊教育费以及缺陷儿父母遭受的精神抚慰金。一般抚养费难以认定，不予支持，残

① 最高人民法院民一庭编：《民事审判指导与参考》（总第 35 集），法律出版社 2009 年版，第 78 页。

疾人用具、残疾人赔偿金一般也不予支持。①

五、不当怀孕之诉的法律适用

（一）不当怀孕之诉的请求权基础

通常而言，不当怀孕之诉是由于医方给患者实施避孕、节育手术失败而引发的。在避孕、节育手术中，医患双方之间成立一种医疗服务合同关系。医方未依法履行相应的义务，因其过失致使受害人再怀孕的，受害人当然可以要求医方承担相应的违约责任。问题是受害人能否提起侵权之诉，有一种意见认为，不当怀孕之诉中，“不想要的怀孕”是一种人身侵权，是对原告“生育自主权”这种人格权的侵害。另外，怀孕、流产或者分娩的疼痛和痛苦也构成对妇女身体权的侵害。因此，医疗机构的过错导致避孕失败，医疗机构侵害了受害人的计划生育自主权。

（二）不当怀孕的赔偿范围

1. 不当怀孕后人工流产

此时损害赔偿的范围应包括因人流、流产而产生的医疗费、收入减少等物质损害赔偿及怀孕、流产导致的痛苦等精神损害赔偿。具体可依据《最高人民法院关于审理人身损害赔偿案件适用法律若干问题的解释》、《最高人民法院关于确定民事侵权精神损害赔偿责任若干问题的解释》等司法解释确定。②

2. 不当怀孕的孕妇分娩

如果出生婴儿为健康的，则由于原告并未受到实际的损害，故原则上医方对原告无须承担赔偿责任。当然如果同时构成不当出生的情形，则可以按照不当出生之诉的处理原则确定赔偿范围。

---

① 王泽鉴：《侵权行为法》（第1册），中国政法大学出版社2001年版，第141~144页。

② 李燕：《不当怀孕之诉的法律适用》，《人民法院报》，2008年5月6日“理论与实践”版。

第二节　预防接种引起的损害责任纠纷

一、疫苗的概念与种类

根据《疫苗流通和预防接种管理条例》第 2 条，疫苗是指为了预防、控制传染病的发生、流行，用于人体预防接种的疫苗类预防性生物制品。疫苗分为两类：(1) 第一类疫苗是指政府免费向公民提供，公民应当依照政府的规定受种的疫苗，包括国家免疫规划确定的疫苗，省、自治区、直辖市人民政府在执行国家免疫规划时增加的疫苗，以及县级以上人民政府或者其卫生主管部门组织的应急接种或者群体性预防接种所使用的疫苗；(2) 第二类疫苗是指由公民自费并且自愿受种的其他疫苗。

一般来说，两种疫苗的区别主要有两点：(1) 强制还是自愿不同，接种第一类疫苗具有强制性，而接种第二类疫苗具有自愿性；(2) 费用的负担不同，接种第一类疫苗的费用由政府承担，而接种第二类疫苗的费用则由受种者或者其监护人承担。

二、因疫苗预防接种而引发的损害责任纠纷的种类

一般说来，因疫苗预防接种而引发的损害赔偿纠纷大体包括三类：(1) 因接种单位的医疗过失行为导致接种人受到损害而引发的医疗损害责任纠纷；(2) 因预防接种异常反应造成接种人人身损害而引发的药品不良反应补偿纠纷；(3) 因疫苗质量不合格给受种者造成损害而引发的产品质量损害赔偿纠纷。三类纠纷的性质不同，相关的法律适用及处理原则也当然各不相同。

三、因接种单位的医疗过错引发医疗损害责任纠纷的法律适用和处理原则

疫苗预防接种是一种典型的医疗行为，因此，接种单位只能是医疗机

构，而相应的人员也必须是相应的医疗卫生人员。对此，《疫苗流通和预防接种管理条例》作出了明确的规定。该条例第 8 条规定：“经县级人民政府卫生主管部门依照本条例规定指定的医疗卫生机构（以下称接种单位），承担预防接种工作。县级人民政府卫生主管部门指定接种单位时，应当明确其责任区或。”该条例第 21 条规定：“接种单位应当具备下列条件：（一）具有医疗机构执业许可证件；（二）具有经过县级人民政府卫生主管部门组织的预防接种专业培训并考核合格的执业医师、执业助理医师、护士或者乡村医生；（三）具有符合疫苗储存、运输管理规范的冷藏设施、设备和冷藏保管制度。承担预防接种工作的城镇医疗卫生机构，应当设立预防接种门诊。”

从法律性质的角度而言，医患关系可以分为三类：一是医疗服务合同关系；二是强制医疗关系；三是无因管理关系。所谓医疗服务合同，是医患双方自愿达成的由医方向患方提供相应的医疗服务，而患方向医方支付相应费用的协议。由于接种第二类疫苗是基于受种人的自愿而为的，且受种人或其监护人需要向接种单位支付相应的费用，因此，受种人与接种单位之间就接种第二类疫苗而形成的关系属于医疗服务合同关系。而所谓强制医疗，是国家基于社会集体防卫之目的，以行政强制措施，强迫患者接受治疗的行为。《疫苗流通和预防接种管理条例》第 6 条规定：“国家实行有计划的预防接种制度，推行扩大免疫规划。需要接种第一类疫苗的受种者应当依照本条例规定受种；受种者为未成年人的，其监护人应当配合有关的疾病预防控制机构和医疗机构等医疗卫生机构，保证受种者及时受种。”据此，接种第一类疫苗是受种者的法定义务，不论其是否愿意，均需接种第一类疫苗。当然，有接种禁忌的人自然无需接种相应的疫苗。对于这类受种者，医疗卫生人员应当对受种者或者其监护人提出医学建议。可见，接种第一类疫苗是一种强制医疗行为，受种者与接种单位之间因此形成的法律关系属于典型的强制医疗关系。

既然接种疫苗是一种医疗行为，受种者如果认为接种单位的医疗行为有过错，导致其发生损害而要求接种单位承担损害赔偿责任，就属于医疗损害责任纠纷。《疫苗流通和预防接种管理条例》第 47 条也明确规定："因接种单位违反预防接种工作规范、免疫程序、疫苗使用指导原则、接种方案给受种者造成损害的，依照《医疗事故处理条例》的有关规定处理。"需要说明的是，因预防接种而引发的医疗损害责任纠纷与其他的医疗损害责任纠纷并没有本质的区别，故可以按照其他医疗损害责任纠纷案件的处理原则进行审理。

四、因预防接种异常反应引发药品不良反应补偿纠纷的法律适用和处理原则

根据《疫苗流通和预防接种管理条例》第 40 条的规定，所谓预防接种异常反应，是指合格的疫苗在实施规范接种过程中或者实施规范接种后造成受种者机体组织器官、功能损害，相关各方均无过错的药品不良反应。但根据该条例第 41 条的规定，下列六种情形不属于预防接种异常反应：（1）因疫苗本身特性引起的接种后的一般反应；（2）因疫苗质量不合格给受种者造成的损害；（3）因接种单位违反预防接种工作规范免疫程序、疫苗使用指导原则、接种方案给受种者造成的损害；（4）受种者在接种时正处于某种疾病的潜伏期或者前驱期，接种后偶合发病；（5）受种者有疫苗说明书规定的接种禁忌，在接种前受种者或者其监护人未如实提供受种者的健康状况和接种禁忌等情况，接种后受种者原有疾病急性复发或者病情加重；（6）因心理因素发生的个体或者群体的心因性反应。

预防接种异常反应并非接种单位的接种行为（即医疗行为）存在过错而造成的，故双方因此而引发的纠纷，当然不属于医疗损害责任纠纷。实际上，预防接种异常反应属于药品不良反应的范畴。根据《药品不良反应报告和监测管理办法》第 63 条的规定，所谓药品不良反应是指合格药品在正常用法用量下出现的与用药目的无关的或意外的有害反应。基于药品不良反应的特殊性，为了充分保护受害人的权利，使其能够得到应有的救济，世界许多国家、地区均建立了药品不良反应补偿救济制度。例如，日本《药品受害救济、研究开发、产品评审组织法》确立了药品研究开发和

药害事件救济基金制度，先向生产企业和经营企业征收捐款以成立基金会，除可对用药人补偿，也可减轻生产企业的负担；在对不良反应进行救济的同时，也推进新产品的研发。美国 1986 年订立的《国家儿童疫苗伤害法》确立了疫苗安全及患者基金补偿形式。①

目前，我国尚未制定关于药品不良反应补偿救济的法律制度。但《疫苗流通和预防接种管理条例》对因预防接种异常反应而受到损害的受种者及其家属是否应当得到补偿问题作出了明确的规定。该条例第 46 条规定："因预防接种异常反应造成受种者死亡、严重残疾或者器官组织损伤的，应当给予一次性补偿。因接种第一类疫苗引起预防接种异常反应需要对受种者予以补偿的，补偿费用由省、自治区、直辖市人民政府财政部门在预防接种工作经费中安排。因接种第二类疫苗引起预防接种异常反应需要对受种者予以补偿的，补偿费用由相关的疫苗生产企业承担。预防接种异常反应具体补偿办法由省、自治区、直辖市人民政府制定。"根据该规定，一些省、自治区、直辖市人民政府已经制定了相应的补偿办法。

由于预防接种异常反应给接种者造成损害而引发的纠纷并非医疗损害责任纠纷，故其处理的原则自然与医疗损害责任纠纷不同。不过，关于预防接种异常反应的鉴定问题，与医疗事故技术鉴定有许多相似之处。《疫苗流通和预防接种管理条例》第 45 条规定："预防接种异常反应的鉴定参照《医疗事故处理条例》执行，具体办法由国务院卫生主管部门会同国务院药品监督管理部门制定。"根据该规定，卫生部制定了《预防接种异常反应鉴定办法》。

五、因疫苗质量不合格引发损害赔偿纠纷的法律适用和处理原则

因疫苗质量不合格给受种者造成损害的，并不属于医疗损害责任纠纷

① 王岳：《论我国待建立的药品不良反应研发与救济基金制度》，《中国药物应用与检测》2004 年第 12 期，第 1~4 页。

案件。关于这类案件的法律适用，《疫苗流通和预防接种管理条例》第47条明确规定：“因疫苗质量不合格给受种者造成损害的，依照药品管理法的有关规定处理。”应该说，该规定有一定的合理性，因为疫苗是药品，既然是药品，自然应当适用《中华人民共和国药品管理法》的相关规定。但我们应当注意的是，《中华人民共和国药品管理法》作为一部药品行政管理法律，根据该法第1条的规定，其立法目的在于“为了加强药品管理，保证药品质量，保障公众用药安全和合法权益，保护和促进公众健康”，而不在于确定缺陷药品产品质量损害赔偿责任的承担。故关于缺陷药品的产品质量损害赔偿责任问题，还应当依据《中华人民共和国产品质量法》的相关规定处理。因为，药品也是一种产品，自然也应当受到《中华人民共和国产品质量法》的调整。与《中华人民共和国药品管理法》不同，《中华人民共和国产品质量法》第1条明确规定，其立法目的既为了“加强对产品质量的监督管理，提高产品质量水平”，还为了“明确产品质量责任，保护消费者的合法权益”，而且该法第四章专门对损害赔偿问题作了较为详细的规定。因此，因疫苗质量不合格给受种者造成损害而引发的损害赔偿纠纷，应当属于产品质量损害赔偿纠纷，其应当适用《中华人民共和国产品质量法》相关规定。《侵权责任法》颁布施行后则如前文述及，可直接适用该法第59条的规定，以“医疗产品责任纠纷”为案由审理此类案件。

第三节 医疗美容服务引起的损害责任纠纷

一、美容的概念与种类

在我国，美容实际上包括两类：一类是狭义上的美容，我们不妨称之为一般美容，根据商务部《美容美发业管理暂行办法》第2条规定，美容是运用手法技术、器械设备并借助化妆、美容护肤等产品，为消费者提供人体表面无创伤性、非侵入性的皮肤清洁、皮肤保养、化妆修饰等服务的经营性行为。另一类则是医疗美容，根据卫生部《医疗美容服务管理办法》第 2 条的规定，医疗美容是指运用手术、药物、医疗器械以及其他具有创伤性或者侵入性的医学技术方法对人的容貌和人体各部位形态进行的修复与再塑。

两种美容虽然有一定的相似性，均以使人的容颜更加靓丽为目的，但两者的性质完全不同。医学美容是一种医疗行为，其具有其他医疗行为所具有的创伤性、侵入性的特点；而一般美容行为则是一种通常的服务行为，其并不具有创伤性、侵入性。因此，当事人因医学美容而引发的损害赔偿纠纷，属于医疗损害责任纠纷案件；而当事人因一般美容而引发的损害赔偿纠纷，则并不属于医疗损害责任纠纷案件。

二、因医疗美容服务引发的损害责任纠纷案件的法律适用和处理原则

因医疗美容服务引发的损害赔偿纠纷案件属于医疗损害责任纠纷案件，故其法律适用和处理原则与其他医疗损害责任纠纷案件并无本质的区别，不过在处理这类案件时，应当注意以下两点：

（一）从事医疗美容服务的机构和人员必须具备相应的资质

根据《医疗美容服务管理办法》第 2 条规定，从事医疗美容服务的美容医疗机构，是指以开展医疗美容诊疗业务为主的医疗机构。该办法第 11 条规定：“负责实施医疗美容项目的主诊医师必须同时具备下列条件：（一）具有执业医师资格，经执业医师注册机关注册；（二）具有从事相关临床学科工作经历。其中，负责实施美容外科项目的应具有 6 年以上从事美容外科或整形外科等相关专业临床工作经历；负责实施美容牙科项目的应具有 5 年以上从事美容牙科或口腔科专业临床工作经历；负责实施美容中医科和美容皮肤科项目的应分别具有 3 年以上从事中医专业和皮肤病专业临床工作经历；（三）经医疗美容专业培训或进修并合格，或已从事医疗美容临床工作 1 年以上；（四）省级人民政府卫生行政部门规定的其他

条件。”该办法第12条规定：“不具备本办法第十一条规定的主诊医师条件的执业医师，可在主诊医师的指导下从事医疗美容临床技术服务工作。”该办法第13条规定：“从事医疗美容护理工作的人员，应同时具备下列条件：(一)具有护士资格，并经护士注册机关注册；(二)具有二年以上护理工作经历；(三)经过医疗美容护理专业培训或进修并合格，或已从事医疗美容临床护理工作6个月以上。”

(二)医疗美容有严格的执业规则

第一，实施医疗美容项目必须在相应的美容医疗机构或开设医疗美容科室的医疗机构中进行。第二，美容医疗机构和医疗美容科室应根据自身条件和能力在卫生行政部门核定的诊疗科目范围内开展医疗服务，未经批准不得擅自扩大诊疗范围。美容医疗机构及开设医疗美容科室的医疗机构不得开展未向登记机关备案的医疗美容项目。第三，美容医疗机构执业人员要严格执行有关法律、法规和规章，遵守医疗美容技术操作规程。美容医疗机构使用的医用材料须经有关部门批准。第四，医疗美容服务实行主诊医师负责制。医疗美容项目必须由主诊医师负责或在其指导下实施。第五，执业医师对就医者实施治疗前，必须向就医者本人或亲属书面告知治疗的适应证、禁忌证、医疗风险和注意事项等，并取得就医者本人或监护人的签字同意。未经监护人同意，不得为无行为能力或者限制行为能力人实施医疗美容项目。此外，美容医疗机构和医疗美容科室的从业人员要尊重就医者的隐私权，未经就医者本人或监护人同意，不得向第三方披露就医者的病情及病历资料。

第四节　侵害患者隐私引起的损害责任纠纷

一、隐私和隐私权概念

所谓隐私，是指个人不愿告人的或者不愿公开的事。所谓隐私权，是指自然人享有的对其个人、与公共利益无关的个人信息、私人活动和私有领域进行支配的具体人格权。公民个人对于自己的隐私享有维护其不受侵犯的权利。

我国《民法通则》对隐私权未作出明文规定，但是侵害隐私权的情况确实存在。因此，为便于审理此类案件，最高人民法院 1993 年 8 月 7 日发布的《关于审理名誉权案件若干问题的解答》中规定，以书面或口头形式侮辱或者诽谤他人，损害他人名誉的，应认定为侵害他人名誉权。由于缺乏法律的基本规定，因此，法院以往审理有关名誉侵权案件时，均是按照最高人民法院司法解释的规定，参照侵害名誉权纠纷处理。《侵权责任法》第一次以人大立法的形式，确立了公民隐私权的独立法律地位，规定侵害他人隐私权者应依法承担侵权责任。

《中华人民共和国执业医师法》规定，医师在执业过程中不得泄露患者的隐私。《中华人民共和国传染病防治法》规定，疾病预防控制机构、医疗机构不得泄露涉及个人隐私的有关信息、资料。《侵权责任法》第 62 条规定，医疗机构及医务人员应当对患者的隐私保密。保护病人隐私实际上是尊重病人的人格。

二、侵害患者隐私权的形式

根据《侵权责任法》第 62 条规定，侵害患者隐私权的形式主要分为两类，一类是泄露患者隐私，另一类是未经患者同意公开其病历资料。但是，这两类侵权形式有交叉、重叠之处，因为“未经患者同意公开其病历资料”肯定会“泄露患者隐私”。

（一）泄露患者隐私

该类行为既包括医疗机构及其医务人员将其在诊疗活动中掌握的患者的个人隐私信息对外公开、泄露的行为，如对外散布患者有性病的事实，也包括未经患者同意将患者的身体部位暴露给予诊疗活动无关人员的行为。①

① 王胜明：《中华人民共和国侵权责任法解读》，中国法制出版社 2010 年版，第 309 页。

在避免向无关人员透露患者人格隐私方面，争议最大的是如何对待临床教学中涉及的患者个人隐私问题。出于培养医学人才的目的，医学院校经常会带学生进行临床教学，包括在大量学生在场的情况下对患者身体进行检查或者相关治疗。这个问题日益引起人们的重视。笔者认为，在临床教学情况下，如果检查和治疗涉及患者个人隐私，则应征得患者本人的同意，同时告诫学生负有保密的义务。

（二）非法公开病历

侵害患者隐私权的第二类形式，是未经患者同意公开其病历资料。医务活动中形成的患者病历资料含有大量的有关个人隐私的信息，包括个人信息、疾病信息、治疗信息等。未经患者同意，在医院公告栏、网站、报纸、杂志等媒体上向社会公众介绍患者病情，在专业刊物上发表学术文章时没有进行必要的技术处理等都是侵害患者隐私权的行为。

三、侵害患者的隐私权责任

《侵权责任法》第62条规定："医疗机构及其医务人员应当对患者的隐私保密。泄露患者隐私或者未经患者同意公开其病历资料，造成患者损害的，应当承担侵权责任。"由于侵害患者隐私权的行为是一般侵权行为，故其归责原则实行过错责任原则。据此，侵害患者隐私权责任的构成要件包括：(1) 医疗机构及其医务人员存在泄漏患者隐私或者未经患者同意公开其病历资料的过错；(2) 患者存在损害后果，主要是精神损害；(3) 医疗机构及医务人员的过错与患者损害后果之间具有因果关系。由于实行过错责任原则，故在该类案件庭审过程中，原告将承担上述构成要件的举证责任。

第十四章　医疗损害刑事法律责任

医疗行为一般都具有风险，但这种风险不同于交通过失或其他过失。一般的医疗事故造成的损害依据民事法律来处理，但是医疗事故行为造成的危害结果的严重性如果达到造成就诊人死亡或者严重损害就诊人身体健康的程度，符合刑法分则中相应犯罪构成时，便构成了刑事犯罪。司法实践中应该严格根据“罪刑法定”的原则认定医事犯罪，不应任意扩大定罪或处罚的范围。

第一节　医疗事故罪

一、医疗事故罪的认定

《刑法》第335条规定，医务人员由于严重不负责任，造成就诊人死亡或者严重损害就诊人身体健康的，处三年以下有期徒刑或者拘役。根据此条规定，医疗事故罪是指医务人员严重不负责任，过失造成就诊人死亡或者严重损害就诊人身体健康的行为。

（一）医疗事故罪的构成

1. 主体

本罪的主体是自然人且是特殊主体，主要是医务人员。具体包括医疗与防疫人员、护理人员、药剂人员和其他卫生技术人员。

2. 主观方面

本罪的主观方面只能是过失，故意不构成本罪，如果医务人员在诊疗护理过程中，故意造成病人死亡、残疾，则按故意杀人或故意伤害罪论处。本罪在主观方面为过失，即行为人对造成就诊人死亡或者严重损害就诊人身体健康的后果存在过失。

3. 客观方面

本罪的客观方面是医务人员在合法的诊疗护理工作中，违反规章制度和诊疗护理常规，严重不负责任，造成就诊人死亡或严重身体健康损害的行为。本罪在客观方面必须具备两个要件：一是医务人员在医疗护理工作中实施了严重不负责任的行为；二是必须造成了就诊人死亡或者严重损害就诊人身体健康的危害后果。

4. 客体

本罪侵犯的是复杂客体，即病人的生命和健康权利以及医疗单位正常的管理活动。本罪侵犯的直接客体是国家对医疗工作的管理秩序和就诊人的生命和健康权利。

（二）医疗过失刑事行为之要件——“严重不负责任”

我国《刑法》第335条关于医务人员主观罪过的内容，主要是“严重不负责任”之要件。然何谓“严重不负责任”？这一要件究竟是主观判断还是客观判断？学界和司法实务界很难达成共识。就医疗事故罪而言，关于“严重不负责任”之性质就有如下不同的见解：

2008年6月25日，根据最高人民检察院联合公安部颁发的《关于公安机关管辖的刑事案件立案追诉标准的规定（一）》第56条规定，具有下列情形之一的，构成刑法第335条所规定的“严重不负责任”：第一，擅离职守的；第二，无正当理由拒绝对危急就诊人实行必要的医疗救治的；第三，未经批准擅自开展试验性医疗的；第四，严重违反查对、复核制度的；第五，使用未经批准使用的药品、消毒药剂、医疗器械的；第六，严重违反国家法律法规及有明确规定的诊疗技术规范、常规的；第七，其他严重不负责任的情形。从司法解释的规定看，“严重不负责任”构成要件符合客观判断的特点，即都集中于客观事实的描述和对客观注意义务的违反。这一司法解释一定程度上填补了刑事医疗过失立案没有标准的问题，但该解释“严重不负责任”的范围过于狭窄。而其中第五点“未经批准擅自开展试验性医疗的”又超过医疗事故罪的调整范畴。第六点“严重违反国家法律法规及有明确规定的诊疗技术规范、常规的”是医疗过失的主要样态。

（三）“严重损害就诊人身体健康”的认定

“严重损害就诊人身体健康”是医疗事故罪中的客观要件之一，对认定罪与非罪产生了重要的影响。但当前立法和司法解释对“严重损害就诊人身体健康”都没有作出具体的解释和规定。关于“严重损害就诊人身体健康”的结果判断标准，法律法规没有明确规定，理论界与司法实务中关于损害结果的认定存在千差万别。认定标准主要有医学标准、刑法标准以及事故参与度标准。

1. 医学标准

2002年2月国务院颁布了《医疗事故处理条例》，将医疗事故分为“四级十二等”。其中，一级医疗事故是指造成患者死亡、重度残疾的情况；二级医疗事故是指造成患者中度残疾、器官组织损伤导致严重功能障碍的情况；三级医疗事故是指造成患者轻度残疾、器官组织损伤导致一般功能障碍的情况；四级医疗事故是指造成患者明显人身损害的其他后果的医疗事故。有学者主张将《医疗事故处理条例》规定的一级医疗事故中的“重度残疾”、二级医疗事故中的“中度残疾、器官组织损伤导致严重功能障碍”、“导致三人以上人身损害后果”认定为“严重损害就诊人身体健康”。

2. 刑法标准

2014年1月1日起《人体损伤程度鉴定标准》正式施行，该标准覆盖了轻微伤、轻伤和重伤，形成了“三级六等”的损伤程度鉴定，分级细化便于量化操作，能够比较全面地反映因医疗行为造成的伤害。该标准也厘清了原发性损伤与并发症损伤在损伤程度鉴定中的作用。笔者认为，考虑到刑事医疗过失应当严守谦抑性原则，故应当将“严重损害就诊人身体健康”限定在《人体损伤程度鉴定标准》的“重伤一级”与“重伤二级”。

二、医疗事故罪在医疗损害中认定的困境

现实中，医疗纠纷大多是通过民事诉讼途径予以解决，其中不乏应当追究刑事责任的情况，但面对司法实践中出现的大量疑难问题，国家对医疗刑事责任的相关规定“形同虚设”，呈现出“去刑化”与“除罪化”的倾向。对医疗犯罪行为准确追究刑事责任仍然十分困难，主要集中体现在以下几个方面：

（一）有案不移

医疗纠纷发生后，患者或其家属大多希望得到经济上的补偿，对是否追究当事人的刑事责任缺乏法律意识，也没有强烈的愿望。此外，医疗机构也从维护医院的声誉和保护医务人员的角度出发，息事宁人。再者由于《刑法》对医疗损害刑事责任规定得过于简单，且相关概念也缺乏相应的司法解释，存在严重缺位，导致执法机关也不太追究医疗事故罪的刑事责任。

（二）医学知识和法律判断跨度的困境

由于司法人员缺乏医学知识，法官在裁判中对鉴定意见书的依赖性过强，鉴定意见书成为认定因果关系的重要依据，但鉴定意见书只是证据的一种，需要经过质证。法律的适用须由法官进行，否则“鉴定人”就成为“法官”了。

（三）民刑定性标准缺失

在审判中，有时性质较相似的案例，不同的法院会判定不同的结果，

有的法院认为是刑事案件，有的法院认为是民事案件，没有一个统一规范的定性标准。

司法实践中关于医疗事故的刑事、民事判决存在缺乏主观过失说理，因果关系认定标准比较混乱，定性标准缺失等问题。

第二节　非法行医罪

一、非法行医的概述

凡是违反国家法律与医疗卫生管理法律法规、规章制度的医疗行为都称为非法行医。

《中华人民共和国执业医师法》第 13 条规定："国家实行医师执业注册制度。取得医师资格的，可以向所在地县级以上人民政府卫生行政部门申请注册。"第 14 条规定："医师经注册后，可以在医疗、预防、保健机构中按照注册的执业地点、执业类别、执业范围执业，从事相应的医疗、预防、保健业务。未经医师注册取得执业证书，不得从事医师执业活动。"第 39 条规定了非法行医的法律责任，包括行政责任、民事责任和刑事责任。

二、非法行医行为的主要表现形态

不合法的行医行为主要有以下四种情形：

（一）未取得或者以非法手段取得医师资格从事医疗活动的行为

这个规定是从取得医师资格合法性的角度来规定"未取得医师执业资格的人"，这也是在非法行医案例之中经常会碰到的情形。没有取得医师资格自然是"未取得医师执业资格的人"，而以非法手段取得医师资格与未取得医师资格在本质上没有差异。至少表明了这两类人不具备合法行医的形式合法性。

（二）被依法吊销医师执业证书期间从事医疗活动的行为

《执业医师法》规定了可吊销执业证书的十三种情形，被吊销证书的人是因为在医疗活动中存在重大过错，而被取消合法的行医资格。行医者虽然曾经具备合法的行医资格，但是，由于重大过错而丧失了合法行医的资格。在这种情况下，行医者的行医行为与未通过执业资格考试之人的行医行为在形式上没有区别。

（三）未取得乡村医生执业证书，从事乡村医疗活动的行为

考虑到农村的医疗卫生现状，农村的医疗卫生资源仍然不足以满足群众的需求，乡村医生在农村行医仍然发挥着不可替代的作用。所以，对乡村医生行医不宜全盘否定。但是，有必要对乡村医生的行医活动进行规范。《乡村医生从业管理条例》规定，在乡村行医也需要取得执业资格，并且需要履行注册手续方可合法行医。

（四）医疗机构超范围行医的行为

最常见的是某些只能从事简单医疗行为的机构，往往会打着“名医坐堂”、“专治疑难杂症”的牌子行医。一些美容化妆机构打着生活美容的幌子，暗地里却实施一些难度较大对行医者技术要求较高的整形手术。这些机构没有合法的行医资质，没有专业的技术人员，其不合法的医疗行为给病人造成伤害的几率很大。如果其行为满足情节严重的条件，应以非法行医罪论处。

三、非法行医的主体认定

（一）只有医师资格证没有执业证是否为非法行医

《中华人民共和国执业医师法》和《医师执业注册暂行办法》规定：

医师合法执业不仅要取得《医师资格证书》，还必须取得《医师执业证书》，且必须按注册规定的地点、类别和范围进行执业。从这些法律法规的内容规定看，只有医师资格证没有执业证的医疗行为应属于非法行医。

（二）有关实习医生进行医疗行为是否为非法行医

2007年《卫生部关于非法行医有关问题的批复》让非法行医的判断陷入混乱。该批复称：已经取得《医师资格证书》，并具备申请执业医师注册条件的，非本人原因导致未获得《医师执业证书》前，在其受聘的医疗预防保健机构和工作时间内的执业活动不属于非法行医。

卫生部、教育部2008年联合下发的《医学教育临床实践管理暂行规定》：实习生参与临床诊疗必需征得患者同意，而且要在临床带教教师或指导医师监督下进行；实习医师没有处方权，更不能独立为患者提供临床服务；违反规定擅自在医疗机构中独立从事临床工作的，也不认为是医务人员。

从这两个部门规章制度的规定内容看，很难认定实习生进行的临床医疗行为是否属于非法行医。

四、非法行医罪相关规定

《刑法》第336条规定，未取得医生执业资格的人非法行医，情节严重的构成犯罪。

（一）非法行医罪的主体认定

2008年4月28日《最高人民法院关于审理非法行医刑事案件具体应用法律若干问题的解释》规定了“未取得医生执业资格的人非法行医”的四种情形：（1）未取得或者以非法手段取得医师资格从事医疗活动的；（2）被依法吊销医师执业证书期间从事医疗活动的；（3）未取得乡村医师执业证书，从事乡村医疗活动的；（4）家庭接生员实施家庭接生外的其他医疗活动。

（二）情节严重

情节严重主要指以下几种情况：长期非法行医，卫生行政部门多次制止、取缔，屡教不改；坑、蒙、拐、骗愚弄就诊者，乱开假药，致使病人病情加重；性质恶劣，造成社会重大影响，严重干扰社会医疗秩序；获取巨大利润；调戏、侮辱妇女儿童。

（三）刑法处罚

根据《刑法》第336条规定，未取得医生执业资格的人非法行医，情节严重的，处三年以下有期徒刑、拘役或者管制，并处或者单处罚金；严重损害就诊人身体健康的，处三年以上十年以下有期徒刑，并处罚金；导致就诊人死亡的，处十年以上有期徒刑，并处罚金。

第十五章　精神卫生相关法律制度

第一节　概　　述

一、精神卫生的概念

精神卫生的概念来源于美国，1907 年精神障碍者比尔斯写成的《心灵探索》一书以他在精神病院度过的凄苦岁月为主线，揭示了精神障碍者的苦难，唤醒了许多人的良知，呼吁社会以人道的态度对待精神障碍者。英文中的精神卫生是社会精神医学的一个领域，与公共卫生具有相似的性质。世界卫生组织采用的用语“mental health”实为精神健康，但在我国常被译为精神卫生。根据 1948 年世界卫生组织对健康的定义，“健康不只是没有疾病，而且包括躯体健康、心理健康、社会适应良好和道德健康”。① 精神健康的概念有广义和狭义两种。广义的精神健康指为维护人类精神活动处于身体上、心理上和社会上的完好状态或完全安宁所进行的一切个人和群体的社会活动，包括治疗与防治，还包括采取多种措施以改善精神障碍者处境和待遇，保障并不断提高人们的精神健康水平。狭义的精神健康通常指对精神障碍者进行广泛防治与治疗活动，促进其康复，减少复发率。由此可见，狭义的精神健康的含义同精神卫生的含义，仅指针对

① 李霞：《精神卫生法律制度研究》，上海三联书店 2016 年版，第 1 页。

精神障碍者疾病的治疗、康复、预防等活动；而广义的精神健康在对象主体上是身体、精神、社会的统一体，是需要医学、心理学、法学、社会学等各学科工作者共同参与的活动。①

二、相关概念的辨析

要对精神卫生法进行研究，须首先明确有关精神卫生的概念：

（一）精神疾病

有些国家或地区使用精神疾病的概念并给出其范围，如我国台湾地区“精神卫生法”第3条规定，精神疾病指思考、情绪、知觉、认知、行为等精神状态表现异常，致其适应生活之功能发生障碍，需给予医疗及照顾之疾病；其范围包括精神病、精神官能症、酒瘾、药瘾及其他经主管机关认定之精神疾病，但不包括反社会人格违常者。

（二）精神障碍者

“精神障碍”指人的心理功能和社会功能的缺陷或受损。广义的“精神障碍”可以覆盖精神疾病、精神发育迟滞（也称作智障和智力残疾）、人格障碍和物质依赖。“障碍”这一名词可以最大限度地避免“疾病”或“病”本身所带来的问题。自20世纪90年代以来，世界各国卫生立法中更多地使用“精神障碍”，不仅在定义上有明确的规定，也充分体现了对人的尊重。“障碍”强调的是生活环境的缺陷，指向外部原因而非个人能力，因而逐渐被国际社会所广泛适用。

（三）精神病理学中的自知力

自知力本身是精神病理学中一个特有的概念，通常指患者对本人自身

① 彭少慧：《论精神卫生法的基本范畴》，《武汉公安干部学院学报》2010年第4期，第16~19页。

精神状态的认识能力，其中包括对疾病症状或体征的重新认识和对引起这些症状和体征的有关原因的解释。它是确定人的精神状态的一个重要的指标，同时也是精神障碍与一切非精神障碍的区别之一。

三、精神卫生法制度的历史沿革

公元前449年古罗马《十二铜表法》就有对精神病患者进行监护的规定。我国《唐律》、《宋律》，俄国的《新结合条款》（1669），英国的《麦克纳顿条例》（1843），美国的《汉姆斯菲条例》（1870），都有减免或者免除罪责的规定。1890年英国《精神病人法》强调要保护精神病人的权利和财产。1930年英国《精神病治疗法》规定自愿签名住精神病院为期1年。

20世纪30年代以后，欧美大多数国家相继制定了各自的精神卫生法律法规以保护精神疾病患者的利益。尤其1990年以来，精神卫生立法在全球形成高潮。2001年世界卫生组织（简称WHO）调查的160个成员国中，已有3/4的国家有了精神卫生法。立法的内容逐渐演变为强调体现对人的尊重，重视患者基本权利的保护。

日本20世纪50年代就有《精神卫生法》，韩国在WHO指导下于1992年颁布了《精神卫生法》。我国香港地区20世纪50年代制定了精神卫生法规。

世界卫生组织（WHO）于1996年提出《精神卫生立法：十项基本原则》，强调以下内容：保证精神障碍患者能享受到精神卫生服务；提供的精神卫生服务具有恰当的质量；在最少限制的环境中为患者提供精神卫生服务；对患者采取的任何干预措施必须征得其本人或代理人同意；患者自行决策时有权得到他人帮助；对采取的任何措施应有复查或复核的程序；代替患者作出决策的法官或法定代理人应该是合格的，能真正维护患者的权益，对作出的决策应有自动的定期审查程序，法律条文不应与各国现行的法律法规发生冲突等。

我国从20世纪80年代至今，出台了大量的法律法规，其中也有一些涉及精神障碍者的条文，如《中华人民共和国刑事诉讼法》、《中华人民共和国民事诉讼法》、《中华人民共和国残疾人保护法》、《中华人民共和国婚姻法》、《中华人民共和国母婴保护法》、《精神疾病司法鉴定暂行规定》等都是保护患者权益的规定，但较分散或仅涉及某一部分特殊人群。

我国于 1985 年由卫生部组织起草《中华人民共和国精神卫生法》第一稿，1990 年完成第十稿，2008 年经广泛调研并由卫生部修订完成的草案交国务院法制办公室。2011 年 10 月 24 日受国务院委托，时任卫生部部长的陈竺在十一届全国人大常委会第二十三次会议上对《精神卫生法（草案）》议案作了说明，进行了认真的讨论并提出了修改意见，最后《中华人民共和国精神卫生法》于 2012 年 10 月 21 日第十一届全国人民代表大会常务委员会第二十九次会议获得通过，并于 2013 年 5 月 1 日正式实施。①

四、精神疾病的分类

根据《中国精神障碍分类与诊断标准》（CCMD-3），精神障碍分为十大类三百多种疾病。具体分类如下：

（1）器质性精神障碍，包括阿尔茨海默病、脑血管病、颅内感染、脑外伤、肿瘤所致的精神障碍，还包括躯体感染、内分泌疾病、营养代谢疾病所致的精神障碍。

（2）精神活性物质或者是非成瘾物质所致的精神障碍，包括酒精、阿片类物质、大麻、镇静催眠药、兴奋剂等所致的精神障碍。

（3）精神分裂症和其他精神病性障碍，包括精神分裂症、偏执性精神障碍、急性短暂性精神病等。

（4）心境障碍，包括躁狂抑郁、恶劣心境、环性心境障碍等。

（5）癔症、应激相关障碍、神经症。癔症包括癔症性精神障碍、癔症性躯体障碍等，应激相关障碍包括急性应激障碍、创伤后应激障碍、

① 陈一鸣：《解读精神卫生法》，《精神医学杂志》2013 年第 26 卷第 3 期，第 216 页。

适应障碍等；神经症包括恐惧症、焦虑症、强迫症、躯体形式植物神经衰弱等。

（6）心理因素相关生理障碍，包括进食障碍、神经性厌食、神经性贪食，还有一些非器质性的睡眠障碍，或者是非器质性的性功能障碍等。

（7）人格障碍、习惯和冲动控制障碍性和性心理障碍。

（8）精神发育迟滞与童年和少年期心理发育障碍。

（9）童年和少年期的多动障碍、品行障碍和情绪障碍。

（10）其他精神障碍和心理卫生情况。

每一类精神疾病都由各自的特征性症状群组成，而不是随意地搭配。某些精神症状在正常人中也可出现，如神经衰弱者可有注意力不集中、记忆力差、失眠等症状。但精神病性症状只有在精神病人中才有，如被害妄想、情感淡漠、木僵等，此类精神症状在正常人群中不会出现。

第二节　精神疾病的司法鉴定

2012年全国人大及其常委会先后通过了《中华人民共和国精神卫生法》和《中华人民共和国刑事诉讼法》、《中华人民共和国民事诉讼法》修正案。这三个法律基本上包括了主要类型的精神障碍鉴定：精神障碍刑事鉴定、精神障碍民事鉴定。这两类鉴定关系到公民权利的保障和司法、执法的公正。

一、刑事责任能力

我国《刑法》第18条规定，“精神病人在不能辨认或不能控制自己行为的时候造成危害结果，经法定程序鉴定确认的，不负刑事责任，但是应当责令他的家属或者监护人严加看管和治疗；在必要的时候，由政府强制医疗。间歇性的精神病人在精神正常的时候犯罪，应当负刑事责任。尚未完全丧失辨认或者控制自己行为能力的精神病人犯罪的，应当负刑事责任，但是可以从轻或者减轻处罚。”

根据精神障碍的严重程度，刑事责任能力可分为：完全刑事责任能力、限制刑事责任能力、无刑事责任能力。责任能力有年龄的界限：不满14岁的人犯罪不负刑事责任，已满16岁的人犯罪应负刑事责任，已满14岁不满16岁的犯罪严重者也应负刑事责任。在刑事案件的司法精神病鉴定中，确定被鉴定人有无责任能力是其主要任务之一。

二、民事行为能力

（一）行为能力的概念

行为能力就是行使法律行为的能力，是民事关系中的法律术语，指达到法定年龄的自然人，以自己的独立意志行使民事权利和承担民事义务的能力。《民法通则》将公民的民事行为能力分为无民事行为能力、限制民事行为能力和完全民事行为能力三个等级。

《中华人民共和国民法总则》中规定：不满8周岁的未成年人是无行为能力人；8至18周岁的未成年人是限制行为能力人；18周岁以上的成年公民为完全民事行为能力人；16周岁以上不满18周岁的公民，以自己的劳动收入为主要生活来源的，视为完全民事行为能力人。

（二）脑损伤鉴定

脑损伤是指由于外力作用导致脑组织脑实质有一定的损伤，通过IQ值（韦氏智力测验）来判断这个人智力的缺失程度，同时依据《人体损伤致残程度分级》进行伤残程度的评定。

（三）行为能力与精神疾病的关系

有学者对81个精神障碍民事行为能力鉴定案例进行分析①，结果如下：

① 李霞：《精神卫生法律制度研究》，上海三联书店2016年版，第217页。

1. 案由的组成

离婚 25 例；析产 14 例；伤害赔偿 13 例；拆迁纠纷、合同纠纷 5 例；让房、医疗纠纷各 4 例；变更抚养人或抚养争议、劳动争议各 3 例；申请法院认定限制或无民事行为能力人 4 例；停止执行 1 例。诉讼地位：原告 39 例，被告 35 例，第三者、被申请人 3 例，被执行人 1 例。

2. 诊断与鉴定结论

鉴定目的以诉讼能力占首位，为 72 例。其中合并鉴定抚养能力、合同能力及民事行为能力各 1 例，鉴定合同能力 5 例，鉴定总体民事行为能力 4 例。在要求鉴定总体民事行为能力（即广义民事行为能力）的 4 例中有 2 例被评定为限制民事行为能力，均为精神障碍所致的智能下降（边缘智力），具体见表 15-1。

表 15-1　**被鉴定人的诊断和民事责任能力**　（单位：例数）

诊断	无行为能力	限制行为能力	有行为能力	合计
器质性精神障碍	19	1	3	23
精神分裂症	13	0	7	20
未明确诊断的精神病	3	0	2	5
癔症性精神病	2	0	1	3
急性应激性精神病	0	0	2	2
神经症	0	0	2	2
人格障碍	0	0	1	1
酒精所致精神障碍	1	0	0	1
偏执性精神病	1	0	0	1
自杀未遂	0	0	1	1
情感性精神障碍	1	0	4	5
无精神病	0	0	4	4
合计	46	2	33	81

3. 病情与民事行为能力关系

以病情较固定患者（如精神发育迟滞和器质性精神障碍所致痴呆 17 例）及病情有变化的患者（如精神分裂症、情感性精神障碍和急性应激性精神病等 54 例）为研究基准。具体见表 15-2。

表 15-2　**病情与民事责任能力的关系**　（单位：例数）

病情状况		民事行为能力	
		无	有
病情较固定（n=17）	轻度以上智力障碍	10	1
	边缘智力	0	6
病情有变化（n=54）	急性期、迁延期	25	0
	不完全缓解期	8	4
	缓解期	0	17

三、讨论

民事行为是多种多样的，不同的案件针对不同的民事活动，对公民民事行为能力的要求也不尽相同。除了在疾病急性期、迁延期或者认知能力严重受损的情况下，可以确定免除当事人的相应民事责任外，其他应针对具体情况具体考虑，不应以精神症状严重程度为唯一判断标准。如一些轻度智能障碍患者，虽然不能签订复杂的合同，但仍可从事简单的经济活动，他们在日常生活中所进行的数额不大、即时结算的契约行为亦是一种合同能力。① 如笼统判定无合同能力，则会损害这部分人的实际利益。《民法通则》将公民的民事行为能力分为无民事行为能力、限制民事行为能力和完全民事行为能力三个等级，虽有其合理性，但在实践中往往缺乏实际

① 谢鹏程：《公民的基本权利》，中国社会科学出版社 1999 年版，第 123～124 页。

价值。如果被申请人精神障碍严重，完全丧失各种民事行为辨认和理解能力，当然可判定为无民事行为能力；但当一部分被申请人未达到如此严重的地步，他们在处理各种民事事务中的能力也不尽一致，笼统地被评为限制行为能力人，一方面可能限制被申请人本可以进行的民事活动，另一方面可能造成监护人对监护责任的推诿，使被申请人实际利益受损。这种含糊的结论不利于保护精神障碍者的合法权益，故笔者认为关于限制民事行为人的结论的适用性值得商榷。

四、民事行为能力的其他几种类型

（一）诉讼能力

诉讼能力是指能否理解自己在诉讼中的地位、权利和诉讼过程的法律意义，能否行使自己的诉讼权利的能力，包括起诉、举证、供述、受审等法律能力。

（二）服刑能力

服刑能力是指罪犯或服刑人员是否能够承受刑罚的惩罚，能够理解刑罚的性质、目的和意义的心理和生理条件。

（三）作证能力

作证能力指能否辨别是非，正确表达意见和客观情况，提供对案件有关系的证言的能力。

（四）性自卫能力的判断

对性自卫能力的评定主要以对性行为实质性认识的多少为依据，包括：对性的不可侵犯性的理解、对性行为的意义、结婚与未婚性行为的区别及对性行为后果的预见。被鉴定人是女性，经鉴定患有精神疾病，她遭到性侵害时，对自身所受的侵害或严重后果缺乏实质性理解能力的，应评定为无自我防卫能力。

第三节　精神卫生法对“被精神病”的法律应对

《中华人民共和国精神卫生法》共七章八十五条，对精神卫生工作的方针原则和管理机制、心理健康促进和精神障碍预防、精神障碍的诊断和治疗、精神障碍的康复、精神卫生工作的保障措施、维护精神障碍患者的合法权益等作了规定。本章尝试梳理在《中华人民共和国精神卫生法》规定下“被精神病”的法律应对策略。以案例 15.1 为例：

案例 15.1①：

2006 年 10 月 21 日清晨，邹某 1 的哥哥邹某 2 以为父亲扫墓为由，将邹某骗到深圳宝山墓园，然后与雇来的五六个人，以手铐、纸箱、眼罩、注射麻药等暴力手段，将其强行送至白云心理医院。邹某 1 被迫在白云心理医院接受了五天的强制住院治疗。不仅如此，家人还让邹某 1 以韩丽的化名入院，以至于邹某 1 预先委托的律师黄某某向公安机关、法院、检察院等多个部门求助，都无法获知邹某 1 的下落。邹某 1 被医院收留后，其在银行里的财产被划到了她母亲账号上。在医院里，邹某 1 借用别人的手机联络到律师。律师拿着邹某 1 亲笔签署的委托书，要求与当事人会面，请求被白云心理医院拒绝，理由是，谁送进来的，我们医院只对谁负责。

2006 年 10 月 23 日，邹某 1 被关押的第三天，当地媒体就其遭强制收治的报道刊出，白云医院在舆论的压力下，通知律师同意邹某 1 出院。但医院安排邹某 1 出院的计划遭到邹某 1 之母及其哥哥的强烈反对和极力阻拦。医院遂安排对邹某 1 进行会诊，专家根据邹某 1 家

---

① 蒋小勇：《精神卫生法强制医疗制度研究》，华侨大学 2016 年硕士学位论文，第 25 页。

人的描述与邹某进行了短暂的会谈，认定邹某1患有“双相精神障碍”，并于10月25日与邹某1的家人召开记者招待会，描述邹某1的私生活，力主邹某1患有精神障碍。记者招待会后，邹某2将邹某1从白云医院转至中山另外一家医院，迫使邹某1在封闭的状态下继续接受了三个月的住院治疗。

三个月后，邹某1出院获得自由，随即向派出所报案，家人遂将她赶出家门。邹某1为了避免再次被送进精神病医院，成为北漂一族并出家。2009年邹某1决定提起诉讼，起诉广州白云心理医院及家人，希望法庭对白云医院强制收治作出是非判断。在法庭上，被告律师质疑邹某1的原告资格，认为邹某1曾经被诊断为精神障碍者，是否具有诉讼行为能力仍然是一个疑问，向法庭提出对邹某1作精神鉴定，法官驳回了被告的请求。庭审中，白云医院强制收治的过程及其行为的合法性成为各方当事人争论的焦点，亲属以监护人身份签署的《委托治疗同意书》是否有效成为案件的关键。2010年4月，邹某1申请撤诉，此案暂时告一段落。

案例15.1是一个真实的案例，当时正值精神卫生法草案在全国人大常委会审议，此“被精神病”案例引起社会的广泛关注。

2012年10月26日上午，十一届全国人大常委会第二十九次会议召开第三次会议，表决通过《中华人民共和国精神卫生法》，该法于2013年5月1日起正式实施。《中华人民共和国精神卫生法》的第一章第1条即规定，为了发展精神卫生事业，规范精神卫生服务，维护精神障碍患者的合法权益，制定本法。可见这部法律的施行将有效规范保护精神障碍患者的合法权益，规范精神疾病的诊治行为。这部承载着厚重权利期待的法律，不仅填补了我国精神卫生领域的法律空白，而且充分关注社会公共权益和个人权利的平衡，从防范“被精神病”到维护精神障碍患者合法权益，从精神障碍的预防和患者康复到社会公共安全和强制治疗，大力提升私权保障在我国法律体系中的保护空间。

首先，对于精神障碍患者，《中华人民共和国精神卫生法》制定了明确的入院原则，限定了何种情况下才可以将精神障碍患者强制收治入院。《中华人民共和国精神卫生法》第三章第30条规定：“精神障碍的住院治疗实行自愿原则。诊断结论、病情评估表明，就诊者为严重精神障碍患者并有下列情形之一的，应当对其实施住院治疗：（一）已发生伤害自身的行为，或者有伤害自身的危险的；（二）已经发生危害他人的安全行为，或者有危害他人安全的危险的。”依该法条可知，精神障碍患者的住院治疗实行自愿原则。精神疾病患者只要具备完全行为能力，能够辨别自己的行为，住院治疗应遵循自愿的原则。只有当患者属于严重的精神障碍，且存在伤害自己的行为或者危险的情形，才应当对其实施住院治疗。但若监护人不同意，医疗机构还不能强行将患者收治入院，只能要求监护人在家中对患者进行看护管理。只有当已经发生危害他人安全的行为或者危险时，有关部门才有权力，也有义务将患者强制送到精神病医院进行治疗，以保障社会公众的生命财产安全。此时，若监护人阻碍实施住院治疗或者患者擅自脱离住院治疗，可以由公安机关协助医院采取措施对患者实施住院治疗。《中华人民共和国精神卫生法》通过以上对精神障碍住院治疗“自愿原则”和“强制送医”的明确规定，在立法上维护社会公共权益和个人权利的平衡。本案中邹某1被强制送到白云医院时，并没有发现已经发生伤害自身或危害他人安全的行为或危险，医院不可以对她实施强制住院治疗。当然，精神障碍的诊断有其特殊性，对于送诊的疑似精神障碍患者可能需要一定的观察确诊期，因此可以将其强制留院，但其间的限制强度和时间应控制在合理的最小范围，且应立即指派精神执业医师进行诊断，并及时出具诊断结论，否则医院应承担相应的法律责任。

其次是如何确认患者存在严重精神障碍的问题。涉及强制住院的精神诊断不仅是医学问题，也是法律问题。法律层面的精神障碍确诊意义，不仅包括防止健康人“被精神病”而强制住院，还要防范不法分子借口精神障碍逃避法律责任。所以，“有没有病”的判断至关重要。《中华人民共和国精神卫生法》在第三章“精神障碍的诊断和治疗”中对精神障碍的诊断人员和机构的资质等进行了明确的规范。在此基础上，精神卫生法将“有没有病”的精神障碍诊断权赋予精神病医院和精神科执业医师。与此同时，《中华人民共和国精神卫生法》保证了患者的申诉救济途径。对于依“已经发生危害他人安全的行为或危险”情形而被强制住院的精神障碍患者，患者或者其监护人若对需要住院治疗的诊断结果有异议，不同意对患者实施住院治疗的，可以要求再次诊断和鉴定。该再次诊断的申请，应当自收到诊断结论之日，三日内向原医疗机构或者其他具有合法资质的医疗机构提出。承担再次诊断的医疗机构应当在接到再次诊断要求后指派两名初次诊断医师以外的精神科执业医师进行再次诊断，并及时出具再次诊断结论。若患者或者其监护人对再次诊断结论仍有异议，则可以自主委托依法取得执业资质的鉴定机构进行精神障碍医学鉴定，接受委托的鉴定机构应当指定本机构具有该鉴定事项执业资格的两名以上的鉴定人共同进行鉴定，并及时出具鉴定报告，而只要再次诊断结论或者鉴定报告不能确定就诊者为严重精神障碍者，或者患者不需要治疗的，医疗机构就不得对其实施强制住院治疗。

最后，关于“被精神病”患者的法律救济问题。近几年，类似这种“被精神病”而强制收治于精神病医院的事件频见报道。对此《中华人民共和国精神卫生法》第六章第78条规定，“违反本法规定，有下列情形之一，给精神障碍患者或者其他公民造成人身、财产或者其他损害的，依法承担赔偿责任：（一）将非精神障碍患者故意作为精神障碍患者送入医疗机构治疗的；（二）精神障碍患者的监护人遗弃患者，或者有不履行监护职责的其他情形的；（三）歧视、侮辱、虐待精神障碍患者，侵害患者的人格尊严、人身安全的；（四）非法限制精神障碍患者人身自由的；（五）其他侵害精神障碍患者合法权益的情形”。因此，本案中邹某1被强行送至精神病医院并导致其银行的钱转入其母亲的账户，邹某1可要求其母承担赔偿责任。构成犯罪的，应依法追究刑事责任。

第四节 住院精神障碍患者自伤案件的民事责任

一、问题的提出

案例 15.2①：

2005 年，田某（女）患精神分裂症，因再次发作，到医院就诊，住院 82 天后出院。2005 年 6 月 28 日，田某因精神病复发行为不能自制，自服“奋乃静”、“硝西泮”各一瓶后，乘家人熟睡之际实施伤害家人的行为，经家人制伏后送人民医院 ICU 病房洗胃抢救，6 月 29 日 16 时，转至精神病防治医院住院治疗，经检查：意识清晰，接触被动，查及被害妄想、嫉妒妄想、情感淡薄、意志减退、自制力缺失。诊断为：(1) 抗精神病药物过量；(2) 偏执型精神分裂症。入院时原告顾某与被告签订了精神科住院议定书。入院后给予“维思通”、“奋乃静”控制精神症状，护理措施为一级护理、密切看护、严防自弃。7 月 2 日，经治医生将一级护理改为二级护理。7 月 8 日，当地县公安局作出鉴定结论：田某罹患精神分裂症（目前处于发病期），无责任能力，建议系统治疗、加强监护。7 月 9 日，田某家人到医院进行探视，当时田某情绪激动，后经过经治医生和护士的心理疏导，情绪有所平稳。7 月 10 日 4 时 15 分，医院的护士在巡视病房时，发现田某自杀，而后通知护理人员和医生对田某进行抢救，经抢救无效于 5 时 7 分死亡。2005 年 7 月 10 日经当地县公安局法医对田某尸体进行检验，结论为：田某系缢死。

南通市医学会医疗事故技术鉴定书分析意见：患者系“偏执型精神分

① 王琦：《住院精神病人自伤害之医疗侵权责任研究》，上海交通大学 2012 年硕士学位论文，第 33 页。

裂症”，诊断明确。入院时，医患双方签订了“精神科住院议定书”，履行了告知义务；入院后，医院治疗措施符合医疗原则，按精神障碍者的护理常规进行护理和管理，定期进行危险物品的检查，按规定进行病房巡视，患者曾多次有自杀倾向，自杀是其精神障碍症状之一，且具有冲动性、突发性、隐蔽性等特点，难以防范，自缢死亡是精神病理症状所致的严重后果。在治疗过程中，医方存在病房设置欠合理、人员配备不足、条件简陋的缺陷。

原被告的争议焦点为：田某的家人作为原告认为，精神病医院应全面监护和治疗患者，对患者在医院期间的所有行为承担监护责任。田某在住院期间缢死，应当由医院承担对家属的全部赔偿义务。故起诉要求被告医院赔偿原告因田某死亡而造成的各项损失总额共计为245633.3元。而被告医院辩称：（1）精神障碍者自杀是精神病理的严重表现之一，属精神病意外事件，具有不可抗力性质；（2）精神障碍者入住精神病院并不是监护权的转移，被告作为精神病院不应该承担监护责任；（3）只要被告尽到了注意义务就无过错，不应承担赔偿责任，要求驳回原告的诉讼请求。

对于此案，一、二审法院的判决是有分歧的。

一审法院的判决理由及结论：

（1）被告恰当的治疗责任与临时监护职责并存。一审法院认为，精神障碍者住院治疗期间医院对其实行封闭式管理，不允许家人陪护，其法定监护人在该期间实际上已经失去对被监护人的控制，无法履行监护职责，医院基于与精神障碍者的法定监护人之间的医疗合同而负有对精神障碍者的临时监护义务，精神障碍者在住院期间，医院除给予恰当的治疗外，还应当严格履行监护职责。（2）医院负有法律上的安全保障义务。（3）被告在医疗过程中存在过错，并负有举证责任。一审法院认为，田某到被告处住院时，向其法定监护人履行了告知义务，告知田某在住院期间有可能出现不可预料的、难以防范的突发性自伤、自杀等意外事件，但是被告在田某住院治疗期间，其医务人员是否尽到工作职责和合理的注意义务，被告应当举证证明，不能因为被告履行了告知义务就免除医院的责任。被告是明知其精神病的严重程度，经治医生在制订治疗计划时，也充分考虑到患者病情的严重程度而确定为一级护理、严防自弃，符合精神病治疗原则，无可非议。田某入院后三天内被告的护理记录上也明确记录着严防自弃，按照精神科分级护理的要求，严重的抑郁自杀、自伤和入院一周内的病人应当进行一级护理，但被告在田某入院后的第四天即 7 月 2 日就将其改为二级护理，违反了精神科分级护理的要求。尤其是 7 月 9 日田某在家人对其进行探视时情绪激动，虽然经过被告的经治医生和护士的心理疏导后情绪有所平稳，但被告未能提供证据证明其情绪平稳到何种程度。(4) 被告的过错行为并不直接导致田某的死亡，只是在客观上为田某自缢提供了一个可利用的条件。一审法院进一步阐述，不可否认田某系精神障碍者，一心寻求自杀是造成田某自缢死亡的一个内在原因，但其在患病期间属于无民事行为能力人，其实施危害行为都不能认为其存在主观过错。但考虑到自杀是精神障碍者症状表现之一，且具有冲动性、突发性、隐蔽性的特点，被告的过错行为并不直接导致田某的死亡，只是在客观上为田某自缢提供了一个可利用的条件。基于上述分析，一审法院认为，被告之“精神障碍者自杀是精神病理的严重表现之一，属精神病意外事件，具有不可抗力性质；精神障碍者入住精神病院并不是监护权的转移，被告作为精神病院不应该承担监护责任；只要被告尽到了注意义务就无过错，就不应承担赔偿责任”抗辩理由不能成立，法院不予采纳。(5) 收治精神障碍者的高度风险性和公益性特征为被告酌情减轻赔偿责任的事由，考虑到主观上收治精神障碍者对精神病医院虽有一定的经济利益，但同时精神病医院对精神障碍者的收治也是一种不能推脱的公益性社会义务，其本身没有拒绝收治精神障碍者的权利。客观上丧失自我控制能力的精神障碍者的行为又具有冲动性、突发性、隐蔽性等特点，因此收治了精神障碍者后精神病医院就承受了一种客观存在的高度风险。被告在收治田某时就将这种客观存在的高度风险告知原告，原告对此表示理解才将田某留在被告处住院治疗，综上理由，可以酌情相应减轻被告的民事责任。

据此，一审法院依照《中华人民共和国民法通则》第 106 条第二款、

第119条，《最高人民法院关于审理人身损害赔偿案件适用法律若干问题的解释》第6条第一款、第17条、第18条、第27条、第28条、第29条，《最高人民法院关于确定民事侵权精神损害赔偿责任若干问题的解释》第10条、第11条之规定，判决：原告田某等人因田某死亡而造成的损失死亡赔偿金185240元、丧葬费7856元、被扶养人生活费13520元、精神损害抚慰金30000元，合计236616元，由被告医院负责赔偿165631.2元。

一审宣判后，医院不服，向南通市中级人民法院提出上诉称：精神障碍者入住精神病院并不是监护权的转移，被告作为精神病院不应该承担监护责任。上诉人作为精神病院已充分履行了其职责，并没有任何过错，原审判决适用法律不当。而二审法院认为：(1) 一审以医院方为临时监护人而承担责任的认定无法律依据；(2) 并适用损害赔偿的平衡原则，依照最高人民法院《关于贯彻执行〈中华人民共和国民法通则〉若干问题的意见(试行)》第160条、《中华人民共和国民事诉讼法》第153条第一款第(二)项之规定，撤销一审判决；被上诉人田某等因田某死亡而造成的损失即死亡赔偿金185240元、丧葬费7856元，合计193096元，由上诉人医院赔偿96548元。

总结上述案例，我们看到，原被告就是否存在医疗过错和监护权转移的问题辩论激烈，而两审法院观点也不一致。在一审法院判决后，二审法院认为认定医院方为临时监护人而承担责任无法律依据，并适用损害赔偿的平衡原则，撤销了一审判决，较大幅度地减少了医疗损害赔偿金额。在类似案件中也有判断不同的情况发生。据上海市某精神卫生中心显示的4例自伤害案件，其中有一例是经过法院判决的，法院对诊疗过程没有异议，但是认为病人撬开病房门锁，从医生工作区进入走廊从而跳楼死亡，医院存在着过失，故而判决医院赔偿病人家属10万元。① 从这两起案件以及对精神卫生中心的调查中我们可以发现，对于这类案件司法实务中存在

① 孙大明：《刑事责任能力评定研究——以精神障碍犯罪嫌疑人及其疑似者为对象》，法律出版社2013年版，第213页。

很大分歧，这种分歧概括为以下四个方面：

一是精神病医院与精神障碍者之间是否存在暂时的监护关系？即精神障碍者法定监护人的监护权是否因住院而转移？

二是在精神障碍者存在自伤害倾向时，精神病医院对该精神障碍者死亡是否存在医疗过失，该过失如何认定？该过失行为与精神障碍者自伤害之间的因果关系如何？

三是精神障碍者因固有病情而导致的自伤害是否可以成为精神病医院的减轻或免责事由？

四是公平原则可否用于该类案件的损害赔偿？

二、问题的分析

（一）医患双方法律关系中监护权是否转移

我国《民法通则》已明确规定了精神病人监护人及其顺序，其中并未将医院列入监护人的范围，而且监护的权利义务有着双重性，责任的转移必须以监护权的转移为前提，而且必须遵守严格的法律程序而不能随意约定或者推定变更。医院应该尽量保护病人的人身安全，但是医院无权代理病人的民事活动，更无权过问病人的财产，医院保护住院病人人身安全的责任，只是义务而不是权利。因此，医院因收治住院精神障碍患者而发生监护权转移是没有法律依据的。

（二）精神障碍者基于固有病情自杀是否可以免责

笔者认为不应该免责，首先，《侵权责任法》在第七章规定的医疗损害赔偿规定的免责事由中，没有对精神障碍者自杀性倾向作出免责的明确规定，但是否属于《医疗事故条例》第33条第（二）项“在医疗活动中由于患者病情异常或者体质特殊而发生医疗意外的”情形，则具有一定的迷惑性。精神障碍者虽然有一定的特殊性，但其病情的诊断以及采取适当的监护还是有一定规范的，应该可以预见，不能纳入《医疗事故处理条例》中的免责事由。其次，精神障碍者自伤害倾向不能属于《侵权责任法》第三章规定的“因不可抗力造成他人损害的，不承担责任”的情形，精神病院作为专业医疗机构，应该有能力通过药物治疗、电休克治疗等治疗手段予以缓解和通过更加规范的诊疗护理予以控制和预防。最后，按照《侵权责任法》第 26 条“被侵权人对损害的发生也有过错的，可以减轻侵权人的责任”的精神，精神障碍者的自伤害应属于减轻承担责任的事由。

（三）医疗机构的过失行为

由于精神病医院为专门治疗精神疾病患者的医疗机构，其对患者因病自杀的死亡后果所谓过错行为之过错程度，较一般医院发生自伤的过错程度更高。因为住院的精神障碍者特别是重症精神障碍者往往有自伤倾向，作为专业的医疗机构应有相对的预见性和控制性，其采取的封闭性管理、电休克治疗以及病人在住院时收缴可能造成自伤害物品等都是控制措施，在其基础上仍然发生病人的自伤害事件，那么精神病医院的过错比一般医疗机构发生的自伤事件发生的过错程度要高很多。

（四）因果关系的认定

因自杀而死亡的结果与患者疾病本身有密切的因果关系，精神障碍者特别是精神分裂者以及抑郁等患者为无民事行为人或者限制行为能力人，其往往由于疾病本身造成的错觉、幻觉、妄想等感知障碍和思维障碍，采取自伤、自杀等行为，甚至有的病人为达成自伤害目的，会假意配合医生的治疗，造成病情好转假象，从而达成自杀的目的。因此，住院精神障碍者的自伤害事件为多因素复合型的因果关系。

（五）医疗损害赔偿责任分担

目前精神病院作为从事精神疾病防治的专门医疗机构，在较大程度上带有一种公益性质，由于政府投入不足，造成精神医疗在软硬件上均存在严重不足，因而在确定赔偿数额时一方面要保护患者的合法权益，同时也要考虑精神病医院的实际情况，适用平衡原则，平衡当事人之间的利益。精神病医院的责任须在其过错的前提下，综合考虑其经济情况等因素，运用法官自由裁量权，确定其“适当”的赔偿责任。《最高人民法院关于贯彻执行中华人民共和国民法通则若干问题的意见（试行）》第160条规定，“在精神病院治疗的精神病人，受到伤害或者给他人造成损害，单位有过错的，可以责令这些单位适当给予赔偿”。目前，此类人身损害赔偿案件由于缺乏明确、统一的赔偿范围与标准，极易造成案件审理的差异性和随意性，影响司法的公正与统一。目前已出台2003年《最高人民法院关于审理人身损害赔偿案件适用法律若干问题的解释》。

医疗事故处理条例

第一章　总　　则

第一条　为了正确处理医疗事故，保护患者和医疗机构及其医务人员的合法权益，维护医疗秩序，保障医疗安全，促进医学科学的发展，制定本条例。

第二条　本条例所称医疗事故，是指医疗机构及其医务人员在医疗活动中，违反医疗卫生管理法律、行政法规、部门规章和诊疗护理规范、常规，过失造成患者人身损害的事故。

第三条　处理医疗事故，应当遵循公开、公平、公正、及时、便民的原则，坚持实事求是的科学态度，做到事实清楚、定性准确、责任明确、处理恰当。

第四条　根据对患者人身造成的损害程度，医疗事故分为四级：

一级医疗事故：造成患者死亡、重度残疾的；

二级医疗事故：造成患者中度残疾、器官组织损伤导致严重功能障碍的；

三级医疗事故：造成患者轻度残疾、器官组织损伤导致一般功能障碍的；

四级医疗事故：造成患者明显人身损害的其他后果的。

具体分级标准由国务院卫生行政部门制定。

第二章　医疗事故的预防与处置

第五条　医疗机构及其医务人员在医疗活动中，必须严格遵守医疗卫生管理法律、行政法规、部门规章和诊疗护理规范、常规，恪守医疗服务职业道德。

第六条　医疗机构应当对其医务人员进行医疗卫生管理法律、行政法规、部门规章和诊疗护理规范、常规的培训和医疗服务职业道德教育。

第七条　医疗机构应当设置医疗服务质量监控部门或者配备专（兼）职人员，具体负责监督本医疗机构的医务人员的医疗服务工作，检查医务人员执业情况，接受患者对医疗服务的投诉，向其提供咨询服务。

第八条　医疗机构应当按照国务院卫生行政部门规定的要求，书写并妥善保管病历资料。

因抢救急危患者，未能及时书写病历的，有关医务人员应当在抢救结束后6小时内据实补记，并加以注明。

第九条　严禁涂改、伪造、隐匿、销毁或者抢夺病历资料。

第十条　患者有权复印或者复制其门诊病历、住院志、体温单、医嘱单、化验单（检验报告）、医学影像检查资料、特殊检查同意书、手术同意书、手术及麻醉记录单、病理资料、护理记录以及国务院卫生行政部门规定的其他病历资料。

患者依照前款规定要求复印或者复制病历资料的，医疗机构应当提供复印或者复制服务并在复印或者复制的病历资料上加盖证明印记。复印或者复制病历资料时，应当有患者在场。

医疗机构应患者的要求，为其复印或者复制病历资料，可以按照规定收取工本费。具体收费标准由省、自治区、直辖市人民政府价格主管部门会同同级卫生行政部门规定。

第十一条　在医疗活动中，医疗机构及其医务人员应当将患者的病情、医疗措施、医疗风险等如实告知患者，及时解答其咨询；但是，应当避免对患者产生不利后果。

第十二条　医疗机构应当制定防范、处理医疗事故的预案，预防医疗事故的发生，减轻医疗事故的损害。

第十三条　医务人员在医疗活动中发生或者发现医疗事故、可能引起医疗事故的医疗过失行为或者发生医疗事故争议的，应当立即向所在科室负责人报告，科室负责人应当及时向本医疗机构负责医疗服务质量监控的部门或者专（兼）职人员报告；负责医疗服务质量监控的部门或者专（兼）职人员接到报告后，应当立即进行调查、核实，将有关情况如实向本医疗机构的负责人报告，并向患者通报、解释。

第十四条　发生医疗事故的，医疗机构应当按照规定向所在地卫生行政部门报告。

发生下列重大医疗过失行为的，医疗机构应当在12小时内向所在地卫生行政部门报告：

（一）导致患者死亡或者可能为二级以上的医疗事故；

（二）导致3人以上人身损害后果；

（三）国务院卫生行政部门和省、自治区、直辖市人民政府卫生行政部门规定的其他情形。

第十五条　发生或者发现医疗过失行为，医疗机构及其医务人员应当立即采取有效措施，避免或者减轻对患者身体健康的损害，防止损害扩大。

第十六条　发生医疗事故争议时，死亡病例讨论记录、疑难病例讨论记录、上级医师查房记录、会诊意见、病程记录应当在医患双方在场的情况下封存和启封。封存的病历资料可以是复印件，由医疗机构保管。

第十七条　疑似输液、输血、注射、药物等引起不良后果的，医患双方应当共同对现场实物进行封存和启封，封存的现场实物由医疗机构保管；需要检验的，应当由双方共同指定的、依法具有检验资格的检验机构进行检验；双方无法共同指定时，由卫生行政部门指定。

疑似输血引起不良后果，需要对血液进行封存保留的，医疗机构应当通知提供该血液的采供血机构派员到场。

第十八条 患者死亡，医患双方当事人不能确定死因或者对死因有异议的，应当在患者死亡后 48 小时内进行尸检；具备尸体冻存条件的，可以延长至 7 日。尸检应当经死者近亲属同意并签字。

尸检应当由按照国家有关规定取得相应资格的机构和病理解剖专业技术人员进行。承担尸检任务的机构和病理解剖专业技术人员有进行尸检的义务。

医疗事故争议双方当事人可以请法医病理学人员参加尸检，也可以委派代表观察尸检过程。拒绝或者拖延尸检，超过规定时间，影响对死因判定的，由拒绝或者拖延的一方承担责任。

第十九条 患者在医疗机构内死亡的，尸体应当立即移放太平间。死者尸体存放时间一般不得超过 2 周。逾期不处理的尸体，经医疗机构所在地卫生行政部门批准，并报经同级公安部门备案后，由医疗机构按照规定进行处理。

第三章 医疗事故的技术鉴定

第二十条 卫生行政部门接到医疗机构关于重大医疗过失行为的报告或者医疗事故争议当事人要求处理医疗事故争议的申请后，对需要进行医疗事故技术鉴定的，应当交由负责医疗事故技术鉴定工作的医学会组织鉴定；医患双方协商解决医疗事故争议，需要进行医疗事故技术鉴定的，由双方当事人共同委托负责医疗事故技术鉴定工作的医学会组织鉴定。

第二十一条 设区的市级地方医学会和省、自治区、直辖市直接管辖的县（市）地方医学会负责组织首次医疗事故技术鉴定工作。省、自治区、直辖市地方医学会负责组织再次鉴定工作。

必要时，中华医学会可以组织疑难、复杂并在全国有重大影响的医疗事故争议的技术鉴定工作。

第二十二条 当事人对首次医疗事故技术鉴定结论不服的，可以自收到首次鉴定结论之日起 15 日内向医疗机构所在地卫生行政部门提出再次鉴定的申请。

第二十三条　负责组织医疗事故技术鉴定工作的医学会应当建立专家库。

专家库由具备下列条件的医疗卫生专业技术人员组成：

（一）有良好的业务素质和执业品德；

（二）受聘于医疗卫生机构或者医学教学、科研机构并担任相应专业高级技术职务3年以上。

符合前款第（一）项规定条件并具备高级技术任职资格的法医可以受聘进入专家库。

负责组织医疗事故技术鉴定工作的医学会依照本条例规定聘请医疗卫生专业技术人员和法医进入专家库，可以不受行政区域的限制。

第二十四条　医疗事故技术鉴定，由负责组织医疗事故技术鉴定工作的医学会组织专家鉴定组进行。

参加医疗事故技术鉴定的相关专业的专家，由医患双方在医学会主持下从专家库中随机抽取。在特殊情况下，医学会根据医疗事故技术鉴定工作的需要，可以组织医患双方在其他医学会建立的专家库中随机抽取相关专业的专家参加鉴定或者函件咨询。

符合本条例第二十三条规定条件的医疗卫生专业技术人员和法医有义务受聘进入专家库，并承担医疗事故技术鉴定工作。

第二十五条　专家鉴定组进行医疗事故技术鉴定，实行合议制。专家鉴定组人数为单数，涉及的主要学科的专家一般不得少于鉴定组成员的二分之一；涉及死因、伤残等级鉴定的，并应当从专家库中随机抽取法医参加专家鉴定组。

第二十六条　专家鉴定组成员有下列情形之一的，应当回避，当事人也可以以口头或者书面的方式申请其回避：

（一）是医疗事故争议当事人或者当事人的近亲属的；

（二）与医疗事故争议有利害关系的；

（三）与医疗事故争议当事人有其他关系，可能影响公正鉴定的。

第二十七条　专家鉴定组依照医疗卫生管理法律、行政法规、部门规章和诊疗护理规范、常规，运用医学科学原理和专业知识，独立进行医疗事故技术鉴定，对医疗事故进行鉴别和判定，为处理医疗事故争议提供医学依据。

任何单位或者个人不得干扰医疗事故技术鉴定工作，不得威胁、利诱、辱骂、殴打专家鉴定组成员。

专家鉴定组成员不得接受双方当事人的财物或者其他利益。

第二十八条 负责组织医疗事故技术鉴定工作的医学会应当自受理医疗事故技术鉴定之日起 5 日内通知医疗事故争议双方当事人提交进行医疗事故技术鉴定所需的材料。

当事人应当自收到医学会的通知之日起 10 日内提交有关医疗事故技术鉴定的材料、书面陈述及答辩。医疗机构提交的有关医疗事故技术鉴定的材料应当包括下列内容：

（一）住院患者的病程记录、死亡病例讨论记录、疑难病例讨论记录、会诊意见、上级医师查房记录等病历资料原件；

（二）住院患者的住院志、体温单、医嘱单、化验单（检验报告）、医学影像检查资料、特殊检查同意书、手术同意书、手术及麻醉记录单、病理资料、护理记录等病历资料原件；

（三）抢救急危患者，在规定时间内补记的病历资料原件；

（四）封存保留的输液、注射用物品和血液、药物等实物，或者依法具有检验资格的检验机构对这些物品、实物作出的检验报告；

（五）与医疗事故技术鉴定有关的其他材料。

在医疗机构建有病历档案的门诊、急诊患者，其病历资料由医疗机构提供；没有在医疗机构建立病历档案的，由患者提供。

医患双方应当依照本条例的规定提交相关材料。医疗机构无正当理由未依照本条例的规定如实提供相关材料，导致医疗事故技术鉴定不能进行的，应当承担责任。

第二十九条 负责组织医疗事故技术鉴定工作的医学会应当自接到当事人提交的有关医疗事故技术鉴定的材料、书面陈述及答辩之日起 45 日内组织鉴定并出具医疗事故技术鉴定书。

负责组织医疗事故技术鉴定工作的医学会可以向双方当事人调查取证。

第三十条　专家鉴定组应当认真审查双方当事人提交的材料，听取双方当事人的陈述及答辩并进行核实。

双方当事人应当按照本条例的规定如实提交进行医疗事故技术鉴定所需要的材料，并积极配合调查。当事人任何一方不予配合，影响医疗事故技术鉴定的，由不予配合的一方承担责任。

第三十一条　专家鉴定组应当在事实清楚、证据确凿的基础上，综合分析患者的病情和个体差异，作出鉴定结论，并制作医疗事故技术鉴定书。鉴定结论以专家鉴定组成员的过半数通过。鉴定过程应当如实记载。

医疗事故技术鉴定书应当包括下列主要内容：

（一）双方当事人的基本情况及要求；

（二）当事人提交的材料和负责组织医疗事故技术鉴定工作的医学会的调查材料；

（三）对鉴定过程的说明；

（四）医疗行为是否违反医疗卫生管理法律、行政法规、部门规章和诊疗护理规范、常规；

（五）医疗过失行为与人身损害后果之间是否存在因果关系；

（六）医疗过失行为在医疗事故损害后果中的责任程度；

（七）医疗事故等级；

（八）对医疗事故患者的医疗护理医学建议。

第三十二条　医疗事故技术鉴定办法由国务院卫生行政部门制定。

第三十三条　有下列情形之一的，不属于医疗事故：

（一）在紧急情况下为抢救垂危患者生命而采取紧急医学措施造成不良后果的；

（二）在医疗活动中由于患者病情异常或者患者体质特殊而发生医疗意外的；

（三）在现有医学科学技术条件下，发生无法预料或者不能防范的不良后果的；

（四）无过错输血感染造成不良后果的；

（五）因患方原因延误诊疗导致不良后果的；

（六）因不可抗力造成不良后果的。

第三十四条 医疗事故技术鉴定，可以收取鉴定费用。经鉴定，属于医疗事故的，鉴定费用由医疗机构支付；不属于医疗事故的，鉴定费用由提出医疗事故处理申请的一方支付。鉴定费用标准由省、自治区、直辖市人民政府价格主管部门会同同级财政部门、卫生行政部门规定。

第四章 医疗事故的行政处理与监督

第三十五条 卫生行政部门应当依照本条例和有关法律、行政法规、部门规章的规定，对发生医疗事故的医疗机构和医务人员作出行政处理。

第三十六条 卫生行政部门接到医疗机构关于重大医疗过失行为的报告后，除责令医疗机构及时采取必要的医疗救治措施，防止损害后果扩大外，应当组织调查，判定是否属于医疗事故；对不能判定是否属于医疗事故的，应当依照本条例的有关规定交由负责医疗事故技术鉴定工作的医学会组织鉴定。

第三十七条 发生医疗事故争议，当事人申请卫生行政部门处理的，应当提出书面申请。申请书应当载明申请人的基本情况、有关事实、具体请求及理由等。

当事人自知道或者应当知道其身体健康受到损害之日起 1 年内，可以向卫生行政部门提出医疗事故争议处理申请。

第三十八条 发生医疗事故争议，当事人申请卫生行政部门处理的，由医疗机构所在地的县级人民政府卫生行政部门受理。医疗机构所在地是直辖市的，由医疗机构所在地的区、县人民政府卫生行政部门受理。

有下列情形之一的，县级人民政府卫生行政部门应当自接到医疗机构的报告或者当事人提出医疗事故争议处理申请之日起 7 日内移送上一级人民政府卫生行政部门处理：

（一）患者死亡；

（二）可能为二级以上的医疗事故；

（三）国务院卫生行政部门和省、自治区、直辖市人民政府卫生行政部门规定的其他情形。

第三十九条　卫生行政部门应当自收到医疗事故争议处理申请之日起10日内进行审查，作出是否受理的决定。对符合本条例规定，予以受理，需要进行医疗事故技术鉴定的，应当自作出受理决定之日起5日内将有关材料交由负责医疗事故技术鉴定工作的医学会组织鉴定并书面通知申请人；对不符合本条例规定，不予受理的，应当书面通知申请人并说明理由。

当事人对首次医疗事故技术鉴定结论有异议，申请再次鉴定的，卫生行政部门应当自收到申请之日起7日内交由省、自治区、直辖市地方医学会组织再次鉴定。

第四十条　当事人既向卫生行政部门提出医疗事故争议处理申请，又向人民法院提起诉讼的，卫生行政部门不予受理；卫生行政部门已经受理的，应当终止处理。

第四十一条　卫生行政部门收到负责组织医疗事故技术鉴定工作的医学会出具的医疗事故技术鉴定书后，应当对参加鉴定的人员资格和专业类别、鉴定程序进行审核；必要时，可以组织调查，听取医疗事故争议双方当事人的意见。

第四十二条　卫生行政部门经审核，对符合本条例规定作出的医疗事故技术鉴定结论，应当作为对发生医疗事故的医疗机构和医务人员作出行政处理以及进行医疗事故赔偿调解的依据；经审核，发现医疗事故技术鉴定不符合本条例规定的，应当要求重新鉴定。

第四十三条　医疗事故争议由双方当事人自行协商解决的，医疗机构应当自协商解决之日起7日内向所在地卫生行政部门作出书面报告，并附具协议书。

第四十四条 医疗事故争议经人民法院调解或者判决解决的，医疗机构应当自收到生效的人民法院的调解书或者判决书之日起 7 日内向所在地卫生行政部门作出书面报告，并附具调解书或者判决书。

第四十五条 县级以上地方人民政府卫生行政部门应当按照规定逐级将当地发生的医疗事故以及依法对发生医疗事故的医疗机构和医务人员作出行政处理的情况，上报国务院卫生行政部门。

第五章 医疗事故的赔偿

第四十六条 发生医疗事故的赔偿等民事责任争议，医患双方可以协商解决；不愿意协商或者协商不成的，当事人可以向卫生行政部门提出调解申请，也可以直接向人民法院提起民事诉讼。

第四十七条 双方当事人协商解决医疗事故的赔偿等民事责任争议的，应当制作协议书。协议书应当载明双方当事人的基本情况和医疗事故的原因、双方当事人共同认定的医疗事故等级以及协商确定的赔偿数额等，并由双方当事人在协议书上签名。

第四十八条 已确定为医疗事故的，卫生行政部门应医疗事故争议双方当事人请求，可以进行医疗事故赔偿调解。调解时，应当遵循当事人双方自愿原则，并应当依据本条例的规定计算赔偿数额。

经调解，双方当事人就赔偿数额达成协议的，制作调解书，双方当事人应当履行；调解不成或者经调解达成协议后一方反悔的，卫生行政部门不再调解。

第四十九条 医疗事故赔偿，应当考虑下列因素，确定具体赔偿数额：

（一）医疗事故等级；

（二）医疗过失行为在医疗事故损害后果中的责任程度；

（三）医疗事故损害后果与患者原有疾病状况之间的关系。

不属于医疗事故的，医疗机构不承担赔偿责任。

第五十条 医疗事故赔偿，按照下列项目和标准计算：

（一）医疗费：按照医疗事故对患者造成的人身损害进行治疗所发生的医疗费用计算，凭据支付，但不包括原发病医疗费用。结案后确实需要继续治疗的，按照基本医疗费用支付。

（二）误工费：患者有固定收入的，按照本人因误工减少的固定收入计算，对收入高于医疗事故发生地上一年度职工年平均工资3倍以上的，按照3倍计算；无固定收入的，按照医疗事故发生地上一年度职工年平均工资计算。

（三）住院伙食补助费：按照医疗事故发生地国家机关一般工作人员的出差伙食补助标准计算。

（四）陪护费：患者住院期间需要专人陪护的，按照医疗事故发生地上一年度职工年平均工资计算。

（五）残疾生活补助费：根据伤残等级，按照医疗事故发生地居民年平均生活费计算，自定残之月起最长赔偿30年；但是，60周岁以上的，不超过15年；70周岁以上的，不超过5年。

（六）残疾用具费：因残疾需要配置补偿功能器具的，凭医疗机构证明，按照普及型器具的费用计算。

（七）丧葬费：按照医疗事故发生地规定的丧葬费补助标准计算。

（八）被扶养人生活费：以死者生前或者残疾者丧失劳动能力前实际扶养且没有劳动能力的人为限，按照其户籍所在地或者居所地居民最低生活保障标准计算。对不满16周岁的，扶养到16周岁。对年满16周岁但无劳动能力的，扶养20年；但是，60周岁以上的，不超过15年；70周岁以上的，不超过5年。

（九）交通费：按照患者实际必需的交通费用计算，凭据支付。

（十）住宿费：按照医疗事故发生地国家机关一般工作人员的出差住宿补助标准计算，凭据支付。

（十一）精神损害抚慰金：按照医疗事故发生地居民年平均生活费计算。造成患者死亡的，赔偿年限最长不超过6年；造成患者残疾的，赔偿年限最长不超过3年。

第五十一条 参加医疗事故处理的患者近亲属所需交通费、误工费、住宿费，参照本条例第五十条的有关规定计算，计算费用的人数不超过2人。

医疗事故造成患者死亡的，参加丧葬活动的患者的配偶和直系亲属所需交通费、误工费、住宿费，参照本条例第五十条的有关规定计算，计算费用的人数不超过2人。

第五十二条 医疗事故赔偿费用，实行一次性结算，由承担医疗事故责任的医疗机构支付。

第六章 罚 则

第五十三条 卫生行政部门的工作人员在处理医疗事故过程中违反本条例的规定，利用职务上的便利收受他人财物或者其他利益，滥用职权，玩忽职守，或者发现违法行为不予查处，造成严重后果的，依照刑法关于受贿罪、滥用职权罪、玩忽职守罪或者其他有关罪的规定，依法追究刑事责任；尚不够刑事处罚的，依法给予降级或者撤职的行政处分。

第五十四条 卫生行政部门违反本条例的规定，有下列情形之一的，由上级卫生行政部门给予警告并责令限期改正；情节严重的，对负有责任的主管人员和其他直接责任人员依法给予行政处分：

（一）接到医疗机构关于重大医疗过失行为的报告后，未及时组织调查的；

（二）接到医疗事故争议处理申请后，未在规定时间内审查或者移送上一级人民政府卫生行政部门处理的；

（三）未将应当进行医疗事故技术鉴定的重大医疗过失行为或者医疗事故争议移交医学会组织鉴定的；

（四）未按照规定逐级将当地发生的医疗事故以及依法对发生医疗事故的医疗机构和医务人员的行政处理情况上报的；

（五）未依照本条例规定审核医疗事故技术鉴定书的。

第五十五条 医疗机构发生医疗事故的，由卫生行政部门根据医疗事故等级和情节，给予警告；情节严重的，责令限期停业整顿直至由原发证部门吊销执业许可证，对负有责任的医务人员依照刑法关于医疗事故罪的规定，依法追究刑事责任；尚不够刑事处罚的，依法给予行政处分或者纪律处分。

对发生医疗事故的有关医务人员，除依照前款处罚外，卫生行政部门并可以责令暂停6个月以上1年以下执业活动；情节严重的，吊销其执业证书。

第五十六条　医疗机构违反本条例的规定，有下列情形之一的，由卫生行政部门责令改正；情节严重的，对负有责任的主管人员和其他直接责任人员依法给予行政处分或者纪律处分：

（一）未如实告知患者病情、医疗措施和医疗风险的；

（二）没有正当理由，拒绝为患者提供复印或者复制病历资料服务的；

（三）未按照国务院卫生行政部门规定的要求书写和妥善保管病历资料的；

（四）未在规定时间内补记抢救工作病历内容的；

（五）未按照本条例的规定封存、保管和启封病历资料和实物的；

（六）未设置医疗服务质量监控部门或者配备专（兼）职人员的；

（七）未制定有关医疗事故防范和处理预案的；

（八）未在规定时间内向卫生行政部门报告重大医疗过失行为的；

（九）未按照本条例的规定向卫生行政部门报告医疗事故的；

（十）未按照规定进行尸检和保存、处理尸体的。

第五十七条　参加医疗事故技术鉴定工作的人员违反本条例的规定，接受申请鉴定双方或者一方当事人的财物或者其他利益，出具虚假医疗事故技术鉴定书，造成严重后果的，依照刑法关于受贿罪的规定，依法追究刑事责任；尚不够刑事处罚的，由原发证部门吊销其执业证书或者资格证书。

第五十八条　医疗机构或者其他有关机构违反本条例的规定，有下列情形之一的，由卫生行政部门责令改正，给予警告；对负有责任的主管人员和其他直接责任人员依法给予行政处分或者纪律处分；情节严重的，由原发证部门吊销其执业证书或者资格证书：

（一）承担尸检任务的机构没有正当理由，拒绝进行尸检的；

（二）涂改、伪造、隐匿、销毁病历资料的。

第五十九条 以医疗事故为由，寻衅滋事、抢夺病历资料，扰乱医疗机构正常医疗秩序和医疗事故技术鉴定工作，依照刑法关于扰乱社会秩序罪的规定，依法追究刑事责任；尚不够刑事处罚的，依法给予治安管理处罚。

第七章 附 则

第六十条 本条例所称医疗机构，是指依照《医疗机构管理条例》的规定取得《医疗机构执业许可证》的机构。

县级以上城市从事计划生育技术服务的机构依照《计划生育技术服务管理条例》的规定开展与计划生育有关的临床医疗服务，发生的计划生育技术服务事故，依照本条例的有关规定处理；但是，其中不属于医疗机构的县级以上城市从事计划生育技术服务的机构发生的计划生育技术服务事故，由计划生育行政部门行使依照本条例有关规定由卫生行政部门承担的受理、交由负责医疗事故技术鉴定工作的医学会组织鉴定和赔偿调解的职能；对发生计划生育技术服务事故的该机构及其有关责任人员，依法进行处理。

第六十一条 非法行医，造成患者人身损害，不属于医疗事故，触犯刑律的，依法追究刑事责任；有关赔偿，由受害人直接向人民法院提起诉讼。

第六十二条 军队医疗机构的医疗事故处理办法，由中国人民解放军卫生主管部门会同国务院卫生行政部门依据本条例制定。

第六十三条 本条例自 2002 年 9 月 1 日起施行。1987 年 6 月 29 日国务院发布的《医疗事故处理办法》同时废止。本条例施行前已经处理结案的医疗事故争议，不再重新处理。

医疗事故分级标准（试行）

为了科学划分医疗事故等级，正确处理医疗事故争议，保护患者和医疗机构及其医务人员的合法权益，根据《医疗事故处理条例》，制定本标准。

专家鉴定组在进行医疗事故技术鉴定、卫生行政部门在判定重大医疗过失行为是否为医疗事故或医疗事故争议双方当事人在协商解决医疗事故争议时，应当按照本标准确定的基本原则和实际情况具体判定医疗事故的等级。

本标准例举的情形是医疗事故中常见的造成患者人身损害的后果。

本标准中医疗事故一级乙等至三级戊等对应伤残等级一至十级。

一、一级医疗事故

系指造成患者死亡、重度残疾。

（一）一级甲等医疗事故：死亡。

（二）一级乙等医疗事故：重要器官缺失或功能完全丧失，其他器官不能代偿，存在特殊医疗依赖，生活完全不能自理。例如造成患者下列情形之一的：

1. 植物人状态；

2. 极重度智能障碍；

3. 临床判定不能恢复的昏迷；

4. 临床判定自主呼吸功能完全丧失，不能恢复，靠呼吸机维持；

5. 四肢瘫，肌力0级，临床判定不能恢复。

二、二级医疗事故

系指造成患者中度残疾、器官组织损伤导致严重功能障碍。

（一）二级甲等医疗事故：器官缺失或功能完全丧失，其他器官不能代偿，可能存在特殊医疗依赖，或生活大部分不能自理。例如造成患者下列情形之一的：

1. 双眼球摘除或双眼经客观检查证实无光感；

2. 小肠缺失90%以上，功能完全丧失；

3. 双侧有功能肾脏缺失或孤立有功能肾缺失，用透析替代治疗；

4. 四肢肌力Ⅱ级（二级）以下（含Ⅱ级），临床判定不能恢复；

5. 上肢一侧腕上缺失或一侧手功能完全丧失，不能装配假肢，伴下肢双膝以上缺失。

（二）二级乙等医疗事故：存在器官缺失、严重缺损、严重畸形情形之一，有严重功能障碍，可能存在特殊医疗依赖，或生活大部分不能自理。例如造成患者下列情形之一的：

1. 重度智能障碍；

2. 单眼球摘除或经客观检查证实无光感，另眼球结构损伤，闪光视觉诱发电位（VEP）P100波潜时延长>160ms（毫秒），矫正视力<0.02，视野半径<5°；

3. 双侧上颌骨或双侧下颌骨完全缺失；

4. 一侧上颌骨及对侧下颌骨完全缺失，并伴有颜面软组织缺损大于$30cm^2$；

5. 一侧全肺缺失并需胸改术；

6. 肺功能持续重度损害；

7. 持续性心功能不全，心功能四级；

8. 持续性心功能不全，心功能三级伴有不能控制的严重心律失常；

9. 食管闭锁，摄食依赖造瘘；

10. 肝缺损 3/4，并有肝功能重度损害；

11. 胆道损伤致肝功能重度损害；

12. 全胰缺失；

13. 小肠缺损大于 3/4，普通膳食不能维持营养；

14. 肾功能部分损害不全失代偿；

15. 两侧睾丸、副睾丸缺损；

16. 阴茎缺损或性功能严重障碍；

17. 双侧卵巢缺失；

18. 未育妇女子宫全部缺失或大部分缺损；

19. 四肢瘫，肌力Ⅲ级（三级）或截瘫、偏瘫，肌力Ⅲ级以下，临床判定不能恢复；

20. 双上肢腕关节以上缺失、双侧前臂缺失或双手功能完全丧失，不能装配假肢；

21. 肩、肘、髋、膝关节中有四个以上（含四个）关节功能完全丧失；

22. 重型再生障碍性贫血（Ⅰ型）。

（三）二级丙等医疗事故：存在器官缺失、严重缺损、明显畸形情形之一，有严重功能障碍，可能存在特殊医疗依赖，或生活部分不能自理。例如造成患者下列情形之一的：

1. 面部重度毁容；

2. 单眼球摘除或客观检查无光感，另眼球结构损伤，闪光视觉诱发电位（VEP）>155ms（毫秒），矫正视力<0. 05，视野半径<10°；

3. 一侧上颌骨或下颌骨完全缺失，伴颜面部软组织缺损大于 $30cm^2$；

4. 同侧上下颌骨完全性缺失；

5. 双侧甲状腺或孤立甲状腺全缺失；

6. 双侧甲状旁腺全缺失；

7. 持续性心功能不全，心功能三级；

8. 持续性心功能不全，心功能二级伴有不能控制的严重心律失常；

9. 全胃缺失；

10. 肝缺损2/3，并肝功能重度损害；

11. 一侧有功能肾缺失或肾功能完全丧失，对侧肾功能不全代偿；

12. 永久性输尿管腹壁造瘘；

13. 膀胱全缺失；

14. 两侧输精管缺损不能修复；

15. 双上肢肌力Ⅳ级（四级），双下肢肌力0级，临床判定不能恢复；

16. 单肢两个大关节（肩、肘、腕、髋、膝、踝）功能完全丧失，不能行关节置换；

17. 一侧上肢肘上缺失或肘、腕、手功能完全丧失，不能手术重建功能或装配假肢；

18. 一手缺失或功能完全丧失，另一手功能丧失50%以上，不能手术重建功能或装配假肢；

19. 一手腕上缺失，另一手拇指缺失，不能手术重建功能或装配假肢；

20. 双手拇、食指均缺失或功能完全丧失无法矫正；

21. 双侧膝关节或者髋关节功能完全丧失，不能行关节置换；

22. 一下肢膝上缺失，无法装配假肢；

23. 重型再生障碍性贫血（Ⅱ型）。

（四）二级丁等医疗事故：存在器官缺失、大部分缺损、畸形情形之一，有严重功能障碍，可能存在一般医疗依赖，生活能自理。例如造成患者下列情形之一的：

1. 中度智能障碍；

2. 难治性癫痫；

3. 完全性失语，伴有神经系统客观检查阳性所见；

4. 双侧重度周围性面瘫；

5. 面部中度毁容或全身瘢痕面积大于70%；

6. 双眼球结构损伤，较好眼闪光视觉诱发电位（VEP）>155ms（毫秒），矫正视力<0.05，视野半径<10°；

7. 双耳经客观检查证实听力在原有基础上损失大于91dBHL（分贝）；

8. 舌缺损大于全舌 2/3；

9. 一侧上颌骨缺损 1/2，颜面部软组织缺损大于 $20cm^2$；

10. 下颌骨缺损长 6cm 以上的区段，口腔、颜面软组织缺损大于 $20cm^2$；

11. 甲状旁腺功能重度损害；

12. 食管狭窄只能进流食；

13. 吞咽功能严重损伤，依赖鼻饲管进食；

14. 肝缺损 2/3，功能中度损害；

15. 肝缺损 1/2 伴有胆道损伤致严重肝功能损害；

16. 胰缺损，胰岛素依赖；

17. 小肠缺损 2/3，包括回盲部缺损；

18. 全结肠、直肠、肛门缺失，回肠造瘘；

19. 肾上腺功能明显减退；

20. 大、小便失禁，临床判定不能恢复；

21. 女性双侧乳腺缺失；

22. 单肢肌力Ⅱ级（二级），临床判定不能恢复；

23. 双前臂缺失；

24. 双下肢瘫；

25. 一手缺失或功能完全丧失，另一手功能正常，不能手术重建功能或装配假肢；

26. 双拇指完全缺失或无功能；

27. 双膝以下缺失或无功能，不能手术重建功能或装配假肢；

28. 一侧下肢膝上缺失，不能手术重建功能或装配假肢；

29. 一侧膝以下缺失，另一侧前足缺失，不能手术重建功能或装配假肢；

30. 双足全肌瘫，肌力Ⅱ级（二级），临床判定不能恢复。

三、三级医疗事故

系指造成患者轻度残疾、器官组织损伤导致一般功能障碍。

（一）三级甲等医疗事故：存在器官缺失、大部分缺损、畸形情形之一，有较重功能障碍，可能存在一般医疗依赖，生活能自理。例如造成患者下列情形之一的：

1. 不完全失语并伴有失用、失写、失读、失认之一者，同时有神经系统客观检查阳性所见；

2. 不能修补的脑脊液瘘；

3. 尿崩，有严重离子紊乱，需要长期依赖药物治疗；

4. 面部轻度毁容；

5. 面颊部洞穿性缺损大于 20 cm^2；

6. 单侧眼球摘除或客观检查无光感，另眼球结构损伤，闪光视觉诱发电位（VEP）>150ms（毫秒），矫正视力 0.05~0.1，视野半径<15°；

7. 双耳经客观检查证实听力在原有基础上损失大于 81dBHL（分贝）；

8. 鼻缺损 1/3 以上；

9. 上唇或下唇缺损大于 1/2；

10. 一侧上颌骨缺损 1/4 或下颌骨缺损长 4cm 以上区段，伴口腔、颜面软组织缺损大于 $10cm^2$；

11. 肺功能中度持续损伤；

12. 胃缺损 3/4；

13. 肝缺损 1/2 伴较重功能障碍；

14. 慢性中毒性肝病伴较重功能障碍；

15. 脾缺失；

16. 胰缺损 2/3 造成内、外分泌腺功能障碍；

17. 小肠缺损 2/3，保留回盲部；

18. 尿道狭窄，需定期行尿道扩张术；

19. 直肠、肛门、结肠部分缺损，结肠造瘘；

20. 肛门损伤致排便障碍；

21. 一侧肾缺失或输尿管狭窄，肾功能不全代偿；

22. 不能修复的尿道瘘；

23. 膀胱大部分缺损；

24. 双侧输卵管缺失；

25. 阴道闭锁丧失性功能；

26. 不能修复的Ⅲ度（三度）会阴裂伤；

27. 四肢瘫，肌力Ⅳ级（四级），临床判定不能恢复；

28. 单肢瘫，肌力Ⅲ级（三级），临床判定不能恢复；

29. 肩、肘、腕关节之一功能完全丧失；

30. 利手全肌瘫，肌力Ⅲ级（三级），临床判定不能恢复；

31. 一手拇指缺失，另一手拇指功能丧失50%以上；

32. 一手拇指缺失或无功能，另一手除拇指外三指缺失或无功能，不能手术重建功能；

33. 双下肢肌力Ⅲ级（三级）以下，临床判定不能恢复。大、小便失禁；

34. 下肢双膝以上缺失伴一侧腕上缺失或手功能部分丧失，能装配假肢；

35. 一髋或一膝关节功能完全丧失，不能手术重建功能；

36. 双足全肌瘫，肌力Ⅲ级（三级），临床判定不能恢复；

37. 双前足缺失；

38. 慢性再生障碍性贫血。

（二）三级乙等医疗事故：器官大部分缺损或畸形，有中度功能障碍，可能存在一般医疗依赖，生活能自理。例如造成患者下列情形之一的：

1. 轻度智能减退；

2. 癫痫中度；

3. 不完全性失语，伴有神经系统客观检查阳性所见；

4. 头皮、眉毛完全缺损；

5. 一侧完全性面瘫，对侧不完全性面瘫；

6. 面部重度异常色素沉着或全身瘢痕面积达60%~69%；

7. 面部软组织缺损大于20 cm^2；

8. 双眼球结构损伤，较好眼闪光视觉诱发电位（VEP）>150ms（毫秒），矫正视力0.05~0.1，视野半径<15°；

9. 双耳经客观检查证实听力损失大于71dBHL（分贝）；

10. 双侧前庭功能丧失，睁眼行走困难，不能并足站立；

11. 甲状腺功能严重损害，依赖药物治疗；

12. 不能控制的严重器质性心律失常；

13. 胃缺损2/3伴轻度功能障碍；

14. 肝缺损1/3伴轻度功能障碍；

15. 胆道损伤伴轻度肝功能障碍；

16. 胰缺损1/2；

17. 小肠缺损1/2（包括回盲部）；

18. 腹壁缺损大于腹壁1/4；

19. 肾上腺皮质功能轻度减退；

20. 双侧睾丸萎缩，血清睾丸酮水平低于正常范围；

21. 非利手全肌瘫，肌力Ⅳ级（四级），临床判定不能恢复，不能手术重建功能；

22. 一拇指完全缺失；

23. 双下肢肌力Ⅳ级（四级），临床判定不能恢复。大、小便失禁；

24. 一髋或一膝关节功能不全；

25. 一侧踝以下缺失或一侧踝关节畸形，功能完全丧失，不能手术重建功能；

26. 双足部分肌瘫，肌力Ⅳ级（四级），临床判定不能恢复，不能手术重建功能；

27. 单足全肌瘫，肌力Ⅳ级，临床判定不能恢复，不能手术重建功能。

（三）三级丙等医疗事故：器官大部分缺损或畸形，有轻度功能障碍，可能存在一般医疗依赖，生活能自理。例如造成患者下列情形之一的：

1. 不完全性失用、失写、失读、失认之一者，伴有神经系统客观检查阳性所见；

2. 全身瘢痕面积 50~59%；

3. 双侧中度周围性面瘫，临床判定不能恢复；

4. 双眼球结构损伤，较好眼闪光视觉诱发电位（VEP）>140ms（毫秒），矫正视力 0.01~0.3，视野半径<20°；

5. 双耳经客观检查证实听力损失大于 56dBHL（分贝）；

6. 喉保护功能丧失，饮食时呛咳并易发生误吸，临床判定不能恢复；

7. 颈颏粘连，影响部分活动；

8. 肺叶缺失伴轻度功能障碍；

9. 持续性心功能不全，心功能二级；

10. 胃缺损 1/2 伴轻度功能障碍；

11. 肝缺损 1/4 伴轻度功能障碍；

12. 慢性轻度中毒性肝病伴轻度功能障碍；

13. 胆道损伤，需行胆肠吻合术；

14. 胰缺损 1/3 伴轻度功能障碍；

15. 小肠缺损 1/2 伴轻度功能障碍；

16. 结肠大部分缺损；

17. 永久性膀胱造瘘；

18. 未育妇女单侧乳腺缺失。

19. 未育妇女单侧卵巢缺失；

20. 育龄已育妇女双侧输卵管缺失；

21. 育龄已育妇女子宫缺失或部分缺损；

22. 阴道狭窄不能通过二横指；

23. 颈部或腰部活动度丧失 50%以上；

24. 腕、肘、肩、踝、膝、髋关节之一丧失功能 50%以上；

25. 截瘫或偏瘫，肌力Ⅳ级（四级），临床判定不能恢复；

26. 单肢两个大关节（肩、肘、腕、髋、膝、踝）功能部分丧失，能行关节置换；

27. 一侧肘上缺失或肘、腕、手功能部分丧失，可以手术重建功能或装配假肢；

28. 一手缺失或功能部分丧失，另一手功能丧失50%以上，可以手术重建功能或装配假肢；

29. 一手腕上缺失，另一手拇指缺失，可以手术重建功能或装配假肢；

30. 利手全肌瘫，肌力Ⅳ级（四级），临床判定不能恢复；

31. 单手部分肌瘫，肌力Ⅲ级（三级），临床判定不能恢复；

32. 除拇指外3指缺失或功能完全丧失；

33. 双下肢长度相差4 cm以上；

34. 双侧膝关节或者髋关节功能部分丧失，可以行关节置换；

35. 单侧下肢膝上缺失，可以装配假肢；

36. 双足部分肌瘫，肌力Ⅲ级（三级），临床判定不能恢复；

37. 单足全肌瘫，肌力Ⅲ级（三级），临床判定不能恢复。

（四）三级丁等医疗事故：器官部分缺损或畸形，有轻度功能障碍，无医疗依赖，生活能自理。例如造成患者下列情形之一的：

1. 边缘智能；

2. 发声及言语困难；

3. 双眼结构损伤，较好眼闪光视觉诱发电位（VEP）>130ms（毫秒），矫正视力0.3~0.5，视野半径<30°；

4. 双耳经客观检查证实听力损失大于41dBHL（分贝）或单耳大于91dBHL（分贝）；

5. 耳郭缺损2/3以上；

6. 器械或异物误入呼吸道需行肺段切除术；

7. 甲状旁腺功能轻度损害；

8. 肺段缺损，轻度持续肺功能障碍；

9. 腹壁缺损小于1/4；

10. 一侧肾上腺缺失伴轻度功能障碍；

11. 一侧睾丸、附睾缺失伴轻度功能障碍；

12. 一侧输精管缺损，不能修复；

13. 一侧卵巢缺失，一侧输卵管缺失；

14. 一手缺失或功能完全丧失，另一手功能正常，可以手术重建功能及装配假肢；

15. 双大腿肌力近Ⅴ级（五级），双小腿肌力Ⅲ级（三级）以下，临床判定不能恢复。大、小便轻度失禁；

16. 双膝以下缺失或无功能，可以手术重建功能或装配假肢；

17. 单侧下肢膝上缺失，可以手术重建功能或装配假肢；

18. 一侧膝以下缺失，另一侧前足缺失，可以手术重建功能或装配假肢。

（五）三级戊等医疗事故：器官部分缺损或畸形，有轻微功能障碍，无医疗依赖，生活能自理。例如造成患者下列情形之一的：

1. 脑叶缺失后轻度智力障碍；

2. 发声或言语不畅；

3. 双眼结构损伤，较好眼闪光视觉诱发电位（VEP）>120ms（毫秒），矫正视力<0.6，视野半径<50°；

4. 泪器损伤，手术无法改进溢泪；

5. 双耳经客观检查证实听力在原有基础上损失大于31dBHL（分贝）或一耳听力在原有基础上损失大于71dBHL（分贝）；

6. 耳郭缺损大于1/3而小于2/3；

7. 甲状腺功能低下；

8. 支气管损伤需行手术治疗；

9. 器械或异物误入消化道，需开腹取出；

10. 一拇指指关节功能不全；

11. 双小腿肌力Ⅳ级（四级），临床判定不能恢复。大、小便轻度失禁；

12. 手术后当时引起脊柱侧弯30度以上；

13. 手术后当时引起脊柱后凸成角（胸段大于60度，胸腰段大于30度，腰段大于20度以上）；

14. 原有脊柱、躯干或肢体畸形又严重加重；

15. 损伤重要脏器，修补后功能有轻微障碍。

四、四级医疗事故

系指造成患者明显人身损害的其他后果的医疗事故。例如造成患者下列情形之一的：

1. 双侧轻度不完全性面瘫，无功能障碍；

2. 面部轻度色素沉着或脱失；

3. 一侧眼睑有明显缺损或外翻；

4. 拔除健康恒牙；

5. 器械或异物误入呼吸道或消化道，需全麻后内窥镜下取出；

6. 口周及颜面软组织轻度损伤；

7. 非解剖变异等因素，拔除上颌后牙时牙根或异物进入上颌窦需手术取出；

8. 组织、器官轻度损伤，行修补术后无功能障碍；

9. 一拇指末节 1/2 缺损；

10. 一手除拇指、食指外，有两指近侧指间关节无功能；

11. 一足拇趾末节缺失；

12. 软组织内异物滞留；

13. 体腔遗留异物已包裹，无需手术取出，无功能障碍；

14. 局部注射造成组织坏死，成人大于体表面积 2%，儿童大于体表面积 5%；

15. 剖宫产术引起胎儿损伤；

16. 产后胎盘残留引起大出血，无其他并发症。

最高人民法院关于审理人身损害赔偿案件适用法律若干问题的解释

（2003 年 12 月 4 日由最高人民法院审判委员会第 1299 次会议通过，根据 2020 年 12 月 23 日最高人民法院审判委员会第 1823 次会议通过的《最高人民法院关于修改〈最高人民法院关于在民事审判工作中适用《中华人民共和国工会法》若干问题的解释〉等二十七件民事类司法解释的决定》修正）

为正确审理人身损害赔偿案件，依法保护当事人的合法权益，根据《中华人民共和国民法典》《中华人民共和国民事诉讼法》等有关法律规定，结合审判实践，制定本解释。

第一条 因生命、身体、健康遭受侵害，赔偿权利人起诉请求赔偿义务人赔偿物质损害和精神损害的，人民法院应予受理。

本条所称“赔偿权利人”，是指因侵权行为或者其他致害原因直接遭受人身损害的受害人以及死亡受害人的近亲属。

本条所称“赔偿义务人”，是指因自己或者他人的侵权行为以及其他致害原因依法应当承担民事责任的自然人、法人或者非法人组织。

第二条 赔偿权利人起诉部分共同侵权人的，人民法院应当追加其他共同侵权人作为共同被告。赔偿权利人在诉讼中放弃对部分共同侵权人的诉讼请求的，其他共同侵权人对被放弃诉讼请求的被告应当承担的赔偿份额不承担连带责任。责任范围难以确定的，推定各共同侵权人承担同等责任。

人民法院应当将放弃诉讼请求的法律后果告知赔偿权利人，并将放弃诉讼请求的情况在法律文书中叙明。

第三条 依法应当参加工伤保险统筹的用人单位的劳动者，因工伤事故遭受人身损害，劳动者或者其近亲属向人民法院起诉请求用人单位承担民事赔偿责任的，告知其按《工伤保险条例》的规定处理。

因用人单位以外的第三人侵权造成劳动者人身损害，赔偿权利人请求第三人承担民事赔偿责任的，人民法院应予支持。

第四条 无偿提供劳务的帮工人，在从事帮工活动中致人损害的，被帮工人应当承担赔偿责任。被帮工人承担赔偿责任后向有故意或者重大过失的帮工人追偿的，人民法院应予支持。被帮工人明确拒绝帮工的，不承担赔偿责任。

第五条 无偿提供劳务的帮工人因帮工活动遭受人身损害的，根据帮工人和被帮工人各自的过错承担相应的责任；被帮工人明确拒绝帮工的，被帮工人不承担赔偿责任，但可以在受益范围内予以适当补偿。

帮工人在帮工活动中因第三人的行为遭受人身损害的，有权请求第三人承担赔偿责任，也有权请求被帮工人予以适当补偿。被帮工人补偿后，可以向第三人追偿。

第六条 医疗费根据医疗机构出具的医药费、住院费等收款凭证，结合病历和诊断证明等相关证据确定。赔偿义务人对治疗的必要性和合理性有异议的，应当承担相应的举证责任。

医疗费的赔偿数额，按照一审法庭辩论终结前实际发生的数额确定。器官功能恢复训练所必要的康复费、适当的整容费以及其他后续治疗费，赔偿权利人可以待实际发生后另行起诉。但根据医疗证明或者鉴定结论确定必然发生的费用，可以与已经发生的医疗费一并予以赔偿。

第七条 误工费根据受害人的误工时间和收入状况确定。

误工时间根据受害人接受治疗的医疗机构出具的证明确定。受害人因伤致残持续误工的，误工时间可以计算至定残日前一天。

受害人有固定收入的，误工费按照实际减少的收入计算。受害人无固定收入的，按照其最近三年的平均收入计算；受害人不能举证证明其最近三年的平均收入状况的，可以参照受诉法院所在地相同或者相近行业上一年度职工的平均工资计算。

第八条　护理费根据护理人员的收入状况和护理人数、护理期限确定。

护理人员有收入的，参照误工费的规定计算；护理人员没有收入或者雇佣护工的，参照当地护工从事同等级别护理的劳务报酬标准计算。护理人员原则上为一人，但医疗机构或者鉴定机构有明确意见的，可以参照确定护理人员人数。

护理期限应计算至受害人恢复生活自理能力时止。受害人因残疾不能恢复生活自理能力的，可以根据其年龄、健康状况等因素确定合理的护理期限，但最长不超过二十年。

受害人定残后的护理，应当根据其护理依赖程度并结合配制残疾辅助器具的情况确定护理级别。

第九条　交通费根据受害人及其必要的陪护人员因就医或者转院治疗实际发生的费用计算。交通费应当以正式票据为凭；有关凭据应当与就医地点、时间、人数、次数相符合。

第十条　住院伙食补助费可以参照当地国家机关一般工作人员的出差伙食补助标准予以确定。

受害人确有必要到外地治疗，因客观原因不能住院，受害人本人及其陪护人员实际发生的住宿费和伙食费，其合理部分应予赔偿。

第十一条　营养费根据受害人伤残情况参照医疗机构的意见确定。

第十二条　残疾赔偿金根据受害人丧失劳动能力程度或者伤残等级，按照受诉法院所在地上一年度城镇居民人均可支配收入或者农村居民人均纯收入标准，自定残之日起按二十年计算。但六十周岁以上的，年龄每增加一岁减少一年；七十五周岁以上的，按五年计算。

受害人因伤致残但实际收入没有减少，或者伤残等级较轻但造成职业妨害严重影响其劳动就业的，可以对残疾赔偿金作相应调整。

第十三条 残疾辅助器具费按照普通适用器具的合理费用标准计算。伤情有特殊需要的，可以参照辅助器具配制机构的意见确定相应的合理费用标准。

辅助器具的更换周期和赔偿期限参照配制机构的意见确定。

第十四条 丧葬费按照受诉法院所在地上一年度职工月平均工资标准，以六个月总额计算。

第十五条 死亡赔偿金按照受诉法院所在地上一年度城镇居民人均可支配收入或者农村居民人均纯收入标准，按二十年计算。但六十周岁以上的，年龄每增加一岁减少一年；七十五周岁以上的，按五年计算。

第十六条 被扶养人生活费计入残疾赔偿金或者死亡赔偿金。

第十七条 被扶养人生活费根据扶养人丧失劳动能力程度，按照受诉法院所在地上一年度城镇居民人均消费性支出和农村居民人均年生活消费支出标准计算。被扶养人为未成年人的，计算至十八周岁；被扶养人无劳动能力又无其他生活来源的，计算二十年。但六十周岁以上的，年龄每增加一岁减少一年；七十五周岁以上的，按五年计算。

被扶养人是指受害人依法应当承担扶养义务的未成年人或者丧失劳动能力又无其他生活来源的成年近亲属。被扶养人还有其他扶养人的，赔偿义务人只赔偿受害人依法应当负担的部分。被扶养人有数人的，年赔偿总额累计不超过上一年度城镇居民人均消费性支出额或者农村居民人均年生活消费支出额。

第十八条 赔偿权利人举证证明其住所地或者经常居住地城镇居民人均可支配收入或者农村居民人均纯收入高于受诉法院所在地标准的，残疾赔偿金或者死亡赔偿金可以按照其住所地或者经常居住地的相关标准计算。

被扶养人生活费的相关计算标准，依照前款原则确定。

第十九条 超过确定的护理期限、辅助器具费给付年限或者残疾赔偿金给付年限，赔偿权利人向人民法院起诉请求继续给付护理费、辅助器具费或者残疾赔偿金的，人民法院应予受理。赔偿权利人确需继续护理、配制辅助器具，或者没有劳动能力和生活来源的，人民法院应当判令赔偿义务人继续给付相关费用五至十年。

第二十条 赔偿义务人请求以定期金方式给付残疾赔偿金、辅助器具费的，应当提供相应的担保。人民法院可以根据赔偿义务人的给付能力和提供担保的情况，确定以定期金方式给付相关费用。但是，一审法庭辩论终结前已经发生的费用、死亡赔偿金以及精神损害抚慰金，应当一次性给付。

第二十一条 人民法院应当在法律文书中明确定期金的给付时间、方式以及每期给付标准。执行期间有关统计数据发生变化的，给付金额应当适时进行相应调整。

定期金按照赔偿权利人的实际生存年限给付，不受本解释有关赔偿期限的限制。

第二十二条 本解释所称“城镇居民人均可支配收入”“农村居民人均纯收入”“城镇居民人均消费性支出”“农村居民人均年生活消费支出”“职工平均工资”，按照政府统计部门公布的各省、自治区、直辖市以及经济特区和计划单列市上一年度相关统计数据确定。

“上一年度”，是指一审法庭辩论终结时的上一统计年度。

第二十三条 精神损害抚慰金适用《最高人民法院关于确定民事侵权精神损害赔偿责任若干问题的解释》予以确定。

第二十四条 本解释自 2004 年 5 月 1 日起施行。2004 年 5 月 1 日后新受理的一审人身损害赔偿案件，适用本解释的规定。已经作出生效裁判的人身损害赔偿案件依法再审的，不适用本解释的规定。

在本解释公布施行之前已经生效施行的司法解释，其内容与本解释不一致的，以本解释为准。

最高人民法院关于确定民事侵权精神损害赔偿责任若干问题的解释

（2001年2月26日由最高人民法院审判委员会第1161次会议通过，根据2020年12月23日最高人民法院审判委员会第1823次会议通过的《最高人民法院关于修改〈最高人民法院关于在民事审判工作中适用《中华人民共和国工会法》若干问题的解释〉等二十七件民事类司法解释的决定》修正）

为在审理民事侵权案件中正确确定精神损害赔偿责任，根据《中华人民共和国民法典》等有关法律规定，结合审判实践，制定本解释。

第一条 因人身权益或者具有人身意义的特定物受到侵害，自然人或者其近亲属向人民法院提起诉讼请求精神损害赔偿的，人民法院应当依法予以受理。

第二条 非法使被监护人脱离监护，导致亲子关系或者近亲属间的亲属关系遭受严重损害，监护人向人民法院起诉请求赔偿精神损害的，人民法院应当依法予以受理。

第三条 死者的姓名、肖像、名誉、荣誉、隐私、遗体、遗骨等受到侵害，其近亲属向人民法院提起诉讼请求精神损害赔偿的，人民法院应当依法予以支持。

第四条 法人或者非法人组织以名誉权、荣誉权、名称权遭受侵害为由，向人民法院起诉请求精神损害赔偿的，人民法院不予支持。

第五条　精神损害的赔偿数额根据以下因素确定：

（一）侵权人的过错程度，但是法律另有规定的除外；

（二）侵权行为的目的、方式、场合等具体情节；

（三）侵权行为所造成的后果；

（四）侵权人的获利情况；

（五）侵权人承担责任的经济能力；

（六）受理诉讼法院所在地的平均生活水平。

第六条　在本解释公布施行之前已经生效施行的司法解释，其内容有与本解释不一致的，以本解释为准。

医疗机构病历管理规定

第一章 总 则

第一条 为加强医疗机构病历管理，保障医疗质量与安全，维护医患双方的合法权益，制定本规定。

第二条 病历是指医务人员在医疗活动过程中形成的文字、符号、图表、影像、切片等资料的总和，包括门（急）诊病历和住院病历。病历归档以后形成病案。

第三条 本规定适用于各级各类医疗机构对病历的管理。

第四条 按照病历记录形式不同，可区分为纸质病历和电子病历。电子病历与纸质病历具有同等效力。

第五条 医疗机构应当建立健全病历管理制度，设置病案管理部门或者配备专（兼）职人员，负责病历和病案管理工作。

医疗机构应当建立病历质量定期检查、评估与反馈制度。医疗机构医务部门负责病历的质量管理。

第六条 医疗机构及其医务人员应当严格保护患者隐私，禁止以非医疗、教学、研究目的泄露患者的病历资料。

第二章 病历的建立

第七条 医疗机构应当建立门（急）诊病历和住院病历编号制度，为同一患者建立唯一的标识号码。已建立电子病历的医疗机构，应当将病历标识号码与患者身份证明编号相关联，使用标识号码和身份证明编号均能对病历进行检索。

门（急）诊病历和住院病历应当标注页码或者电子页码。

第八条　医务人员应当按照《病历书写基本规范》、《中医病历书写基本规范》、《电子病历基本规范（试行）》和《中医电子病历基本规范（试行）》要求书写病历。

第九条　住院病历应当按照以下顺序排序：体温单、医嘱单、入院记录、病程记录、术前讨论记录、手术同意书、麻醉同意书、麻醉术前访视记录、手术安全核查记录、手术清点记录、麻醉记录、手术记录、麻醉术后访视记录、术后病程记录、病重（病危）患者护理记录、出院记录、死亡记录、输血治疗知情同意书、特殊检查（特殊治疗）同意书、会诊记录、病危（重）通知书、病理资料、辅助检查报告单、医学影像检查资料。

病案应当按照以下顺序装订保存：住院病案首页、入院记录、病程记录、术前讨论记录、手术同意书、麻醉同意书、麻醉术前访视记录、手术安全核查记录、手术清点记录、麻醉记录、手术记录、麻醉术后访视记录、术后病程记录、出院记录、死亡记录、死亡病例讨论记录、输血治疗知情同意书、特殊检查（特殊治疗）同意书、会诊记录、病危（重）通知书、病理资料、辅助检查报告单、医学影像检查资料、体温单、医嘱单、病重（病危）患者护理记录。

第三章　病历的保管

第十条　门（急）诊病历原则上由患者负责保管。医疗机构建有门（急）诊病历档案室或者已建立门（急）诊电子病历的，经患者或者其法定代理人同意，其门（急）诊病历可以由医疗机构负责保管。

住院病历由医疗机构负责保管。

第十一条　门（急）诊病历由患者保管的，医疗机构应当将检查检验结果及时交由患者保管。

第十二条 门（急）诊病历由医疗机构保管的，医疗机构应当在收到检查检验结果后24小时内，将检查检验结果归入或者录入门（急）诊病历，并在每次诊疗活动结束后首个工作日内将门（急）诊病历归档。

第十三条 患者住院期间，住院病历由所在病区统一保管。因医疗活动或者工作需要，须将住院病历带离病区时，应当由病区指定的专门人员负责携带和保管。

医疗机构应当在收到住院患者检查检验结果和相关资料后24小时内归入或者录入住院病历。

患者出院后，住院病历由病案管理部门或者专（兼）职人员统一保存、管理。

第十四条 医疗机构应当严格病历管理，任何人不得随意涂改病历，严禁伪造、隐匿、销毁、抢夺、窃取病历。

第四章 病历的借阅与复制

第十五条 除为患者提供诊疗服务的医务人员，以及经卫生计生行政部门、中医药管理部门或者医疗机构授权的负责病案管理、医疗管理的部门或者人员外，其他任何机构和个人不得擅自查阅患者病历。

第十六条 其他医疗机构及医务人员因科研、教学需要查阅、借阅病历的，应当向患者就诊医疗机构提出申请，经同意并办理相应手续后方可查阅、借阅。查阅后应当立即归还，借阅病历应当在3个工作日内归还。查阅的病历资料不得带离患者就诊医疗机构。

第十七条 医疗机构应当受理下列人员和机构复制或者查阅病历资料的申请，并依规定提供病历复制或者查阅服务：

（一）患者本人或者其委托代理人；

（二）死亡患者法定继承人或者其代理人。

第十八条 医疗机构应当指定部门或者专（兼）职人员负责受理复制病历资料的申请。受理申请时，应当要求申请人提供有关证明材料，并对申请材料的形式进行审核。

（一）申请人为患者本人的，应当提供其有效身份证明；

（二）申请人为患者代理人的，应当提供患者及其代理人的有效身份证明，以及代理人与患者代理关系的法定证明材料和授权委托书；

（三）申请人为死亡患者法定继承人的，应当提供患者死亡证明、死亡患者法定继承人的有效身份证明，死亡患者与法定继承人关系的法定证明材料；

（四）申请人为死亡患者法定继承人代理人的，应当提供患者死亡证明、死亡患者法定继承人及其代理人的有效身份证明，死亡患者与法定继承人关系的法定证明材料，代理人与法定继承人代理关系的法定证明材料及授权委托书。

第十九条　医疗机构可以为申请人复制门（急）诊病历和住院病历中的体温单、医嘱单、住院志（入院记录）、手术同意书、麻醉同意书、麻醉记录、手术记录、病重（病危）患者护理记录、出院记录、输血治疗知情同意书、特殊检查（特殊治疗）同意书、病理报告、检验报告等辅助检查报告单、医学影像检查资料等病历资料。

第二十条　公安、司法、人力资源社会保障、保险以及负责医疗事故技术鉴定的部门，因办理案件、依法实施专业技术鉴定、医疗保险审核或仲裁、商业保险审核等需要，提出审核、查阅或者复制病历资料要求的，经办人员提供以下证明材料后，医疗机构可以根据需要提供患者部分或全部病历：

（一）该行政机关、司法机关、保险或者负责医疗事故技术鉴定部门出具的调取病历的法定证明；

（二）经办人本人有效身份证明；

（三）经办人本人有效工作证明（需与该行政机关、司法机关、保险或者负责医疗事故技术鉴定部门一致）。

保险机构因商业保险审核等需要，提出审核、查阅或者复制病历资料要求的，还应当提供保险合同复印件、患者本人或者其代理人同意的法定证明材料；患者死亡的，应当提供保险合同复印件、死亡患者法定继承人或者其代理人同意的法定证明材料。合同或者法律另有规定的除外。

第二十一条 按照《病历书写基本规范》和《中医病历书写基本规范》要求，病历尚未完成，申请人要求复制病历时，可以对已完成病历先行复制，在医务人员按照规定完成病历后，再对新完成部分进行复制。

第二十二条 医疗机构受理复制病历资料申请后，由指定部门或者专（兼）职人员通知病案管理部门或专（兼）职人员，在规定时间内将需要复制的病历资料送至指定地点，并在申请人在场的情况下复制；复制的病历资料经申请人和医疗机构双方确认无误后，加盖医疗机构证明印记。

第二十三条 医疗机构复制病历资料，可以按照规定收取工本费。

第五章　病历的封存与启封

第二十四条 依法需要封存病历时，应当在医疗机构或者其委托代理人、患者或者其代理人在场的情况下，对病历共同进行确认，签封病历复制件。

医疗机构申请封存病历时，医疗机构应当告知患者或者其代理人共同实施病历封存；但患者或者其代理人拒绝或者放弃实施病历封存的，医疗机构可以在公证机构公证的情况下，对病历进行确认，由公证机构签封病历复制件。

第二十五条 医疗机构负责封存病历复制件的保管。

第二十六条 封存后病历的原件可以继续记录和使用。

按照《病历书写基本规范》和《中医病历书写基本规范》要求，病历尚未完成，需要封存病历时，可以对已完成病历先行封存，当医师按照规定完成病历后，再对新完成部分进行封存。

第二十七条 开启封存病历应当在签封各方在场的情况下实施。

第六章　病历的保存

第二十八条 医疗机构可以采用符合档案管理要求的缩微技术等对纸质病历进行处理后保存。

第二十九条　门（急）诊病历由医疗机构保管的，保存时间自患者最后一次就诊之日起不少于15年；住院病历保存时间自患者最后一次住院出院之日起不少于30年。

第三十条　医疗机构变更名称时，所保管的病历应当由变更后医疗机构继续保管。

医疗机构撤销后，所保管的病历可以由省级卫生计生行政部门、中医药管理部门或者省级卫生计生行政部门、中医药管理部门指定的机构按照规定妥善保管。

第七章　附　　则

第三十一条　本规定由国家卫生计生委负责解释。

第三十二条　本规定自2014年1月1日起施行。原卫生部和国家中医药管理局于2002年公布的《医疗机构病历管理规定》（卫医发〔2002〕193号）同时废止。

中华人民共和国执业医师法

（1998年6月26日第九届全国人民代表大会常务委员会第三次会议通过 1998年6月26日中华人民共和国主席令第五号公布 根据2009年8月27日中华人民共和国主席令第十八号第十一届全国人民代表大会常务委员会第十次会议《关于修改部分法律的决定》修正）

目　　录

第一章　总　　则

第一条　为了加强医师队伍的建设，提高医师的职业道德和业务素质，保障医师的合法权益，保护人民健康，制定本法。

第二条　依法取得执业医师资格或者执业助理医师资格，经注册在医疗、预防、保健机构中执业的专业医务人员，适用本法。

本法所称医师，包括执业医师和执业助理医师。

第三条　医师应当具备良好的职业道德和医疗执业水平，发扬人道主义精神，履行防病治病、救死扶伤、保护人民健康的神圣职责。

全社会应当尊重医师。医师依法履行职责，受法律保护。

第四条　国务院卫生行政部门主管全国的医师工作。

县级以上地方人民政府卫生行政部门负责管理本行政区域内的医师工作。

第五条　国家对在医疗、预防、保健工作中作出贡献的医师，给予奖励。

第六条　医师的医学专业技术职称和医学专业技术职务的评定、聘任，按照国家有关规定办理。

第七条　医师可以依法组织和参加医师协会。

第二章　考试和注册

第八条　国家实行医师资格考试制度。医师资格考试分为执业医师资格考试和执业助理医师资格考试。

医师资格统一考试的办法，由国务院卫生行政部门制定。医师资格考试由省级以上人民政府卫生行政部门组织实施。

第九条　具有下列条件之一的，可以参加执业医师资格考试：

（一）具有高等学校医学专业本科以上学历，在执业医师指导下，在医疗、预防、保健机构中试用期满一年的；

（二）取得执业助理医师执业证书后，具有高等学校医学专科学历，在医疗、预防、保健机构中工作满二年的；具有中等专业学校医学专业学历，在医疗、预防、保健机构中工作满五年的。

第十条　具有高等学校医学专科学历或者中等专业学校医学专业学历，在执业医师指导下，在医疗、预防、保健机构中试用期满一年的，可以参加执业助理医师资格考试。

第十一条　以师承方式学习传统医学满三年或者经多年实践医术确有

专长的，经县级以上人民政府卫生行政部门确定的传统医学专业组织或者医疗、预防、保健机构考核合格并推荐，可以参加执业医师资格或者执业助理医师资格考试。考试的内容和办法由国务院卫生行政部门另行制定。

第十二条 医师资格考试成绩合格，取得执业医师资格或者执业助理医师资格。

第十三条 国家实行医师执业注册制度。

取得医师资格的，可以向所在地县级以上人民政府卫生行政部门申请注册。

除有本法第十五条规定的情形外，受理申请的卫生行政部门应当自收到申请之日起三十日内准予注册，并发给由国务院卫生行政部门统一印制的医师执业证书。

医疗、预防、保健机构可以为本机构中的医师集体办理注册手续。

第十四条 医师经注册后，可以在医疗、预防、保健机构中按照注册的执业地点、执业类别、执业范围执业，从事相应的医疗、预防、保健业务。

未经医师注册取得执业证书，不得从事医师执业活动。

第十五条 有下列情形之一的，不予注册：

（一）不具有完全民事行为能力的；

（二）因受刑事处罚，自刑罚执行完毕之日起至申请注册之日止不满二年的；

（三）受吊销医师执业证书行政处罚，自处罚决定之日起至申请注册之日止不满二年的；

（四）有国务院卫生行政部门规定不宜从事医疗、预防、保健业务的其他情形的。

受理申请的卫生行政部门对不符合条件不予注册的，应当自收到申请之日起三十日内书面通知申请人，并说明理由。申请人有异议的，可以自收到通知之日起十五日内，依法申请复议或者向人民法院提起诉讼。

第十六条 医师注册后有下列情形之一的，其所在的医疗、预防、保健机构应当在三十日内报告准予注册的卫生行政部门，卫生行政部门应当注销注册，收回医师执业证书：

（一）死亡或者被宣告失踪的；

（二）受刑事处罚的；

（三）受吊销医师执业证书行政处罚的；

（四）依照本法第三十一条规定暂停执业活动期满，再次考核仍不合格的；

（五）中止医师执业活动满二年的；

（六）有国务院卫生行政部门规定不宜从事医疗、预防、保健业务的其他情形的。

被注销注册的当事人有异议的，可以自收到注销注册通知之日起十五日内，依法申请复议或者向人民法院提起诉讼。

第十七条　医师变更执业地点、执业类别、执业范围等注册事项的，应当到准予注册的卫生行政部门依照本法第十三条的规定办理变更注册手续。

第十八条　中止医师执业活动二年以上以及有本法第十五条规定情形消失的，申请重新执业，应当由本法第三十一条规定的机构考核合格，并依照本法第十三条的规定重新注册。

第十九条　申请个体行医的执业医师，须经注册后在医疗、预防、保健机构中执业满五年，并按照国家有关规定办理审批手续；未经批准，不得行医。

县级以上地方人民政府卫生行政部门对个体行医的医师，应当按照国务院卫生行政部门的规定，经常监督检查，凡发现有本法第十六条规定的情形的，应当及时注销注册，收回医师执业证书。

第二十条　县级以上地方人民政府卫生行政部门应当将准予注册和注销注册的人员名单予以公告，并由省级人民政府卫生行政部门汇总，报国务院卫生行政部门备案。

第三章 执业规则

第二十一条 医师在执业活动中享有下列权利：

（一）在注册的执业范围内，进行医学诊查、疾病调查、医学处置、出具相应的医学证明文件，选择合理的医疗、预防、保健方案；

（二）按照国务院卫生行政部门规定的标准，获得与本人执业活动相当的医疗设备基本条件；

（三）从事医学研究、学术交流，参加专业学术团体；

（四）参加专业培训，接受继续医学教育；

（五）在执业活动中，人格尊严、人身安全不受侵犯；

（六）获取工资报酬和津贴，享受国家规定的福利待遇；

（七）对所在机构的医疗、预防、保健工作和卫生行政部门的工作提出意见和建议，依法参与所在机构的民主管理。

第二十二条 医师在执业活动中履行下列义务：

（一）遵守法律、法规，遵守技术操作规范；

（二）树立敬业精神，遵守职业道德，履行医师职责，尽职尽责为患者服务；

（三）关心、爱护、尊重患者，保护患者的隐私；

（四）努力钻研业务，更新知识，提高专业技术水平；

（五）宣传卫生保健知识，对患者进行健康教育。

第二十三条 医师实施医疗、预防、保健措施，签署有关医学证明文件，必须亲自诊查、调查，并按照规定及时填写医学文书，不得隐匿、伪造或者销毁医学文书及有关资料。

医师不得出具与自己执业范围无关或者与执业类别不相符的医学证明文件。

第二十四条 对急危患者，医师应当采取紧急措施进行诊治；不得拒绝急救处置。

第二十五条 医师应当使用经国家有关部门批准使用的药品、消毒药剂和医疗器械。

除正当诊断治疗外，不得使用麻醉药品、医疗用毒性药品、精神药品和放射性药品。

第二十六条　医师应当如实向患者或者其家属介绍病情，但应注意避免对患者产生不利后果。

医师进行实验性临床医疗，应当经医院批准并征得患者本人或者其家属同意。

第二十七条　医师不得利用职务之便，索取、非法收受患者财物或者牟取其他不正当利益。

第二十八条　遇有自然灾害、传染病流行、突发重大伤亡事故及其他严重威胁人民生命健康的紧急情况时，医师应当服从县级以上人民政府卫生行政部门的调遣。

第二十九条　医师发生医疗事故或者发现传染病疫情时，应当按照有关规定及时向所在机构或者卫生行政部门报告。

医师发现患者涉嫌伤害事件或者非正常死亡时，应当按照有关规定向有关部门报告。

第三十条　执业助理医师应当在执业医师的指导下，在医疗、预防、保健机构中按照其执业类别执业。

在乡、民族乡、镇的医疗、预防、保健机构中工作的执业助理医师，可以根据医疗诊治的情况和需要，独立从事一般的执业活动。

第四章　考核和培训

第三十一条　受县级以上人民政府卫生行政部门委托的机构或者组织应当按照医师执业标准，对医师的业务水平、工作成绩和职业道德状况进行定期考核。

对医师的考核结果，考核机构应当报告准予注册的卫生行政部门备案。

对考核不合格的医师，县级以上人民政府卫生行政部门可以责令其暂停执业活动三个月至六个月，并接受培训和继续医学教育。暂停执业活动期满，再次进行考核，对考核合格的，允许其继续执业；对考核不合格的，由县级以上人民政府卫生行政部门注销注册，收回医师执业证书。

第三十二条 县级以上人民政府卫生行政部门负责指导、检查和监督医师考核工作。

第三十三条 医师有下列情形之一的，县级以上人民政府卫生行政部门应当给予表彰或者奖励：

（一）在执业活动中，医德高尚，事迹突出的；

（二）对医学专业技术有重大突破，作出显著贡献的；

（三）遇有自然灾害、传染病流行、突发重大伤亡事故及其他严重威胁人民生命健康的紧急情况时，救死扶伤、抢救诊疗表现突出的；

（四）长期在边远贫困地区、少数民族地区条件艰苦的基层单位努力工作的；

（五）国务院卫生行政部门规定应当予以表彰或者奖励的其他情形的。

第三十四条 县级以上人民政府卫生行政部门应当制定医师培训计划，对医师进行多种形式的培训，为医师接受继续医学教育提供条件。

县级以上人民政府卫生行政部门应当采取有力措施，对在农村和少数民族地区从事医疗、预防、保健业务的医务人员实施培训。

第三十五条 医疗、预防、保健机构应当按照规定和计划保证本机构医师的培训和继续医学教育。

县级以上人民政府卫生行政部门委托的承担医师考核任务的医疗卫生机构，应当为医师的培训和接受继续医学教育提供和创造条件。

第五章 法律责任

第三十六条 以不正当手段取得医师执业证书的，由发给证书的卫生行政部门予以吊销；对负有直接责任的主管人员和其他直接责任人员，依法给予行政处分。

第三十七条 医师在执业活动中，违反本法规定，有下列行为之一的，由县级以上人民政府卫生行政部门给予警告或者责令暂停六个月以上一年以下执业活动；情节严重的，吊销其执业证书；构成犯罪的，依法追究刑事责任：

（一）违反卫生行政规章制度或者技术操作规范，造成严重后果的；

（二）由于不负责任延误急危患者的抢救和诊治，造成严重后果的；

（三）造成医疗责任事故的；

（四）未经亲自诊查、调查，签署诊断、治疗、流行病学等证明文件或者有关出生、死亡等证明文件的；

（五）隐匿、伪造或者擅自销毁医学文书及有关资料的；

（六）使用未经批准使用的药品、消毒药剂和医疗器械的；

（七）不按照规定使用麻醉药品、医疗用毒性药品、精神药品和放射性药品的；

（八）未经患者或者其家属同意，对患者进行实验性临床医疗的；

（九）泄露患者隐私，造成严重后果的；

（十）利用职务之便，索取、非法收受患者财物或者牟取其他不正当利益的；

（十一）发生自然灾害、传染病流行、突发重大伤亡事故以及其他严重威胁人民生命健康的紧急情况时，不服从卫生行政部门调遣的；

（十二）发生医疗事故或者发现传染病疫情，患者涉嫌伤害事件或者非正常死亡，不按照规定报告的。

第三十八条 医师在医疗、预防、保健工作中造成事故的，依照法律或者国家有关规定处理。

第三十九条 未经批准擅自开办医疗机构行医或者非医师行医的，由县级以上人民政府卫生行政部门予以取缔，没收其违法所得及其药品、器械，并处十万元以下的罚款；对医师吊销其执业证书；给患者造成损害的，依法承担赔偿责任；构成犯罪的，依法追究刑事责任。

第四十条 阻碍医师依法执业，侮辱、诽谤、威胁、殴打医师或者侵犯医师人身自由、干扰医师正常工作、生活的，依照治安管理处罚法的规定处罚；构成犯罪的，依法追究刑事责任。

第四十一条 医疗、预防、保健机构未依照本法第十六条的规定履行报告职责，导致严重后果的，由县级以上人民政府卫生行政部门给予警告；并对该机构的行政负责人依法给予行政处分。

第四十二条 卫生行政部门工作人员或者医疗、预防、保健机构工作人员违反本法有关规定，弄虚作假、玩忽职守、滥用职权、徇私舞弊，尚不构成犯罪的，依法给予行政处分；构成犯罪的，依法追究刑事责任。

第六章 附 则

第四十三条 本法颁布之日前按照国家有关规定取得医学专业技术职称和医学专业技术职务的人员，由所在机构报请县级以上人民政府卫生行政部门认定，取得相应的医师资格。其中在医疗、预防、保健机构中从事医疗、预防、保健业务的医务人员，依照本法规定的条件，由所在机构集体核报县级以上人民政府卫生行政部门，予以注册并发给医师执业证书。具体办法由国务院卫生行政部门会同国务院人事行政部门制定。

第四十四条 计划生育技术服务机构中的医师，适用本法。

第四十五条 在乡村医疗卫生机构中向村民提供预防、保健和一般医疗服务的乡村医生，符合本法有关规定的，可以依法取得执业医师资格或者执业助理医师资格；不具备本法规定的执业医师资格或者执业助理医师资格的乡村医生，由国务院另行制定管理办法。

第四十六条 军队医师执行本法的实施办法，由国务院、中央军事委员会依据本法的原则制定。

第四十七条 境外人员在中国境内申请医师考试、注册、执业或者从事临床示教、临床研究等活动的，按照国家有关规定办理。

第四十八条 本法自 1999 年 5 月 1 日起施行。

最高人民法院关于审理医疗损害责任纠纷案件适用法律若干问题的解释

（2017年3月27日由最高人民法院审判委员会第1713次会议通过，根据2020年12月23日最高人民法院审判委员会第1823次会议通过的《最高人民法院关于修改〈最高人民法院关于在民事审判工作中适用《中华人民共和国工会法》若干问题的解释〉等二十七件民事类司法解释的决定》修正）

为正确审理医疗损害责任纠纷案件，依法维护当事人的合法权益，推动构建和谐医患关系，促进卫生健康事业发展，根据《中华人民共和国民法典》《中华人民共和国民事诉讼法》等法律规定，结合审判实践，制定本解释。

第一条 患者以在诊疗活动中受到人身或者财产损害为由请求医疗机构，医疗产品的生产者、销售者、药品上市许可持有人或者血液提供机构承担侵权责任的案件，适用本解释。

患者以在美容医疗机构或者开设医疗美容科室的医疗机构实施的医疗美容活动中受到人身或者财产损害为由提起的侵权纠纷案件，适用本解释。

当事人提起的医疗服务合同纠纷案件，不适用本解释。

第二条 患者因同一伤病在多个医疗机构接受诊疗受到损害，起诉部分或者全部就诊的医疗机构的，应予受理。

患者起诉部分就诊的医疗机构后，当事人依法申请追加其他就诊的医疗机构为共同被告或者第三人的，应予准许。必要时，人民法院可以依法追加相关当事人参加诉讼。

第三条 患者因缺陷医疗产品受到损害，起诉部分或者全部医疗产品的生产者、销售者、药品上市许可持有人和医疗机构的，应予受理。

患者仅起诉医疗产品的生产者、销售者、药品上市许可持有人、医疗机构中部分主体，当事人依法申请追加其他主体为共同被告或者第三人的，应予准许。必要时，人民法院可以依法追加相关当事人参加诉讼。

患者因输入不合格的血液受到损害提起侵权诉讼的，参照适用前两款规定。

第四条 患者依据民法典第一千二百一十八条规定主张医疗机构承担赔偿责任的，应当提交到该医疗机构就诊、受到损害的证据。

患者无法提交医疗机构或者其医务人员有过错、诊疗行为与损害之间具有因果关系的证据，依法提出医疗损害鉴定申请的，人民法院应予准许。

医疗机构主张不承担责任的，应当就民法典第一千二百二十四条第一款规定情形等抗辩事由承担举证证明责任。

第五条 患者依据民法典第一千二百一十九条规定主张医疗机构承担赔偿责任的，应当按照前条第一款规定提交证据。

实施手术、特殊检查、特殊治疗的，医疗机构应当承担说明义务并取得患者或者患者近亲属明确同意，但属于民法典第一千二百二十条规定情形的除外。医疗机构提交患者或者患者近亲属明确同意证据的，人民法院可以认定医疗机构尽到说明义务，但患者有相反证据足以反驳的除外。

第六条 民法典第一千二百二十二条规定的病历资料包括医疗机构保管的门诊病历、住院志、体温单、医嘱单、检验报告、医学影像检查资料、特殊检查（治疗）同意书、手术同意书、手术及麻醉记录、病理资料、护理记录、出院记录以及国务院卫生行政主管部门规定的其他病历资料。

患者依法向人民法院申请医疗机构提交由其保管的与纠纷有关的病历资料等，医疗机构未在人民法院指定期限内提交的，人民法院可以依照民法典第一千二百二十二条第二项规定推定医疗机构有过错，但是因不可抗力等客观原因无法提交的除外。

第七条　患者依据民法典第一千二百二十三条规定请求赔偿的，应当提交使用医疗产品或者输入血液、受到损害的证据。

患者无法提交使用医疗产品或者输入血液与损害之间具有因果关系的证据，依法申请鉴定的，人民法院应予准许。

医疗机构，医疗产品的生产者、销售者、药品上市许可持有人或者血液提供机构主张不承担责任的，应当对医疗产品不存在缺陷或者血液合格等抗辩事由承担举证证明责任。

第八条　当事人依法申请对医疗损害责任纠纷中的专门性问题进行鉴定的，人民法院应予准许。

当事人未申请鉴定，人民法院对前款规定的专门性问题认为需要鉴定的，应当依职权委托鉴定。

第九条　当事人申请医疗损害鉴定的，由双方当事人协商确定鉴定人。

当事人就鉴定人无法达成一致意见，人民法院提出确定鉴定人的方法，当事人同意的，按照该方法确定；当事人不同意的，由人民法院指定。

鉴定人应当从具备相应鉴定能力、符合鉴定要求的专家中确定。

第十条　委托医疗损害鉴定的，当事人应当按照要求提交真实、完整、充分的鉴定材料。提交的鉴定材料不符合要求的，人民法院应当通知当事人更换或者补充相应材料。

在委托鉴定前，人民法院应当组织当事人对鉴定材料进行质证。

第十一条　委托鉴定书，应当有明确的鉴定事项和鉴定要求。鉴定人应当按照委托鉴定的事项和要求进行鉴定。

下列专门性问题可以作为申请医疗损害鉴定的事项：

（一）实施诊疗行为有无过错；

（二）诊疗行为与损害后果之间是否存在因果关系以及原因力大小；

（三）医疗机构是否尽到了说明义务、取得患者或者患者近亲属明确同意的义务；

（四）医疗产品是否有缺陷、该缺陷与损害后果之间是否存在因果关系以及原因力的大小；

（五）患者损伤残疾程度；

（六）患者的护理期、休息期、营养期；

（七）其他专门性问题。

鉴定要求包括鉴定人的资质、鉴定人的组成、鉴定程序、鉴定意见、鉴定期限等。

第十二条 鉴定意见可以按照导致患者损害的全部原因、主要原因、同等原因、次要原因、轻微原因或者与患者损害无因果关系，表述诊疗行为或者医疗产品等造成患者损害的原因力大小。

第十三条 鉴定意见应当经当事人质证。

当事人申请鉴定人出庭作证，经人民法院审查同意，或者人民法院认为鉴定人有必要出庭的，应当通知鉴定人出庭作证。双方当事人同意鉴定人通过书面说明、视听传输技术或者视听资料等方式作证的，可以准许。

鉴定人因健康原因、自然灾害等不可抗力或者其他正当理由不能按期出庭的，可以延期开庭；经人民法院许可，也可以通过书面说明、视听传输技术或者视听资料等方式作证。

无前款规定理由，鉴定人拒绝出庭作证，当事人对鉴定意见又不认可的，对该鉴定意见不予采信。

第十四条 当事人申请通知一至二名具有医学专门知识的人出庭，对鉴定意见或者案件的其他专门性事实问题提出意见，人民法院准许的，应当通知具有医学专门知识的人出庭。

前款规定的具有医学专门知识的人提出的意见，视为当事人的陈述，经质证可以作为认定案件事实的根据。

第十五条　当事人自行委托鉴定人作出的医疗损害鉴定意见，其他当事人认可的，可予采信。

当事人共同委托鉴定人作出的医疗损害鉴定意见，一方当事人不认可的，应当提出明确的异议内容和理由。经审查，有证据足以证明异议成立的，对鉴定意见不予采信；异议不成立的，应予采信。

第十六条　对医疗机构或者其医务人员的过错，应当依据法律、行政法规、规章以及其他有关诊疗规范进行认定，可以综合考虑患者病情的紧急程度、患者个体差异、当地的医疗水平、医疗机构与医务人员资质等因素。

第十七条　医务人员违反民法典第一千二百一十九条第一款规定义务，但未造成患者人身损害，患者请求医疗机构承担损害赔偿责任的，不予支持。

第十八条　因抢救生命垂危的患者等紧急情况且不能取得患者意见时，下列情形可以认定为民法典第一千二百二十条规定的不能取得患者近亲属意见：

（一）近亲属不明的；

（二）不能及时联系到近亲属的；

（三）近亲属拒绝发表意见的；

（四）近亲属达不成一致意见的；

（五）法律、法规规定的其他情形。

前款情形，医务人员经医疗机构负责人或者授权的负责人批准立即实施相应医疗措施，患者因此请求医疗机构承担赔偿责任的，不予支持；医疗机构及其医务人员怠于实施相应医疗措施造成损害，患者请求医疗机构承担赔偿责任的，应予支持。

第十九条　两个以上医疗机构的诊疗行为造成患者同一损害，患者请求医疗机构承担赔偿责任的，应当区分不同情况，依照民法典第一千一百六十八条、第一千一百七十一条或者第一千一百七十二条的规定，确定各医疗机构承担的赔偿责任。

第二十条 医疗机构邀请本单位以外的医务人员对患者进行诊疗，因受邀医务人员的过错造成患者损害的，由邀请医疗机构承担赔偿责任。

第二十一条 因医疗产品的缺陷或者输入不合格血液受到损害，患者请求医疗机构，缺陷医疗产品的生产者、销售者、药品上市许可持有人或者血液提供机构承担赔偿责任的，应予支持。

医疗机构承担赔偿责任后，向缺陷医疗产品的生产者、销售者、药品上市许可持有人或者血液提供机构追偿的，应予支持。

因医疗机构的过错使医疗产品存在缺陷或者血液不合格，医疗产品的生产者、销售者、药品上市许可持有人或者血液提供机构承担赔偿责任后，向医疗机构追偿的，应予支持。

第二十二条 缺陷医疗产品与医疗机构的过错诊疗行为共同造成患者同一损害，患者请求医疗机构与医疗产品的生产者、销售者、药品上市许可持有人承担连带责任的，应予支持。

医疗机构或者医疗产品的生产者、销售者、药品上市许可持有人承担赔偿责任后，向其他责任主体追偿的，应当根据诊疗行为与缺陷医疗产品造成患者损害的原因力大小确定相应的数额。

输入不合格血液与医疗机构的过错诊疗行为共同造成患者同一损害的，参照适用前两款规定。

第二十三条 医疗产品的生产者、销售者、药品上市许可持有人明知医疗产品存在缺陷仍然生产、销售，造成患者死亡或者健康严重损害，被侵权人请求生产者、销售者、药品上市许可持有人赔偿损失及二倍以下惩罚性赔偿的，人民法院应予支持。

第二十四条 被侵权人同时起诉两个以上医疗机构承担赔偿责任，人民法院经审理，受诉法院所在地的医疗机构依法不承担赔偿责任，其他医疗机构承担赔偿责任的，残疾赔偿金、死亡赔偿金的计算，按下列情形分别处理：

（一）一个医疗机构承担责任的，按照该医疗机构所在地的赔偿标准执行；

（二）两个以上医疗机构均承担责任的，可以按照其中赔偿标准较高的医疗机构所在地标准执行。

第二十五条　患者死亡后，其近亲属请求医疗损害赔偿的，适用本解释；支付患者医疗费、丧葬费等合理费用的人请求赔偿该费用的，适用本解释。

本解释所称的“医疗产品”包括药品、消毒产品、医疗器械等。

第二十六条　本院以前发布的司法解释与本解释不一致的，以本解释为准。

本解释施行后尚未终审的案件，适用本解释；本解释施行前已经终审，当事人申请再审或者按照审判监督程序决定再审的案件，不适用本解释。

中华人民共和国精神卫生法

（2012 年 10 月 26 日第十一届全国人民代表大会常务委员会第二十九次会议通过　根据 2018 年 4 月 27 日第十三届全国人民代表大会常务委员会第二次会议《关于修改〈中华人民共和国国境卫生检疫法〉等六部法律的决定》修正）

目　录

第一章　总　则

第一条　为了发展精神卫生事业，规范精神卫生服务，维护精神障碍患者的合法权益，制定本法。

第二条　在中华人民共和国境内开展维护和增进公民心理健康、预防和治疗精神障碍、促进精神障碍患者康复的活动，适用本法。

第三条　精神卫生工作实行预防为主的方针，坚持预防、治疗和康复相结合的原则。

第四条　精神障碍患者的人格尊严、人身和财产安全不受侵犯。

精神障碍患者的教育、劳动、医疗以及从国家和社会获得物质帮助等方面的合法权益受法律保护。

有关单位和个人应当对精神障碍患者的姓名、肖像、住址、工作单位、病历资料以及其他可能推断出其身份的信息予以保密；但是，依法履行职责需要公开的除外。

第五条　全社会应当尊重、理解、关爱精神障碍患者。

任何组织或者个人不得歧视、侮辱、虐待精神障碍患者，不得非法限制精神障碍患者的人身自由。

新闻报道和文学艺术作品等不得含有歧视、侮辱精神障碍患者的内容。

第六条　精神卫生工作实行政府组织领导、部门各负其责、家庭和单位尽力尽责、全社会共同参与的综合管理机制。

第七条　县级以上人民政府领导精神卫生工作，将其纳入国民经济和社会发展规划，建设和完善精神障碍的预防、治疗和康复服务体系，建立健全精神卫生工作协调机制和工作责任制，对有关部门承担的精神卫生工作进行考核、监督。

乡镇人民政府和街道办事处根据本地区的实际情况，组织开展预防精神障碍发生、促进精神障碍患者康复等工作。

第八条　国务院卫生行政部门主管全国的精神卫生工作。县级以上地方人民政府卫生行政部门主管本行政区域的精神卫生工作。

县级以上人民政府司法行政、民政、公安、教育、医疗保障等部门在各自职责范围内负责有关的精神卫生工作。

第九条　精神障碍患者的监护人应当履行监护职责，维护精神障碍患者的合法权益。

禁止对精神障碍患者实施家庭暴力，禁止遗弃精神障碍患者。

第十条　中国残疾人联合会及其地方组织依照法律、法规或者接受政府委托，动员社会力量，开展精神卫生工作。

村民委员会、居民委员会依照本法的规定开展精神卫生工作，并对所在地人民政府开展的精神卫生工作予以协助。

国家鼓励和支持工会、共产主义青年团、妇女联合会、红十字会、科学技术协会等团体依法开展精神卫生工作。

第十一条 国家鼓励和支持开展精神卫生专门人才的培养，维护精神卫生工作人员的合法权益，加强精神卫生专业队伍建设。

国家鼓励和支持开展精神卫生科学技术研究，发展现代医学、我国传统医学、心理学，提高精神障碍预防、诊断、治疗、康复的科学技术水平。

国家鼓励和支持开展精神卫生领域的国际交流与合作。

第十二条 各级人民政府和县级以上人民政府有关部门应当采取措施，鼓励和支持组织、个人提供精神卫生志愿服务，捐助精神卫生事业，兴建精神卫生公益设施。

对在精神卫生工作中作出突出贡献的组织、个人，按照国家有关规定给予表彰、奖励。

第二章 心理健康促进和精神障碍预防

第十三条 各级人民政府和县级以上人民政府有关部门应当采取措施，加强心理健康促进和精神障碍预防工作，提高公众心理健康水平。

第十四条 各级人民政府和县级以上人民政府有关部门制定的突发事件应急预案，应当包括心理援助的内容。发生突发事件，履行统一领导职责或者组织处置突发事件的人民政府应当根据突发事件的具体情况，按照应急预案的规定，组织开展心理援助工作。

第十五条 用人单位应当创造有益于职工身心健康的工作环境，关注职工的心理健康；对处于职业发展特定时期或者在特殊岗位工作的职工，应当有针对性地开展心理健康教育。

第十六条 各级各类学校应当对学生进行精神卫生知识教育；配备或

者聘请心理健康教育教师、辅导人员，并可以设立心理健康辅导室，对学生进行心理健康教育。学前教育机构应当对幼儿开展符合其特点的心理健康教育。

发生自然灾害、意外伤害、公共安全事件等可能影响学生心理健康的事件，学校应当及时组织专业人员对学生进行心理援助。

教师应当学习和了解相关的精神卫生知识，关注学生心理健康状况，正确引导、激励学生。地方各级人民政府教育行政部门和学校应当重视教师心理健康。

学校和教师应当与学生父母或者其他监护人、近亲属沟通学生心理健康情况。

第十七条　医务人员开展疾病诊疗服务，应当按照诊断标准和治疗规范的要求，对就诊者进行心理健康指导；发现就诊者可能患有精神障碍的，应当建议其到符合本法规定的医疗机构就诊。

第十八条　监狱、看守所、拘留所、强制隔离戒毒所等场所，应当对服刑人员，被依法拘留、逮捕、强制隔离戒毒的人员等，开展精神卫生知识宣传，关注其心理健康状况，必要时提供心理咨询和心理辅导。

第十九条　县级以上地方人民政府人力资源社会保障、教育、卫生、司法行政、公安等部门应当在各自职责范围内分别对本法第十五条至第十八条规定的单位履行精神障碍预防义务的情况进行督促和指导。

第二十条　村民委员会、居民委员会应当协助所在地人民政府及其有关部门开展社区心理健康指导、精神卫生知识宣传教育活动，创建有益于居民身心健康的社区环境。

乡镇卫生院或者社区卫生服务机构应当为村民委员会、居民委员会开展社区心理健康指导、精神卫生知识宣传教育活动提供技术指导。

第二十一条　家庭成员之间应当相互关爱，创造良好、和睦的家庭环境，提高精神障碍预防意识；发现家庭成员可能患有精神障碍的，应当帮助其及时就诊，照顾其生活，做好看护管理。

第二十二条　国家鼓励和支持新闻媒体、社会组织开展精神卫生的公益性宣传，普及精神卫生知识，引导公众关注心理健康，预防精神障碍的发生。

第二十三条 心理咨询人员应当提高业务素质，遵守执业规范，为社会公众提供专业化的心理咨询服务。

心理咨询人员不得从事心理治疗或者精神障碍的诊断、治疗。

心理咨询人员发现接受咨询的人员可能患有精神障碍的，应当建议其到符合本法规定的医疗机构就诊。

心理咨询人员应当尊重接受咨询人员的隐私，并为其保守秘密。

第二十四条 国务院卫生行政部门建立精神卫生监测网络，实行严重精神障碍发病报告制度，组织开展精神障碍发生状况、发展趋势等的监测和专题调查工作。精神卫生监测和严重精神障碍发病报告管理办法，由国务院卫生行政部门制定。

国务院卫生行政部门应当会同有关部门、组织，建立精神卫生工作信息共享机制，实现信息互联互通、交流共享。

第三章 精神障碍的诊断和治疗

第二十五条 开展精神障碍诊断、治疗活动，应当具备下列条件，并依照医疗机构的管理规定办理有关手续：

（一）有与从事的精神障碍诊断、治疗相适应的精神科执业医师、护士；

（二）有满足开展精神障碍诊断、治疗需要的设施和设备；

（三）有完善的精神障碍诊断、治疗管理制度和质量监控制度。

从事精神障碍诊断、治疗的专科医疗机构还应当配备从事心理治疗的人员。

第二十六条 精神障碍的诊断、治疗，应当遵循维护患者合法权益、尊重患者人格尊严的原则，保障患者在现有条件下获得良好的精神卫生服务。

精神障碍分类、诊断标准和治疗规范，由国务院卫生行政部门组织制定。

第二十七条 精神障碍的诊断应当以精神健康状况为依据。

除法律另有规定外，不得违背本人意志进行确定其是否患有精神障碍的医学检查。

第二十八条 除个人自行到医疗机构进行精神障碍诊断外，疑似精神障碍患者的近亲属可以将其送往医疗机构进行精神障碍诊断。对查找不到近亲属的流浪乞讨疑似精神障碍患者，由当地民政等有关部门按照职责分工，帮助送往医疗机构进行精神障碍诊断。

疑似精神障碍患者发生伤害自身、危害他人安全的行为，或者有伤害自身、危害他人安全的危险的，其近亲属、所在单位、当地公安机关应当立即采取措施予以制止，并将其送往医疗机构进行精神障碍诊断。

医疗机构接到送诊的疑似精神障碍患者，不得拒绝为其作出诊断。

第二十九条 精神障碍的诊断应当由精神科执业医师作出。

医疗机构接到依照本法第二十八条第二款规定送诊的疑似精神障碍患者，应当将其留院，立即指派精神科执业医师进行诊断，并及时出具诊断结论。

第三十条 精神障碍的住院治疗实行自愿原则。

诊断结论、病情评估表明，就诊者为严重精神障碍患者并有下列情形之一的，应当对其实施住院治疗：

（一）已经发生伤害自身的行为，或者有伤害自身的危险的；

（二）已经发生危害他人安全的行为，或者有危害他人安全的危险的。

第三十一条 精神障碍患者有本法第三十条第二款第一项情形的，经其监护人同意，医疗机构应当对患者实施住院治疗；监护人不同意的，医疗机构不得对患者实施住院治疗。监护人应当对在家居住的患者做好看护管理。

第三十二条 精神障碍患者有本法第三十条第二款第二项情形，患者或者其监护人对需要住院治疗的诊断结论有异议，不同意对患者实施住院治疗的，可以要求再次诊断和鉴定。

依照前款规定要求再次诊断的，应当自收到诊断结论之日起三日内向原医疗机构或者其他具有合法资质的医疗机构提出。承担再次诊断的医疗机构应当在接到再次诊断要求后指派二名初次诊断医师以外的精神科执业医师进行再次诊断，并及时出具再次诊断结论。承担再次诊断的执业医师应当到收治患者的医疗机构面见、询问患者，该医疗机构应当予以配合。

对再次诊断结论有异议的，可以自主委托依法取得执业资质的鉴定机构进行精神障碍医学鉴定；医疗机构应当公示经公告的鉴定机构名单和联系方式。接受委托的鉴定机构应当指定本机构具有该鉴定事项执业资格的二名以上鉴定人共同进行鉴定，并及时出具鉴定报告。

第三十三条 鉴定人应当到收治精神障碍患者的医疗机构面见、询问患者，该医疗机构应当予以配合。

鉴定人本人或者其近亲属与鉴定事项有利害关系，可能影响其独立、客观、公正进行鉴定的，应当回避。

第三十四条 鉴定机构、鉴定人应当遵守有关法律、法规、规章的规定，尊重科学，恪守职业道德，按照精神障碍鉴定的实施程序、技术方法和操作规范，依法独立进行鉴定，出具客观、公正的鉴定报告。

鉴定人应当对鉴定过程进行实时记录并签名。记录的内容应当真实、客观、准确、完整，记录的文本或者声像载体应当妥善保存。

第三十五条 再次诊断结论或者鉴定报告表明，不能确定就诊者为严重精神障碍患者，或者患者不需要住院治疗的，医疗机构不得对其实施住院治疗。

再次诊断结论或者鉴定报告表明，精神障碍患者有本法第三十条第二款第二项情形的，其监护人应当同意对患者实施住院治疗。监护人阻碍实施住院治疗或者患者擅自脱离住院治疗的，可以由公安机关协助医疗机构采取措施对患者实施住院治疗。

在相关机构出具再次诊断结论、鉴定报告前，收治精神障碍患者的医疗机构应当按照诊疗规范的要求对患者实施住院治疗。

第三十六条 诊断结论表明需要住院治疗的精神障碍患者，本人没有能力办理住院手续的，由其监护人办理住院手续；患者属于查找不到监护人的流浪乞讨人员的，由送诊的有关部门办理住院手续。

精神障碍患者有本法第三十条第二款第二项情形，其监护人不办理住院手续的，由患者所在单位、村民委员会或者居民委员会办理住院手续，并由医疗机构在患者病历中予以记录。

第三十七条　医疗机构及其医务人员应当将精神障碍患者在诊断、治疗过程中享有的权利，告知患者或者其监护人。

第三十八条　医疗机构应当配备适宜的设施、设备，保护就诊和住院治疗的精神障碍患者的人身安全，防止其受到伤害，并为住院患者创造尽可能接近正常生活的环境和条件。

第三十九条　医疗机构及其医务人员应当遵循精神障碍诊断标准和治疗规范，制定治疗方案，并向精神障碍患者或者其监护人告知治疗方案和治疗方法、目的以及可能产生的后果。

第四十条　精神障碍患者在医疗机构内发生或者将要发生伤害自身、危害他人安全、扰乱医疗秩序的行为，医疗机构及其医务人员在没有其他可替代措施的情况下，可以实施约束、隔离等保护性医疗措施。实施保护性医疗措施应当遵循诊断标准和治疗规范，并在实施后告知患者的监护人。

禁止利用约束、隔离等保护性医疗措施惩罚精神障碍患者。

第四十一条　对精神障碍患者使用药物，应当以诊断和治疗为目的，使用安全、有效的药物，不得为诊断或者治疗以外的目的使用药物。

医疗机构不得强迫精神障碍患者从事生产劳动。

第四十二条　禁止对依照本法第三十条第二款规定实施住院治疗的精神障碍患者实施以治疗精神障碍为目的的外科手术。

第四十三条　医疗机构对精神障碍患者实施下列治疗措施，应当向患者或者其监护人告知医疗风险、替代医疗方案等情况，并取得患者的书面同意；无法取得患者意见的，应当取得其监护人的书面同意，并经本医疗机构伦理委员会批准：

（一）导致人体器官丧失功能的外科手术；

（二）与精神障碍治疗有关的实验性临床医疗。

实施前款第一项治疗措施，因情况紧急查找不到监护人的，应当取得本医疗机构负责人和伦理委员会批准。

禁止对精神障碍患者实施与治疗其精神障碍无关的实验性临床医疗。

第四十四条 自愿住院治疗的精神障碍患者可以随时要求出院，医疗机构应当同意。

对有本法第三十条第二款第一项情形的精神障碍患者实施住院治疗的，监护人可以随时要求患者出院，医疗机构应当同意。

医疗机构认为前两款规定的精神障碍患者不宜出院的，应当告知不宜出院的理由；患者或者其监护人仍要求出院的，执业医师应当在病历资料中详细记录告知的过程，同时提出出院后的医学建议，患者或者其监护人应当签字确认。

对有本法第三十条第二款第二项情形的精神障碍患者实施住院治疗，医疗机构认为患者可以出院的，应当立即告知患者及其监护人。

医疗机构应当根据精神障碍患者病情，及时组织精神科执业医师对依照本法第三十条第二款规定实施住院治疗的患者进行检查评估。评估结果表明患者不需要继续住院治疗的，医疗机构应当立即通知患者及其监护人。

第四十五条 精神障碍患者出院，本人没有能力办理出院手续的，监护人应当为其办理出院手续。

第四十六条 医疗机构及其医务人员应当尊重住院精神障碍患者的通讯和会见探访者等权利。除在急性发病期或者为了避免妨碍治疗可以暂时性限制外，不得限制患者的通讯和会见探访者等权利。

第四十七条 医疗机构及其医务人员应当在病历资料中如实记录精神障碍患者的病情、治疗措施、用药情况、实施约束、隔离措施等内容，并如实告知患者或者其监护人。患者及其监护人可以查阅、复制病历资料；但是，患者查阅、复制病历资料可能对其治疗产生不利影响的除外。病历资料保存期限不得少于三十年。

第四十八条　医疗机构不得因就诊者是精神障碍患者，推诿或者拒绝为其治疗属于本医疗机构诊疗范围的其他疾病。

第四十九条　精神障碍患者的监护人应当妥善看护未住院治疗的患者，按照医嘱督促其按时服药、接受随访或者治疗。村民委员会、居民委员会、患者所在单位等应当依患者或者其监护人的请求，对监护人看护患者提供必要的帮助。

第五十条　县级以上地方人民政府卫生行政部门应当定期就下列事项对本行政区域内从事精神障碍诊断、治疗的医疗机构进行检查：

（一）相关人员、设施、设备是否符合本法要求；

（二）诊疗行为是否符合本法以及诊断标准、治疗规范的规定；

（三）对精神障碍患者实施住院治疗的程序是否符合本法规定；

（四）是否依法维护精神障碍患者的合法权益。

县级以上地方人民政府卫生行政部门进行前款规定的检查，应当听取精神障碍患者及其监护人的意见；发现存在违反本法行为的，应当立即制止或者责令改正，并依法作出处理。

第五十一条　心理治疗活动应当在医疗机构内开展。专门从事心理治疗的人员不得从事精神障碍的诊断，不得为精神障碍患者开具处方或者提供外科治疗。心理治疗的技术规范由国务院卫生行政部门制定。

第五十二条　监狱、强制隔离戒毒所等场所应当采取措施，保证患有精神障碍的服刑人员、强制隔离戒毒人员等获得治疗。

第五十三条　精神障碍患者违反治安管理处罚法或者触犯刑法的，依照有关法律的规定处理。

第四章　精神障碍的康复

第五十四条　社区康复机构应当为需要康复的精神障碍患者提供场所和条件，对患者进行生活自理能力和社会适应能力等方面的康复训练。

第五十五条　医疗机构应当为在家居住的严重精神障碍患者提供精神

科基本药物维持治疗，并为社区康复机构提供有关精神障碍康复的技术指导和支持。

社区卫生服务机构、乡镇卫生院、村卫生室应当建立严重精神障碍患者的健康档案，对在家居住的严重精神障碍患者进行定期随访，指导患者服药和开展康复训练，并对患者的监护人进行精神卫生知识和看护知识的培训。县级人民政府卫生行政部门应当为社区卫生服务机构、乡镇卫生院、村卫生室开展上述工作给予指导和培训。

第五十六条 村民委员会、居民委员会应当为生活困难的精神障碍患者家庭提供帮助，并向所在地乡镇人民政府或者街道办事处以及县级人民政府有关部门反映患者及其家庭的情况和要求，帮助其解决实际困难，为患者融入社会创造条件。

第五十七条 残疾人组织或者残疾人康复机构应当根据精神障碍患者康复的需要，组织患者参加康复活动。

第五十八条 用人单位应当根据精神障碍患者的实际情况，安排患者从事力所能及的工作，保障患者享有同等待遇，安排患者参加必要的职业技能培训，提高患者的就业能力，为患者创造适宜的工作环境，对患者在工作中取得的成绩予以鼓励。

第五十九条 精神障碍患者的监护人应当协助患者进行生活自理能力和社会适应能力等方面的康复训练。

精神障碍患者的监护人在看护患者过程中需要技术指导的，社区卫生服务机构或者乡镇卫生院、村卫生室、社区康复机构应当提供。

第五章 保障措施

第六十条 县级以上人民政府卫生行政部门会同有关部门依据国民经济和社会发展规划的要求，制定精神卫生工作规划并组织实施。

精神卫生监测和专题调查结果应当作为制定精神卫生工作规划的依据。

第六十一条 省、自治区、直辖市人民政府根据本行政区域的实际情况，统筹规划，整合资源，建设和完善精神卫生服务体系，加强精神障碍预防、治疗和康复服务能力建设。

县级人民政府根据本行政区域的实际情况，统筹规划，建立精神障碍患者社区康复机构。

县级以上地方人民政府应当采取措施，鼓励和支持社会力量举办从事精神障碍诊断、治疗的医疗机构和精神障碍患者康复机构。

第六十二条　各级人民政府应当根据精神卫生工作需要，加大财政投入力度，保障精神卫生工作所需经费，将精神卫生工作经费列入本级财政预算。

第六十三条　国家加强基层精神卫生服务体系建设，扶持贫困地区、边远地区的精神卫生工作，保障城市社区、农村基层精神卫生工作所需经费。

第六十四条　医学院校应当加强精神医学的教学和研究，按照精神卫生工作的实际需要培养精神医学专门人才，为精神卫生工作提供人才保障。

第六十五条　综合性医疗机构应当按照国务院卫生行政部门的规定开设精神科门诊或者心理治疗门诊，提高精神障碍预防、诊断、治疗能力。

第六十六条　医疗机构应当组织医务人员学习精神卫生知识和相关法律、法规、政策。

从事精神障碍诊断、治疗、康复的机构应当定期组织医务人员、工作人员进行在岗培训，更新精神卫生知识。

县级以上人民政府卫生行政部门应当组织医务人员进行精神卫生知识培训，提高其识别精神障碍的能力。

第六十七条　师范院校应当为学生开设精神卫生课程；医学院校应当为非精神医学专业的学生开设精神卫生课程。

县级以上人民政府教育行政部门对教师进行上岗前和在岗培训，应当有精神卫生的内容，并定期组织心理健康教育教师、辅导人员进行专业培训。

第六十八条 县级以上人民政府卫生行政部门应当组织医疗机构为严重精神障碍患者免费提供基本公共卫生服务。

精神障碍患者的医疗费用按照国家有关社会保险的规定由基本医疗保险基金支付。医疗保险经办机构应当按照国家有关规定将精神障碍患者纳入城镇职工基本医疗保险、城镇居民基本医疗保险或者新型农村合作医疗的保障范围。县级人民政府应当按照国家有关规定对家庭经济困难的严重精神障碍患者参加基本医疗保险给予资助。医疗保障、财政等部门应当加强协调，简化程序，实现属于基本医疗保险基金支付的医疗费用由医疗机构与医疗保险经办机构直接结算。

精神障碍患者通过基本医疗保险支付医疗费用后仍有困难，或者不能通过基本医疗保险支付医疗费用的，医疗保障部门应当优先给予医疗救助。

第六十九条 对符合城乡最低生活保障条件的严重精神障碍患者，民政部门应当会同有关部门及时将其纳入最低生活保障。

对属于农村五保供养对象的严重精神障碍患者，以及城市中无劳动能力、无生活来源且无法定赡养、抚养、扶养义务人，或者其法定赡养、抚养、扶养义务人无赡养、抚养、扶养能力的严重精神障碍患者，民政部门应当按照国家有关规定予以供养、救助。

前两款规定以外的严重精神障碍患者确有困难的，民政部门可以采取临时救助等措施，帮助其解决生活困难。

第七十条 县级以上地方人民政府及其有关部门应当采取有效措施，保证患有精神障碍的适龄儿童、少年接受义务教育，扶持有劳动能力的精神障碍患者从事力所能及的劳动，并为已经康复的人员提供就业服务。

国家对安排精神障碍患者就业的用人单位依法给予税收优惠，并在生产、经营、技术、资金、物资、场地等方面给予扶持。

第七十一条 精神卫生工作人员的人格尊严、人身安全不受侵犯，精神卫生工作人员依法履行职责受法律保护。全社会应当尊重精神卫生工作人员。

县级以上人民政府及其有关部门、医疗机构、康复机构应当采取措施，加强对精神卫生工作人员的职业保护，提高精神卫生工作人员的待遇水平，并按照规定给予适当的津贴。精神卫生工作人员因工致伤、致残、死亡的，其工伤待遇以及抚恤按照国家有关规定执行。

第六章　法律责任

第七十二条　县级以上人民政府卫生行政部门和其他有关部门未依照本法规定履行精神卫生工作职责，或者滥用职权、玩忽职守、徇私舞弊的，由本级人民政府或者上一级人民政府有关部门责令改正，通报批评，对直接负责的主管人员和其他直接责任人员依法给予警告、记过或者记大过的处分；造成严重后果的，给予降级、撤职或者开除的处分。

第七十三条　不符合本法规定条件的医疗机构擅自从事精神障碍诊断、治疗的，由县级以上人民政府卫生行政部门责令停止相关诊疗活动，给予警告，并处五千元以上一万元以下罚款，有违法所得的，没收违法所得；对直接负责的主管人员和其他直接责任人员依法给予或者责令给予降低岗位等级或者撤职、开除的处分；对有关医务人员，吊销其执业证书。

第七十四条　医疗机构及其工作人员有下列行为之一的，由县级以上人民政府卫生行政部门责令改正，给予警告；情节严重的，对直接负责的主管人员和其他直接责任人员依法给予或者责令给予降低岗位等级或者撤职、开除的处分，并可以责令有关医务人员暂停一个月以上六个月以下执业活动：

（一）拒绝对送诊的疑似精神障碍患者作出诊断的；

（二）对依照本法第三十条第二款规定实施住院治疗的患者未及时进行检查评估或者未根据评估结果作出处理的。

第七十五条　医疗机构及其工作人员有下列行为之一的，由县级以上人民政府卫生行政部门责令改正，对直接负责的主管人员和其他直接责任人员依法给予或者责令给予降低岗位等级或者撤职的处分；对有关医务人员，暂停六个月以上一年以下执业活动；情节严重的，给予或者责令给予开除的处分，并吊销有关医务人员的执业证书：

（一）违反本法规定实施约束、隔离等保护性医疗措施的；

（二）违反本法规定，强迫精神障碍患者劳动的；

（三）违反本法规定对精神障碍患者实施外科手术或者实验性临床医疗的；

（四）违反本法规定，侵害精神障碍患者的通讯和会见探访者等权利的；

（五）违反精神障碍诊断标准，将非精神障碍患者诊断为精神障碍患者的。

第七十六条 有下列情形之一的，由县级以上人民政府卫生行政部门、工商行政管理部门依据各自职责责令改正，给予警告，并处五千元以上一万元以下罚款，有违法所得的，没收违法所得；造成严重后果的，责令暂停六个月以上一年以下执业活动，直至吊销执业证书或者营业执照：

（一）心理咨询人员从事心理治疗或者精神障碍的诊断、治疗的；

（二）从事心理治疗的人员在医疗机构以外开展心理治疗活动的；

（三）专门从事心理治疗的人员从事精神障碍的诊断的；

（四）专门从事心理治疗的人员为精神障碍患者开具处方或者提供外科治疗的。

心理咨询人员、专门从事心理治疗的人员在心理咨询、心理治疗活动中造成他人人身、财产或者其他损害的，依法承担民事责任。

第七十七条 有关单位和个人违反本法第四条第三款规定，给精神障碍患者造成损害的，依法承担赔偿责任；对单位直接负责的主管人员和其他直接责任人员，还应当依法给予处分。

第七十八条 违反本法规定，有下列情形之一，给精神障碍患者或者其他公民造成人身、财产或者其他损害的，依法承担赔偿责任：

（一）将非精神障碍患者故意作为精神障碍患者送入医疗机构治疗的；

（二）精神障碍患者的监护人遗弃患者，或者有不履行监护职责的其他情形的；

（三）歧视、侮辱、虐待精神障碍患者，侵害患者的人格尊严、人身安全的；

（四）非法限制精神障碍患者人身自由的；

（五）其他侵害精神障碍患者合法权益的情形。

第七十九条　医疗机构出具的诊断结论表明精神障碍患者应当住院治疗而其监护人拒绝，致使患者造成他人人身、财产损害的，或者患者有其他造成他人人身、财产损害情形的，其监护人依法承担民事责任。

第八十条　在精神障碍的诊断、治疗、鉴定过程中，寻衅滋事，阻挠有关工作人员依照本法的规定履行职责，扰乱医疗机构、鉴定机构工作秩序的，依法给予治安管理处罚。

违反本法规定，有其他构成违反治安管理行为的，依法给予治安管理处罚。

第八十一条　违反本法规定，构成犯罪的，依法追究刑事责任。

第八十二条　精神障碍患者或者其监护人、近亲属认为行政机关、医疗机构或者其他有关单位和个人违反本法规定侵害患者合法权益的，可以依法提起诉讼。

第七章　附　　则

第八十三条　本法所称精神障碍，是指由各种原因引起的感知、情感和思维等精神活动的紊乱或者异常，导致患者明显的心理痛苦或者社会适应等功能损害。

本法所称严重精神障碍，是指疾病症状严重，导致患者社会适应等功能严重损害、对自身健康状况或者客观现实不能完整认识，或者不能处理自身事务的精神障碍。

本法所称精神障碍患者的监护人，是指依照民法通则的有关规定可以担任监护人的人。

第八十四条 军队的精神卫生工作，由国务院和中央军事委员会依据本法制定管理办法。

第八十五条 本法自2013年5月1日起施行。

参考文献

著作类：

1. 余明永：《医疗损害责任纠纷》，法律出版社 2017 年版。

2. 张新宝：《中国侵权行为法》，中国社会科学出版社 1998 年版。

3. ［日］能见善久著，梁慧星译：《民商法论丛》，法律出版社 1996 年版。

4. 王岳：《医疗纠纷法律问题新解》，中国检察出版社 2004 年版。

5. 龚赛红：《医疗损害赔偿立法研究》，法律出版社 2001 年版。

6. 梁慧星主编：《民商法论丛》，法律出版社 2007 年版。

7. 林文学：《医疗纠纷解决机制研究》，法律出版社 2008 年版。

8. 邢学毅：《医疗纠纷处理现状分析报告》，中国人民公安大学出版社 2008 年版。

9. 邱聪智：《民法研究（一）》，中国人民大学出版社 2002 年版。

10. 黄丁全：《医事法》，中国政法大学出版社 2003 年版。

11. ［日］植木哲：《医疗法律学》，法律出版社 2006 年版。

12. 孟强：《医疗损害责任》，法律出版社 2010 年版。

13. 余明永：《医疗损害赔偿纠纷》，法律出版社 2010 年版。

14. 王旭：《医疗过失技术鉴定研究》，中国人民公安大学出版社 2009 年版。

15. 姜柏生：《医疗事故责任研究》，南京大学出版社 2005 年版。

16. 陈志华:《医疗损害责任深度解释与实务指南》，法律出版社 2010 年版。

17. 刘鑫、孙东东等:《医疗损害赔偿诉讼实务》，中国法制出版社 2012 年版。

18. 杨立新:《医疗损害责任法》，法律出版社 2012 年版。

19. 李燕:《医疗权利研究》，中国人民公安出版社 2009 年版。

20. 朱柏松、詹森林等:《医疗过失举证责任之研究》，台湾元照出版公司 2008 年版。

21. 邱聪智:《医疗过失与侵权行为》，载郑玉波主编:《民法债篇论文选辑》，中国政法大学出版社 1978 年版。

22. 艾尔肯:《医疗损害赔偿研究》，中国法制出版社 2005 年版。

23. 最高人民法院民事案件案由固定课题小组编著:《最高人民法院民事案件案由规定理解与适用》，人民法院出版社 2008 年版。

论文类:

1. 黄明耀:《审理医疗民事案件的几个问题》，载《人民司法》1995 年第 2 期。

2. 范晓静:《试论医患法律关系的性质》，载《法制与社会》2008 年第 1 期。

3. 朱秀恩:《论违约责任与侵权责任的竞合——以医疗损害责任为中心》，载《法律与医学杂志》2004 年第 1 期。

4. 曾予:《关于医患法律关系类型的思考》，载《医学教育探索》2008 年第 4 期。

5. 王雪萍、谢育敏:《论医患法律的法律属性及其立法规制》，载《赣南医学院学报》2008 年第 5 期。

6. 朱远生:《试论医患关系的法律属性》，载《中国卫生事业管理》2002 年第 3 期。

7. 沈少杰:《法律关系法律性质初探》，载《中南林业大学学报（社会科学版）》2008 年第 2 期。

8. 鲜颖：《医患关系是一种特殊的民事法律关系》，载《中国高等医学教育》2007 年第 11 期。

9. 傅郁：《论医患关系可以纳入消法保护》，载《法制与社会》2008 年第 8 期。

10. 胡晓翔：《医患关系不适用〈消法〉调整》，载《健康报》2001 年 1 月 30 日。

11. 李兆宇：《论医患法律关系的法律属性》，四川大学 2007 年硕士学位论文。

12. 吴蕾：《医患法律若干法律问题研究》，武汉理工大学 2006 年硕士学位论文。

13. 沈幼伦：《 医患法律关系性质研究》，华东政法大学 2006 年硕士学位论文。

14. 杨雪瑛：《论知情同意之法理求索》，载《法学论丛》2011 年第 3 期。

15. 许晓娟、彭志刚、黄河等：《论“知情同意”的若干法律问题》，载《江西师范大学学报（哲学社会科学版）》2009 年第 4 期。

16. 龚赛红、董俊霞：《论患者知情同意权的限制》，载《中国社会科学研究生院学报》2009 年第 5 期。

17. 冯杰、黄河：《从〈侵权责任法〉的视角解读医疗知情同意权》，载《中国医药导报》2011 年第 12 期。

18. 刘晓燕：《患者知情同意权探析——兼评〈侵权责任法〉第 55 条、56 条的规定》，载《前沿》2012 年第 10 期。

19. 王竹：《解释论视野下的侵害患者知情同意权侵权责任》，载《法学》2011 年第 11 期。

20. 解静：《从法学视角探讨医学伦理下的知情同意权》，载《中国卫生法制》2011 年第 2 期。

21. 胥林花：《推进医疗责任险的现状和思考》，载《江苏卫生保健》

2012 年第 6 期。

22. 曹艳林、刘久畅等：《国（境）外医疗纠纷处理相关法律制度比较研究》，载《中国卫生事业管理》2011 年第 1 期。

23. 古津贤、李博：《医疗纠纷第三方解决机制研究》，载《法学杂志》2011 年第 3 期。

24. 张新华：《论医疗纠纷 ADR 机制之构建》，载《中国卫生法制》2011 年第 1 期。

25. 张利彬：《建立医事仲裁前置制度的必要性和可行性探索》，载《重庆医学》2012 年第 4 期。

26. 狄杰斌：《第三方介入医疗纠纷管理机制及效果研究——以山东省某三甲医院为例》，青岛大学 2011 年硕士学位论文。

27. 刘泉、杨天潼：《德国医疗纠纷处理办法及相关问题》，载《中国卫生事业管理》2002 年第 4 期。

28. 郑渊：《日本的医疗纠纷处理与防范机制对我国的启示》，载《中国医院管理》2004 年第 12 期。

29. 赖红梅：《对目前我国医疗纠纷鉴定模式的思考》，载《卫生软科学》2010 年第 10 期。

30. 马强：《德国卫生体制及其改革趋向对我国的启示》，载《卫生软科学》2009 年第 5 期。

31. 陆琳：《我国医疗纠纷仲裁解决机制浅探》，载《中国市场》2011 年第 14 期。

32. 何怀文：《医疗事故诉讼中的过错认定》，载《法律与医学杂志》2005 年第 12 期。

33. 郭升选、李菊萍：《论医疗注意义务与医疗过失的认定》，载《法律科学》2008 年第 3 期。

34. 艾尔肯：《论医疗损害》，载《北方法学》2008 年第 3 期。

35. 崔军勇、李洪军：《对侵犯生命健康权案件中因果关系认定之分析》，载《延边党校学报》2004 年第 3 期。

36. 艾尔肯：《论医疗损害赔偿责任中因果关系理论》，载《辽宁大学学报（哲学社会科学版）》2007 年第 5 期。

37. 韦雷、王坤：《论医疗侵权责任构成中因果关系的判定》，载《中国现代药物应用》2008 年第 5 期。

38. 薛贵浜：《医疗损害因果关系的法理研析——以英美法为视角》，载《江西社会科学》2010 年第 9 期。

39. 周讲红：《日本医疗水准说评析》，载《中国政法大学学报》2008 年第 5 期。

40. 张振亭：《试论侵权责任法归责原则体系》，载《商场现代化》2010 年第 11 期。

41. 王晓岭：《浅议〈中华人民共和国侵权责任法〉的归责原则》，载《法学研究》2010 年第 2 期。

42. 杨立新：《论医疗损害责任的规则原则及体系》，载《中国政法大学学报》2009 年第 2 期。

43. 顾加栋、雷海：《〈侵权责任法〉实施后的医疗赔偿新问题》，载《中国卫生法制》2010 年第 7 期。

44. 夏路：《论医疗损害责任归责原则》，华东政法大学 2010 年硕士学位论文。

45. 曹艳林：《医疗侵权立法国外做法可借鉴》，载《健康报》2009 年第 10 期。

46. 娄金龙：《论我国医疗损害责任的归责原则》，黑龙江大学 2010 年硕士学位论文。

47. 杨方：《〈侵权责任法〉医疗损害责任归责原则体系评析》，载《南京医科大学学报（社会科学版）》2012 年第 6 期。

48. 李黎民、田迪：《论医疗侵权诉讼中的举证责任分配》，载《经济与法》2010 年第 2 期。

49. 胡琳：《论医疗侵权责任的归责原则及举证责任分配》，载《经济与法》2011 年第 3 期。

50. 黄诒娜：《浅论医疗侵权举证责任相关问题》，载《经济与法》2011年第2期。

51. 杨燕：《医疗侵权诉讼举证责任研究》，载《四川理工学院学报(社会科学版)》2011年第1期。

52. 黄天昭：《医疗纠纷之民事归责原则》，台湾东吴大学法律研究所1995年硕士学位论文。

53. 谭晓莉：《医疗损害举证责任变化研究》，载《广西社会科学》2012年第6期。

54. 李扬：《医疗纠纷中举证责任分配问题研究》，载《青年法苑》2012年第11期。

55. 周海洋：《医疗事故法定免责事由之分析》，载《科技信息》2002年第6期。

56. 单丽雪：《论医疗损害责任的免责事由——兼评〈侵权责任法〉第60条》，载《渤海大学学报》2012年第3期。

57. 谢鹏、曹建华、王雷：《国外医疗纠纷处理方式对我国医疗纠纷解决机制的启示》，载《临床误诊误治》2009年第5期。

58. 胡家强、陶振华：《论医疗事故鉴定制度的改革》，载《中国卫生法制》2009年第6期。

59. 刘泉、杨天潼、刘良：《德国医疗纠纷处理办法及相关问题》，载《中国卫生事业管理》2008年第4期。

60. 尹建丽、仇振福、贾红江：《对新时期医疗纠纷鉴定制度模式的多维思考》，载《中国卫生法制》2007年第2期。

61. 曾婉珊：《医疗事故赔偿责任中美立法比较》，载《法律与医学杂志》2007年第1期。

62. 刘平、黄洁：《中外医疗事故处理立法之比较》，载《卫生经济研究》2004年第10期。

63. 牧之：《英国的医疗纠纷处理》，载《国际医药卫生导报》2002年第2期。

64. 胡发明：《日本的医疗差错赔偿与法律解决系统》，载《医院管理》2002 年第 2 期。

65. 高建伟等：《上海市 37 所医疗机构和 124 位患者医患双方协商解决纠纷现状调查分析》，载《中国医院》2011 年第 7 期。

66. 赖红梅：《对当前我国医疗损害技术鉴定的思考》，载《中国司法鉴定》2011 年第 3 期。

67. 赖红梅：《再议法医在医疗纠纷技术鉴定中的定位、问题及建议》，载《中国误诊误治杂志》2010 年第 8 期。

后　　记

我在华东政法大学给全校同学们开设了“医疗损害司法鉴定”这门课，一教就是十年。这本书的内容是我十年多对医疗损害相关问题初步探索的一个小结，在这十年多的时间里，我阅读了大量的关于医疗损害相关的书籍和文章，参与多个案例的审判及鉴定，使我这个对这个领域比较陌生的“门外汉”到今天对与之相关法律法规有了自己深刻的认识和理解，同时对有些规定我认为还有待改进的地方，提出了自己的见解。

感谢我的恩师杜志淳先生，从2008年起随先生读博士至今，先生对我的指导和影响是无以言表的。正是先生高瞻远瞩的视野，使我能对今天的这个选题有兴趣。也是因为恩师高洁的人格、严谨的学风，使我不敢急功近利。

同时还要感谢鉴定中心樊静平教授，初稿完成后樊教授从大到文章结构、小到标点符号给我作了认真仔细的修改。这些修改的痕迹将永远刻在我的心中，必将激励我在今后的工作和生活中加倍努力并不断完善自我，以成绩报答领导对我的期望。感谢给我指点和帮助的老师、同学。他们是：华东政法大学司法鉴定中心的孙大明老师、沈臻懿博士、杨鲁闽老师、刘金霞老师等。必须强调的是，本书的完成还得到了许许多多朋友和同学的帮助，在此我无法一一列举，但一并表示诚挚的感谢。

感谢我的家人，是他们的鼓励、包容和全力支持使我挺过了一个又一个难关，顺利完成学业。

虽然花费的时间、精力和财力与成果不一定成比例，但是本书是我十年多学习的一个总结。本书的一些观点希望可以对医疗损害的理论研究和实务操作有所帮助，并能为将来的司法解释提供一些有用的信息。由于本人的学识和水平有限，愿与各位研究者一道进一步探讨、研究。

赖红梅

2020 年 7 月 4 日